吐魯番出土文書
人名地名索引

李方　王素　編

文物出版社

中華書局出版文書
人年腦名電記

長沙出版社

目　録

凡例…………………………………………………（ 1 ）
四角號碼檢字法……………………………………（ 6 ）
人名索引……………………………………………（ 1 ）
地名索引……………………………………………（419）
人名地名筆畫索引…………………………………（469）
唐西州高昌縣鄉里表………………………………（483）
俗體、異體字表……………………………………（484）
後記…………………………………………………（485）

凡　例

一　總例

(1)本索引根據文物出版社出版的《吐魯番出土文書》平裝本(全10冊)編製。

(2)本索引分人名、地名二部分，人名在前，地名在後。

(3)本索引採用四角號碼檢字法編排（參閱後附《四角號碼檢字法》）。

(4)人名、地名下列的數碼，是本條在《吐魯番出土文書》中所見的冊數和頁數。如8／53，斜線前的8是冊數，斜線後的53是頁數；4補／16，斜線前的4補是4冊補遺卷，斜線後的16是4冊補遺卷的頁數。

(5)書後附有人名、地名筆畫索引。此索引彙集人名、地名第一個字，依照筆畫部首排列。異體字、別體字等附在各筆畫部首排列之末。

二　本索引所收人名、地名的范圍

(1)一般祇收文書中出現的十六國至唐的人名、地名。

(2)兼收原書墓解、題解、注釋所引同墓出土墓表、墓誌中的人名和文書印文中的地名。

(3)古籍(如《晉陽秋》、《典言》、《論語鄭氏注》等)、文牘(如"對策"、"告身"等)中出現的古人、古地名一律不收。

(4)高昌令尹、高昌斛斗中的高昌不收作地名。

三　爲方便製版刪改文字例

(1)筆畫不規整的照描字和僅存一半的殘字,不收或作□。如寫文歡、伹宗、法迊、惠攺,分別以文歡、宗、法□、惠□出條。

(2)不常見的俗體、異體字,可確定其正體者,均改爲正體(參閱後附《俗體、異體字表》)。

(3)武則天造字均改爲正體。

(4)行書、草書均改爲正體。

四　爲維持原貌保存文字例

(1)現在仍通行的簡體、別體字,一般均照錄。如礼、仙、无、与、万、党、弥、奋、寿、麦、坚、栾等,只要不出現同一人名、同一地名,既有簡體、別體字,又有正規繁體字的情況,均照錄不改。

(2)常見的俗體、異體字,與其正體並存,非遇特殊情況,一般不作改動。如惠僗、惠俊,前爲高昌僧,後爲唐百姓,本非一人,如將僗改爲俊,反而容易致混。另如五塔寺、伍塔寺,六世紀文書作五塔寺,七世紀文書作伍塔寺,時代本不相同,故不改併爲一條。

五　爲統一體例保存和改併人名、地名例

(1)譯名統一者,雖與常見例不同,亦均保存。如譯名阿博珂寒、貪淨珂寒,文書所見均同,不從常見例改爲阿波可汗、貪汗

可汗。

（2）譯名不統一者，改併從其常見例。如文書中譯名龜茲又作丘慈，波斯又作鉢斯、婆斯，分別改併，以龜茲、波斯出條。

（3）姓氏、地名錯及借字徑改。如尚官、淳汗、令孤徑改爲上官、淳于、令狐，交何、寧太鄉徑改爲交河、寧大鄉。

（4）同一人名、同一地名，既有俗體、異體字，又有正規繁體字，改併以出現次數多的字出條。如僧剄、僧剛爲一人，趙嫂、趙媓爲一人，烏爲、塢耆爲一地，分別改併，以僧剛、趙媓、塢耆出條。

六　關於人名、地名缺字處理例

（1）人名、地名前缺，不錄前面缺文號，以現存之文字出條。如□延伯、□□善、□塔，分別以延伯、善、塔出條。

（2）人名、地名中缺，照錄。如樊□祐、歸□里，照錄不改。

（3）人名、地名後缺，根據判斷，缺一字加□，缺二字加□□，不詳所缺字數加▨。如趙▨、曹□□、嚴▨、南伯塔▨，等等。

七　關於人名、地名省稱處理例

（1）人名省稱，原書題解、注釋指出其全名者，併入全名條。如張龕爲張道龕省稱，注釋已經指出，祇以張道龕出條。

（2）人名省稱，原書題解、注釋未指出其全名者，即使現在確知其全名，爲提供綫索，亦單獨出條。如王才實即王才歡，雷彥實即雷思彥，題解、注釋未作説明，均單獨出條。

（3）簽署等人名省稱，處理原則與前相同。

（4）一般地名省稱，處理原則與前亦同。唐西州高昌縣鄉名、里名省稱，知其全名者併入全名條，不知全名者單獨出條（參閲後附《唐西州高昌縣鄉里表》）。

八　關於人名後附身份區别文字例

（1）文書原有區别人名文字，照録入各人後附括號内。如大德穎、小光英、西道顯、北法真等，出條分别作德穎（大）、光英（小）、道顯（西）、法真（北）。

（2）爲了提供區别同姓名人的依據，也爲了給讀者提供迅速統計人物身份的材料，人名之後盡可能附以括號，注明其身份。身份可分官吏、兵將、僧尼、工匠、奴婢、商客以及妻女等多種。是官是吏不詳注官吏，是僧是尼不清注僧尼，以此類推。

（3）俗姓、法號並存的僧徒，以法號出條，俗姓與身份同入括號。如索師善信、史師衆慶、董師道貫，出條分别作善信（索師）、衆慶（史師）、道貫（董師）。

（4）姓後帶身份照録。如苟侍郎、趙司馬、康禪師、馬女郎，照録，不在身份外另加括號。

九　關於人名、地名出條原則及其説明

（1）姓名相同，身份不同，分别出條。此分别出條的身份不同的同姓名人，不一定是完全不同的人。如史玄政雖然分出四條，一爲里正，一爲隊佐，一爲前官，一爲身份，實際却很可能是同一個人。這些應由讀者判斷。

（2）姓名相同，身份亦同，合併出條。此合併出條的身份相同的同姓名人，不一定是完全相同的人。如僧徒法朗雖然合出一條，但或見於高昌文書，或見於唐代文書，實際很可能不是同一個人。這些也應由讀者判斷。

（3）姓名略同，身份相同，雖可判斷爲同一個人，由於難以統一，亦分别出條。如張、李二神，文書所記姓名有張堅固、張定

土、張定度、張定杜、張堅古、李堅固、李定度、李定土、李定杜、李丟谷、律定度、史堅固、利堅固、天堅古、里堅故等多種，難以統一，只好分別出條。

一〇　關於原書誤標、漏標、誤釋人名處理例

（1）原書誤標的人名均刪去。如薩薄爲官名，大、小、西爲區別文字，有的誤標爲人名，均刪去不錄。

（2）原書漏標的人名均補錄。如作都施 摩何勃、阿祝至火下，原書祇標摩何勃、阿祝，漏標作都施、至火下，均補充錄入。

（3）原書誤釋的人名，各册"勘誤表"已經指出者，均予改正。如得廻伯、孫客仁，據"勘誤表"改作孫廻伯、孫㪛仁。

四角號碼檢字法

第一條 筆畫分爲十種,用0到9十個號碼來代表:

號碼	筆名	筆形	舉 例	說 明	注 意
0	頭	亠 宀	言主广疒	獨立的點和獨立的橫相結合	1 2 3 都是單筆,0 4 5 6 7 8 9 都由二以上的單筆合爲一複筆。凡能成爲複筆的,切勿誤作單筆;如山應作0不作3,寸應作4不作2,厂應作7不作2,叨應作8不作3.2,小應作9不作3.3.
1	橫	一乙	天壹地 江元風	包括橫挑提和右鉤	
2	垂	丨丿	山月千則	包括直撇和左鉤	
3	點	丶	氵宀 八 公 之 衣	包括點和捺	
4	叉	十乂	草杏皮 刈大對	兩筆相交	
5	插	丰	丰戈申史	一筆通過兩筆以上	
6	方	口	國鳴目 四甲由	四邊齊整的方形	
7	角	ㄱㄴ乚	羽門灰陰 雪衣學罕	橫和垂的鋒頭相接處	
8	八	八人	分頁羊余 災氽足午	八字形和它的變形	
9	小	小⺌ 亇	尖絲舞杲惟	小字形和它的變形	

第二條 每字只取四角的筆形,順序如下:
(一)左上角 (二)右上角 (三)左下角 (四)右下角

(例)　　(一)左上角……端……(二)右上角
　　　　(三)左下角……端……(四)右下角

檢查時照四角的筆形和順序,每字得四碼:

(例) 顏=0128　截=4325　烙=9786

第三條　字的上部或下部，只有一筆或一複筆時，無論在何地位，都作左角，它的右角作０，

(例) 宣直首冬軍家母

每筆用過後，如再充他角，也作０．

(例) 千之持掛犬廾車時

第四條　由整個囗門鬥行所成的字，它們的下角改取內部的筆形，但上下左右有其它的筆形時，不在此例．

(例) 囚=6043　閉=7724　鬪=7712　衡=2143
　　　茵=4460　瀾=3712　荇=4422

附　則

I 字體寫法都照楷書如下表：

正	宀	佳	巳	反	礻	戶	安	心	卜	斥	勿	业	亦	草	真	執	禺	衣
誤	宀	佳	巳	反	礻	戶	安	心	卜	斥	及	业	亦	草	真	執	禺	衣

II 取筆形時應注意的幾點：
(1) 山戶等字，凡點下的橫，右方和它筆相連的，都作３，不作０．
(2) 尸皿門等字，方形的筆頭延長在外的，都作７，不作６．
(3) 角筆起落的兩頭，不作７，如ㄅ₂．
(4) 筆形"八"和它筆交叉時不作８，如美．
(5) 业业中有二筆，氺小旁有二筆，都不作小形．

Ⅲ 取角時應注意的幾點：
(1) 獨立或平行的筆，不問高低，一律以最左或最右的筆形作角．

(例) 非 肯 疾 浦 帝

(2) 最左或最右的筆形，有它筆蓋在上面或托在下面時，取蓋在上面的一筆作上角，托在下面的一筆作下角．

(例) 宗 幸 寧 共

(3) 有兩複筆可取時，在上角應取較高的複筆，在下角應取較低的複筆．

(例) 功 盛 頗 鴨 奄

(4) 撇為下面它筆所托時，取它筆作下角．

(例) 春 奎 碎 衣 辟 石

工上的撇作左角，它的右角取作右筆．

(例) 勾 鉤 俾 鳴

Ⅳ 四角同碼字較多時，以右下角上方最貼近而露鋒芒的一筆作附角，如該筆已經用過，便將附角作0．

(例) 苦=44710 元 拼 是 疝 歆 畜 殘 儀
難 達 毯 禧 繕 蠻 軍 覽 功 郭
瘦 癥 愁 金 速 仁 見

附角仍有同碼字時，再照各該字所含橫筆（即第一種筆形，包括橫挑（趯）和右鉤的數目順序排列．
例如"市""帝"二字的四角和附角都相同，但市字含有二橫，帝字含有三橫，所以市字在前，帝字在後．

人名索引

0010₄主

主(僧?)
5/169

0010₆亶

亶(户曹参军)
9/41

0015₅痕

00痕文受(参军)
4补/65

0020₇亨

亨(官吏)
4补/43　4补/47　4补/48
7/88　7/89　7/90
7/92　7/94

0021₁龐

35龐禮(主簿判尉)
4补/41

0021₄雍

00雍彦之(押官)
10/62
44雍芝(押官)
10/93　10/96

0021₇亮

亮
2/126　6/247　6/249
6/255　6/268　6/269

廬

80廬曾
8/435

0022₂彦

彦
10/55　10/57　10/58
10/60　10/61　10/63
10/64　10/66　10/67
10/68　10/70　10/72

10/86　10/92　10/99
10/165　10/206　10/226
10/227　10/232　10/233
10/234　10/236

44彥莊
10/55　10/75　10/85
10/91　10/111　10/124
10/206　10/217　10/225
10/229　10/231

0022₃ 齊

34齊漢子（火長）
8/41　8/50
40齊九思（典）
7/33
60齊晏
9/37　9/45　9/66

齋

00齋度（僧）
2/222

0022₇ 方

方（議郎行令）
5/268
方
5/205　7/76　7/77
8/63　9/100

03方竣
4補/65
50方泰
7/33

高

高
4補/60
00高扃
4補/22
高慶（門下校郎）
4/248
高慶祐
2/331
高文邕
2/183
高文會
4/20
高玄逸（尉）
8/422
04高護（郎）
2/285
10高一
5/288　5/290　5/293
5/301　5/303　5/304
5/306　5/309
高正
6/57

高五
　　8/503
高元定
　　10/242
高元禎(主簿)
　　8/158
高元礼
　　4補/22
高元叙
　　2/331
高㮥德
　　6/135
12高延伯
　　2/308　5/5
高延歅
　　4補/50
高延明
　　3/89　3/90　3/96
　　3/105　3/144　5/81
13高武
　　4/55
16高醜奴
　　6/557
17高承慶
　　8/438
高承顔
　　8/438
高弥□(丞)
　　8/235
高子□
　　4補/20
　　8/243
高那
　　5/288　5/291　5/301
高君達(三衛)
　　6/574
18高珍(健兒)
　　10/68
高政寶
　　3/277
20高住仁
　　6/277
高住兒
　　3/41
高住兒(主簿)
　　3/301
高信行
　　7/426
高信貞(典)
　　6/185　6/187　6/188
高季穎(邏人)
　　2/331
21高師
　　7/360
高師□
　　3/202

22 高飯宗
　9/157
　高山(府)
　9/105
23 高參(尼)
　3/199
　高參軍
　7/526
　高伏性(火內人)
　8/40
　高牟
　5/299　5/301
　高峻端(衛士)
　6/574
25 高仲琮(邏人)
　2/331
　高仲欨
　4補/19
26 高白瑢
　8/257
　高伯亮
　3/73
　高和弥(府)
　7/137
27 高叡(府史)
　9/220　9/221
30 高家
　5/294

高守住
　7/107
高寶(門下校郞)
　3/110　3/111　3/112
　3/113　3/114
高寶
　3/270　3/272　5/277
　5/278　5/279　5/281
　5/283　5/286　5/287
　5/309
高寶(守捉官)
　9/41
31 高禎
　6/305
高禎(主簿高元禎)
　8/152　8/153　8/154
　8/157　8/158
32 高州
　5/277　5/278　5/279
　5/281　5/283　5/284
　5/286　5/287　5/288
　5/291　5/293　5/299
　5/301　5/307　5/309
高澄
　10/276
34 高漢英(高沙弥女)
　4/12
高凌

1/170
高凌□
4/195
高波子
8/17
高達(倉史)
5/267
高婆
5/277　5/278　5/279
5/281　5/283　5/286
5/287　5/288　5/290
5/293　5/301　5/303
5/304　5/306　5/309
35高神和
2/58
高神力
8/455
37高通達
7/395
高運達(果毅)
7/105
38高海仁
6/551
高海洛
6/568
高海隆
4/55　7/383
高道□(師)

5/249
39高沙弥
4/12　4/54
40高大信(衛士)
7/58
高士通
6/17
高悥伯
4/170　5/250
高寺主
6/58
高嘉慎
7/135
高來
8/503
高柱仁(前官)
5/113
44高勒子
2/344
46高如珪(押官)
10/68
高相
6/243　6/244
高相伯
4補/63
47高歡住
5/24
高歡住(縫匠)

6/466
高歡受
4/20
高歡貞(前倉督)
7/57
高歡緒
6/564
高歡岳
4/261　4/262
高歡□
3/158
高奴
6/250
48高乾秀
2/183
50高未(史)
7/387
高未豐
7/526
53高成
10/11
60高四
5/277　5/278　5/281
5/283　5/286　5/289
5/290　5/293　5/301
5/303　5/304　5/306
5/309
高四姑

5/278　5/279　5/281
5/283　5/286
高四阿姑
5/277　5/286
高思(府)
9/103　9/106　9/120
高黑面(宋捌子母)
8/316
高景仲(作頭)
10/249
高景冲
8/396
61高顯尊
3/107
67高明海
4/88
70高雅寶
3/273　5/69
71高阿歡
7/402
高阿提
3/29　5/7
高長史
4補/63
72高氏(孟海仁妾)
4/13
高氏(康方藝妻)
7/425

76 高馳□
　　5/58
77 高叠举
　　4/89
　高隆歡
　　6/371　6/423　6/431
　高尾洛
　　7/451
　高屈富
　　7/519　7/521
　高舉（録事）
　　8/475
80 高令□
　　7/50
　高義感（保頭）
　　9/135　9/136
　高善
　　8/114
　高善生
　　1/203
　高善宋
　　6/248
86 高規
　　6/253　9/172
90 高小仁
　　6/549
　高懷孺
　　4/158

92 高判官
　　10/214
　高□（門下校郎）
　　2/209　2/212
　高□（尼）
　　3/199
　高□（左親侍散望）
　　4/63
　高□（中兵校郎）
　　4/63
　高□
　　8/284
　高□伯
　　3/138
　高☒（中部督郵）
　　1/88
　高☒（將軍）
　　3/169
　高☒（門下校郎）
　　3/195
　高☒（官吏）
　　3/196
　高☒（中兵校郎）
　　3/282
　高☒（行門下事侍郎）
　　3/282
　高☒（殿中將軍）
　　3/288

0022₇—0023₂

高▢
 3/291 4/124 6/255
 6/258
高▢（寺主）
 6/58
高▢（火内人）
 8/50
高▢
 9/253
高▢▢（左親侍散望）
 4/65
高▢▢（虎賁將軍）
 4/124
高▢▢
 4/166 5/88

席

席▢（火内人）
 8/50

帝

22帝豊（僧）
 3/289

0023₂康

康
 7/130 8/65
00康鹿獨（衛士）
 7/431
康充臣（衛士）
 7/216
康方藝
 7/425
康夜虔
 3/318
康文海
 8/255
康文懿
 6/409
康文感
 9/21
康文義
 6/547
康文▢
 9/253
康盲鼠
 6/486
康玄應
 7/425
康玄壽
 7/425
康玄忠
 7/425
康玄素
 7/425
康玄感（史）

7/75
康玄智
9/24
01康龍仁(典)
9/60
9/61
04康護跛
8/417
07康望川
7/451
10康元(典)
8/206　8/208
康元庄
10/24
康元訓
4/197
康元相
3/343
康元思
7/451
康万善(上柱國)
7/230
康惡□
7/174
康无奴
2/295
康石子
3/35

康石仁
7/174
康酉兒
2/39
康酉忠
3/31　3/36
康不里畀
3/319
康不糞
3/31
12康登(史)
9/30
康弘達(佐史)
9/190
康延
6/263
康延利(衛士)
7/217
康延傜
4補/50
康延守
6/496
14康破延
4/85
16康廻君(作人)
2/334
17康忍住
9/244

康子才
5/211
康那虔(大女)
7/472
康那你延
6/48
康那寧材
3/323
康君住
7/450
康君達
8/255
康君素
7/467
康君義
8/255
18康政
7/400
康政□(大女)
8/433
康致得(作人)
2/333
20康住德
7/451
康禿子
6/361　6/369　7/194
8/257
康禿守

8/422
康信
9/172
康毛尊
9/237
21康仁
9/253
康仁賢
4補/22
康虎皮(主簿)
3/291
康虎典
3/322
康行檀(康才寶女)
7/425
康虔徽
8/438
康虔鄂
8/434
康處琮
7/230
康處忠
7/327
康師子
3/34　3/35　3/138
4/160　4/164　4/170
4/173
康師得

3/256 3/257 3/258

康師保（作人）
2/333 2/334

康師苟
3/31

康師奴
8/433

康師兒（虎牙）
3/33 4/160 4/165

康穮但
3/86

22康豐海
6/16

康鸞（道士）
9/138

康崑崙
7/451

康山信
8/391

康山茂
8/453

康崇俊
9/156

康崇相
3/50

23康外何
7/472

康伏生

7/513

康伏知
7/467

24康射鼻
7/94

康射毗（衛士）
7/471

康仕相
8/255

康倚山
7/450

康德
6/497 7/417

康德住
7/450

康犢□
4/68

康納職
7/491

25康牛何畔陁
3/324

康牛㲈兒
4/195

康失延（韋匠）
4/15

康失芬
9/130 9/131 9/132

康生

1/129
康佛保
4補/30
26 康保謙
4/34　4/35　4/36
4/37　4/39
康保□
3/195
康和
7/217
27 康多德
7/403
康多海
7/450
康衆憙
3/50
康衆□(作人)
2/333
康衆□
4/162
康冬冬
3/217　5/56
康冬鼠(康海達女)
7/118
康烏破延
7/389
康烏破門陁
6/244　6/255　6/259

康烏提畔陁
3/320
康忽娑
6/585
康鷄□
5/102
28 康僧
2/284　6/120
康僧(衛士)
7/47
康僧相
4補/6
康僧願
4補/14
康以海
5/207
康紇槎
7/94
29 康秋兒
3/82
30 康永兒
4/160　4/165　4/169
康進感
8/145　8/154
康遮斤
9/164
康守緒
6/551　6/568

康守海
  6/486 6/495
康守相
  9/23
康守□
  10/48
康安住
  8/280
康安得
  3/50
康安定
  8/281
康安義
  8/281
康客兒
  2/296
康寶才
  7/427
康寅生
  7/25
31 康福
  7/229 10/21 10/23
  10/26
康渠鼠
  8/435
32 康浮你了
  7/94
康浮呦延
  8/25
33 康演潘(衛士)
  7/475
康述咖
  8/434
34 康波富
  7/15
康波□
  4/25
康祐住
  6/548
康祐歡
  7/174
康達(里正)
  6/572
康達
  7/400
康婆何畔陁
  3/319
康婆德
  6/53
康婆解盆(衛士)
  7/471
康婆頡騎知
  3/119
康婆居羅(虎牙)
  3/27 3/28
35 康神慶(將)

10/34
康禮
8/283
36 康禪師
3/170　3/171　3/173
康迦衛
6/252
康迦衛（衛士）
7/471
37 康洛（里正）
6/573
康洺
7/400
康深鹿子
4/189
康祿
8/247
康祿山
7/470
康祿山（作人）
9/41
康通□
8/390
38 康海龍
8/241
康海護
3/134
康海護（隊正）

9/163
康海德
7/211
康海伯
6/268
康海多
6/488
康海進
7/486
康海之
7/280
康海達（衛士）
7/118
康海憙
6/361　6/369　6/381
康海憙（隊副）
9/163
康海相
6/221
康海隆子
7/404
康海□
7/371
38 康祊
2/39
40 康大之
9/36　9/37　9/38
康才

6/16
康才寶
7/424
康才達
9/20
康才藝(驛長)
6/568　6/570
康才藝(佐)
9/32
康才思
7/329　7/330
康才義
7/431
康才□
7/199
康幢海
4/262
康皮
8/256
康悥
7/506
康悥兒
3/103　4/167　4/169
康壽壽
8/391
康壽感
7/475
康真寶

7/425
康柱
6/343
康柱歡(史)
7/126
43 康始延(匠頭)
6/128　6/130
44 康薄鼻
9/27
康薩登
9/28
康藏子
8/256
康莫玉
3/324
康莫天
3/119
康莫遮
7/390
康莫毗多
3/318
康莫□
7/107
康者那
3/159
康荀掃
2/283　2/295　3/261
康世和

3/33
康世多
5/215
45 康妹
3/321
46 康如玉
9/157
　康相(大女)
7/490
　康相謙
5/259
　康相崇
4/160　4/167　4/169
　康相祐(虎牙)
4/160
　康相願
3/90
　康相懷
7/118
　康相□
5/247
47 康塤子
7/171
　康塤奴
6/361　6/369　6/381
　康歡隆
7/313
　康歡□

3/52
康奴子
10/241
康奴得
4/197
49 康妙達(輕車都尉)
6/548
　康妙達(樣人)
6/548
　康妙英(康鹿獨女)
7/431
　康趙苟
3/344　4/165　4/170
50 康申住
5/206
　康申香(大女)
5/207
　康申保(邐人)
2/331
　康申海
6/496
　康申海住
6/256
　康泰(典)
8/32
　康忠感
8/453　8/457
　康患隆

6/547
51康輻舉(作人)
2/334
52康甈
7/219
53康威德
7/333
55康替延
4/291
康典
2/286
57康抱貞
8/441
60康國安
5/265
康恩義
7/470
康思禮(別將)
9/48
康黑奴
4補/6
康田立
7/319
康畢迦之
3/322
康圈圈
5/211
康曇住

6/547
康昊
9/157
62康毗達
7/492
康顯願
3/320
63康默仁
6/568
66康咖
8/460
康嘿仁
4/25
67康明順
8/441
69康畔提(匠)
6/130
71康阿廻
6/361　6/369
康阿醜(大女)
7/473
康阿了
7/92　7/94
康阿子
7/471
康阿伯
5/207
康阿保兒

4補/12

康阿和兒
3/33

康阿蒲箇
8/435

康阿荷
6/48

康阿持（女）
8/434

康阿攬牛延
3/320

康阿陁兒
4/180

康阿父師
4/133

康厠得
5/7

康辰君
7/171

康辰花（大女）
6/591　6/592

康願緒
7/397

康願隆
9/165

康長受
1/191

72康氏（辛懷貞妻）

4/13

康氏（龍朱主妻）
4/54

康氏（忠感妻）
10/241

74康隨風
8/492

77康隆
6/253

康隆仕（衛士）
7/49

康隆達
9/253

康隆土（里正）
6/40

康隆歡
7/173

康尾義羅施
7/93

康鴉問
3/173

康門陁挂
3/287

康鼠子
8/256

78康陁延
7/470

79康勝姜（康才寶女）

7/424
80康全致
8/175
康義集
7/468
康義通
8/438
康義才
8/241
康義感
7/327
康義感(參軍)
8/151
康義羅施
7/88　7/89
康普敬
7/425
康舍藏
8/341
康善生
7/171　7/174
康善祐(幹)
4/188
康善憙
4/169
康善獲
6/405
唐善財

4/133　4/135
康曾□(大女)
8/435
康養願
4補/15
83康鈸子
8/23
85康鉢恩
8/256
86康知讓
8/433
康知引(觀主)
8/237
康知志
8/435
康知奴
6/387
康知□
6/367
康智明
2/318
88康節
7/337
90康小定
8/255
康小娘(大女)
8/435
康憧海

7/174
康憧奴
5/109
康惟謹
10/255
康懷文
7/425
康懷及
7/451
康懷子
7/450
康懷住
6/252
康懷滿
3/141
康懷願
3/90
康懷義(鎮將)
6/581
康糞得
5/256
康炎
3/319
康炎延
3/322
康炎但
7/350
康炎毗

3/318
康炎願
3/320
94 康慎微(倉曹)
8/500　10/68
康慎徽
8/433
康□
6/263
康□保
3/32
康□爺迦
3/320
康□叔
4/38
康□之
8/455
康□演
4補/15
康□
2/320　2/331　3/158
3/320　4/35　4/36
4/247　5/45　6/4
6/47　6/197　6/245
6/246　7/15　7/94
7/198　7/430　8/23
8/282　9/253
康□(邏人)

2/331

康□(吏)

3/103

康□(將)

3/171

康□(譯語人)

6/72

康□(主帥)

8/69

康□(典)

8/229　10/239

康□□(衛士)

7/49

康□□

7/396　8/453

0023₇ 庶

72庶斤

4/75

廉

15廉建岳

8/257

20廉毛軌(畫師)

2/333

廉毛晁(畫匠)

4/16

23廉獻祥(使)

9/156

30廉客兒(畫師)

2/333

50廉泰默

6/217

63廉默仁

7/443

80廉善意(畫師)

2/333　2/334

廉□

3/159

廉□□

6/326

0024₁ 庭

庭

10/82　10/84　10/88

10/90

0024₇ 度

度(祠主)

1/155

度(僧尼)

2/233

度(康才寶弟妻)

7/424

慶

慶（僧）
2/222

慶
4補/62
8/381　10/50

00 慶慶
3/99

10 慶元
3/165

13 慶武（明威）
4/160　4/162　4/164
4/170　4/174

20 慶住
6/487

22 慶嵩（侍郎）
3/46

慶嵩（常侍）
4/166　4/170

慶嵩（將）
4/173

23 慶峻（典錄）
4/70

26 慶伯（主簿）
3/46

慶伯（吏）
3/46　3/97

30 慶安
3/48

慶富（吏）
3/97　3/107

34 慶祐（將）
3/293　4/130

40 慶友
6/119

52 慶哲（侍郎）
4/160　4/166　4/169

慶哲師
3/202

62 慶則
3/52

72 慶岳（僧）
3/330

慶岳（侍郎）
4/162

慶岳（參軍）
4/174

80 慶善（明威）
3/171

87 慶叙（侍郎）
3/105　4/170

90 慶懷（明威）
3/168

慶懷（將）
4/130

98慶悦（僧）
4/48

0025₂ 摩

11摩珂
3/258

17摩弥
4/87

22摩岫（奴）
6/101

40摩奋大官
4/133

摩奋提懃
4/132 4/133

44摩薩
4/75

51摩頓（鎮軍）
3/170

60摩羅
6/377

62摩咄
6/241

摩□
7/241

0025₇ 庐

庐（折衝）
9/2

0026₁ 磨

44磨芝
8/11

磨勒（典馬）
6/475

61磨旺（奴）
7/486

77磨鼠
9/253

磨□（奴）
8/16

0026₄ 居

40居太夫人
6/65

0026₇ 唐

00唐意奴
9/33

08唐謙
9/34

10唐元謙（官吏）
3/106

13唐武悦
6/61

15唐建貞
7/56

唐建進
　8/146　8/147　8/149
　8/150　8/157
22唐循忠（長史）
　9/33　9/34　9/38
　唐利
　1/172
26唐伯相
　4/35　4/36
27唐衆保
　3/34
　唐紹伯
　2/305
　唐紹太
　3/112
40唐幢海
　4/31　4/32
　唐幢海妻
　4/31
44唐楚
　7/327
60唐思感
　8/434
72唐氏（康海達妻）
　7/118
　唐氏（陳滿妻）
　7/257
77唐隆仕

7/407
唐隆□
6/439
80唐益謙（別將）
　9/31　9/32　9/33
　9/34　9/35
86唐智宗（錄事）
　8/144
87唐錄事
　7/87　7/399
　唐欽祚
　7/433
90唐懷意
　3/174
　唐懷願
　3/290
99唐榮
　9/27
　唐□
　3/294
　唐□（前長史）
　9/31

0028₆廣

34廣祐（僧）
　2/85
　廣達（虎牙）
　2/45

40廣有(僧)
　2/221
　廣支(功曹攝錄事參軍)
　8/502
60廣昌
　6/391

0029₄庥

00庥庥
　4/230

0033₆意

意(女)
　8/403

0040₀文

文(僧尼)
　2/81　2/157
文
　2/128　2/193
文(僧)
　2/135
　4補/9
文
　4/68
03文斌
　3/48
20文秀(僧)

2/78
文信
　6/534
22文嵩(僧尼)
　2/84　2/151
文崇(僧)
　3/353
23文峻(錄事)
　6/508
24文德(奴)
　1/158
文德(僧)
　2/74　2/89　2/144
　2/230　2/235
文德(參軍)
　6/97
25文仲(僧)
　2/225
26文伯(威遠)
　3/239
文保(僧)
　4補/53
文和(南僧)
　2/69
文和(僧)
　2/89　2/229
32文祈(僧)
　2/92

34文法(僧)
　　2/145
　文達
　　1/142　7/26　8/163
37文通(僧)
　　2/235
　文通
　　4/28
38文海(上座)
　　8/486　8/487　8/488
　　8/490
44文恭(僧)
　　2/89　2/90　2/236
　　3/333
　文孝
　　2/184
　文孝(小僧)
　　2/257
　文英(小女)
　　6/103
46文相
　　4/88
47文歡
　　6/513
50文惠(僧)
　　2/70　2/145　2/234
　文忠
　　2/330　2/367

57文軏(法師)
　　6/500
60文勗
　　4/128　4/132
80文益(僧)
　　2/70
　文義(僧)
　　2/78　2/222
　文養(僧)
　　2/75
86文智(將)
　　2/308
　文智
　　8/494　8/495
87文欽(僧)
　　3/316
96文怛
　　7/323　7/324
98文悦
　　4/265
　文悌(僧尼)
　　2/152
　文☐
　　2/194

0040₁ 辛

辛
　9/229

00辛充反
　7/192
　辛慶哲(郎)
　3/106
　辛玄通
　8/458
　辛玄暉
　8/434
04辛護豐
　4/13
　辛護德
　4/13
　辛護隆
　4/13
08辛謙(主簿)
　4/187
10辛元忠
　3/202
12辛延懿(參軍)
　3/270　3/271　3/272
　3/277　5/69
　辛延懿
　4/12　4/13
　辛延□(虎威將軍)
　3/237
13辛武護(侍講)
　4/135
17辛孟護(通事令史)

3/284　3/288　3/291
3/292
　辛君昉(史)
　6/562
　辛歌庵
　4/132
21辛仁
　7/440
　辛貞
　8/244
　辛貞利
　5/206
24辛德藝
　7/203
26辛伯兒
　4/135
28辛僧奴
　5/206
30辛定德
　9/24
34辛法訓
　5/7
38辛海
　8/404
　辛海兒(作人)
　2/333
　辛海隆
　4/137

40辛堆奴	71辛阿元
3/89	3/53
辛幢護	辛長史
4/13	5/7
44辛藏(府)	77辛隆□
9/221	3/90
辛孝信	80辛父師
4/258	8/240
46辛相明	81辛瓶仁
1/169	7/171
47辛歡相	90辛懷貞
6/257	4/12　4/13
49辛妙善(辛延意孫女)	辛懷尉
4/13	8/240
50辛忠孝	99辛榮國
8/434	9/156
辛奉玄	辛□
10/283	6/346　10/291
辛素	辛□仁
7/336	4/13
53辛成隆	辛□兒
4/258	3/145
57辛静君	辛☒(侍郎)
7/396	3/171
辛静□	辛☒(令史)
7/174	5/26
67辛明護	辛□□
4/169	4/128　4補/36　6/525

辛□□（衛士）
　7/49

0041₄ 離

77離兜折
　2/284

0044₁ 辨

40辨真（僧）
　2/89

0060₁ 盲

47盲奴
　4/20
60盲是
　4/12
　盲是（令住女）
　8/6

0073₂ 玄

玄（僧尼）
　2/72　2/231　2/248
00玄亮（丞）
　9/28　9/30
02玄訓（僧）
　2/145
04玄謹（僧）
　2/145
08玄效（僧）
　2/70
13玄琮（僧）
　2/145
18玄政
　7/293　7/294　7/393
20玄儁（僧）
　2/76
玄信（史）
　6/192
21玄穎（僧）
　2/72
22玄胤（僧）
　2/76
玄仙（僧）
　2/221
玄崇（僧）
　1/193　2/229
23玄俊（僧）
　2/237
24玄德（僧尼）
　2/228　2/235
玄德
　7/289
26玄和（僧）
　2/145
27玄衆（僧）

3/354
30 玄安(僧)
  2/69　2/74
  玄容(僧)
  2/222
  玄宗(僧)
  2/75
34 玄達(僧)
  2/90　2/221
35 玄冲(僧)
  2/146　2/228
36 玄遷(僧)
  2/150
37 玄潤(小僧)
  2/141
  玄通(僧)
  2/107
  玄過(僧)
  2/73
39 玄泮(僧)
  2/145
40 玄志(僧)
  2/72　2/146
  玄意(僧)
  2/90　2/226
43 玄式
  7/408
  玄式(僧)

8/485　8/486　8/487
8/488　8/490
44 玄苻(僧尼)
  2/71　2/233
  玄藏(僧)
  2/74
  玄英(僧)
  8/173
  玄甘(僧)
  2/146
  玄林(僧)
  2/82
48 玄敬(僧)
  2/153
50 玄忠
  8/291
  玄素(僧)
  2/220　2/223　2/229
52 玄靜(都維那)
  8/486　8/487　8/488
  8/490
54 玄軌(僧)
  2/85
60 玄恩(僧)
  2/69
67 玄明(僧)
  2/88
72 玄剛(維那)

8/485　8/486　8/487
8/488　8/489
77玄駔
　7/143
　玄興(僧)
　2/220
78玄鑒(僧)
　4補/17
80玄首(僧)
　2/70　2/74　2/87
　2/88
87玄欽(僧)
　2/90　2/219　2/221
　2/224　2/227　2/230
88玄範(僧)
　8/485　8/486　8/487
　8/488　8/490
96玄愕
　8/435
　玄□(僧)
　2/71　2/72　2/156
　2/219　2/229　2/238
　3/351

襃

00襃度(僧)
　2/76

襄

60襄邑夫人
　3/167　3/168　**3/173**

襲

襲(僧)
　2/146

0080_0 六

17六子(邐人)
　2/330
　六子
　4/153　5/7

0080_2 亥

44亥英(僧)
　2/76

0121_1 龍

龍
　1/85
龍(五官)
　1/129
龍(韋匠)
　4/15
00龍庭遠
　8/391

龍磨賀吐	龍朱良
8/257	4/54
02龍訓(宋賓世妻)	26龍伯暈(朱艮女)
3/184	4/54
10龍不苻麻子	28龍牧子
4/27	7/397
11龍頭子	30龍遮之櫟
7/396	2/207
12龍延伯	龍守懷
5/43	6/490
龍延相(作人)	龍安師
2/334	6/570
16龍廻君	龍定□
7/451	6/570
17龍取得	38龍海佟
5/43	6/494
龍君爽	龍海相
8/433	6/27
20龍住德(衛士)	龍道德(道人)
7/334	4/291
龍禿塠	龍道得
6/453	5/43
龍悉洛	40龍大洛
7/179	7/396
24龍德相	龍憙洛
4/56　4/67	6/247
25龍朱主	46龍相仁
4/54	5/43

47龍歡
6/49
龍歡祐
4/85
50龍惠奴
6/408
60龍思
6/32
龍思相
4/54
70龍阤相
4補/10
71龍阿婆奴
3/162
龍願得
4/89
龍願洛
7/403
72龍氏(龍德相母)
4/56
77龍隆緒
6/408
龍用行
8/391
龍賢受
2/318　3/160
79龍勝海
6/328

80龍羊皮
8/391
龍善得
4/87
90龍懷節
8/255
龍□祐
6/483
龍□
3/53　6/257　7/177

0128。顔
30顔容(僧尼)
2/148
60顔思(僧)
2/82
顔□
3/342

0162。訶
22訶利(奴)
7/455
訶利多
2/284

0164。譚
90譚常祐(馬子)
10/99

0212₇—0460₀

0212₇ 端

端（僧尼）
2/158
44 端莫（女）
4/76

0260₀ 訓

訓（僧）
2/141
訓（僧尼）
2/152
17 訓己（虎牙）
2/40
20 訓受（尼）
2/81
90 訓光（尼）
2/82
91 訓頵（僧）
2/141

0344₀ 斌

斌
4/2

0365₀ 誠

誠
9/132　9/133

誠□
8/280

0365₀ 識

識（校曹主簿）
1/65
識（主簿）
1/124
識（錄事）
1/201

0380₀ 賷

賷
6/3　6/12　6/20

0460₀ 謝

00 謝意（火內人）
8/40
30 謝永仁
4/85
37 謝遇
3/275
謝過
7/285
38 謝道守
6/536
50 謝忠（史）
9/35　9/46　9/53

9/55　9/67
謝忠(府)
9/37
謝□落
6/488
謝□□
8/453

0464₇護

護(僧尼)
2/85　2/90
護
2/135　2/290　4/185
6/55　8/284　9/253
護(作人)
3/135
67護明
3/143
護□
4補/52

0466₀諸

80諸善惡(鹿門)
4/188

0472₇勛

勛(五官)
1/26

0563₀詇

詇(校曹主簿)
1/132

詇

詇(主簿)
1/140
詇(校曹主簿)
1/146

0691₀覩

覩
3/181
44覩英(僧)
2/79

0712₇鴗

40鴗支(僧)
2/79

0710₄望

望(喬師望?)
6/94

0742₇郭

00郭文弘
7/181

郭文智（主簿）	17 郭子生
8/156	7/174
01 郭龍岳	郭子幹
3/159	10/214
郭龍敏	郭君
8/175	7/443
07 郭望藏	郭君行（衛士）
6/31	7/482
10 郭二	21 郭師受
5/277　5/278　5/281	3/32
5/283　5/285　5/288	22 郭將軍
5/292　5/293　5/302	9/160
5/304　5/306　5/309	郭樂子
郭元弼	3/307　5/192
9/214	郭𦆵兒
12 郭延護	3/159
4/129	23 郭伏奴（衛士）
郭延伯（明威）	6/42　6/43
3/272　3/273　3/277	24 郭德（錄事）
3/287	6/12
郭延海	郭德仁
4/130	7/478
郭延明	26 郭白白
6/48　6/399	6/273　6/389
郭延願	郭儼（典）
4/224	8/503
14 郭琳（作人？）	郭毡醜（守司列少常伯）
9/62	6/504

28郭僧忠
3/5
30郭守一(火長)
8/40　8/45　8/49
郭守忠
7/450
郭定武
6/247
郭定君
7/174
37郭浴護
6/48　6/49
郭洛子
6/47
郭通禮
7/51
38郭海柱
6/273
郭海相(景匠)
4/17
郭海□
4補/52
39郭沙弥
7/494
40郭七
5/302
42郭桃葉
7/479

44郭苟始
5/183
郭林
9/61
郭林生
3/28
46郭如連(張海歡妻)
6/415
郭相意
5/74　6/371　6/384
47郭歡祐
3/220
郭歡悦
6/364　6/378
郭胡胡(火内人)
8/40
郭都(參軍)
3/271
50郭青山
8/257
郭忠敏
7/479
郭未德
7/171
60郭思禮
2/101
郭恩子
4補/8

63 郭默子
　　6/217
71 郭阿虎（官吏）
　　3/103
　　郭阿頭六
　　3/26
　　郭阿緒
　　4/120
　　郭阿鷂
　　3/57
　　郭阿安
　　6/480
　　郭阿都（參軍）
　　5/73
　　郭阿勝（女）
　　5/39
72 郭氏（綱夫人）
　　3/64
　　郭氏生（馬子）
　　1/81　1/82　1/83
76 郭駔子
　　6/253
77 郭隆□
　　7/383
　　郭隆護
　　6/371　6/384
　　郭隆岳
　　4/263

80 郭善□
　　6/38
　　郭養養
　　5/74　6/49
86 郭知德
　　4/233　6/255
　　郭知運
　　7/234　7/235　7/239
　　郭知運（健兒）
　　10/57　10/168　10/211
　　10/212
　　郭智
　　8/495
　　郭智匠
　　4/87
87 郭錄事
　　2/194
90 郭小圈
　　8/463
　　郭懷直
　　8/257
　　郭懷壽
　　7/260
　　郭懷悅
　　6/399
98 郭悅魅（大女）
　　4/238
　　郭□子

6/568

郭□國
8/455

郭☒（明威）
5/69

郭☒（衛士）
6/43

郭☒
6/480　8/20　9/179

郭□□
6/38

0744₇ 毁

毁
7/390

0763₇ 諛

諛
1/208

0766₂ 韶

30 韶容（僧）
2/141

0766₈ 諮

諮（秀才）
1/114　1/115　1/116

0768₂ 歆

歆（字君榮，太守）
3/64

歆
8/515

0844₀ 敦

10 敦元暎
9/61

0863₇ 謙

謙（主簿）
1/12

謙（吏）
3/103

17 謙子
2/246

20 謙受
2/292

21 謙仁
2/184

24 謙幼（將）
4/173

30 謙容（小僧）
2/91

謙容（僧）
2/147

34謙祐
    3/35　3/37　3/48
  謙祐（參軍）
    3/46
46謙恕（僧）
    2/88
  謙相兒
    5/244
50謙忠
    2/290　3/264
60謙思（僧）
    2/149
91謙煩
    2/374
  謙□（西僧）
    2/142
  謙□（僧）
    2/143　2/150

0864_0 許
00許文簡（行客）
    9/30
20許毛毛
    8/390
23許獻芝（捉館官）
    10/110　10/117
28許僧定
    7/450
86許智興（衛士）
    6/42　6/43　6/44
90許光景（右果毅）
    10/2

0968_9 談
92談判官
    10/92　10/102　10/190

1010₀ 二

二
5/304
43 二娘
5/295　8/296

1010₁ 三

三
5/301
21 三師
5/279
34 三犒
3/174
47 三奴
5/279　5/307
78 三陁(婢)
7/463
79 三勝(婢)
8/74　8/75　8/76
三□(冠軍)
4補/52

1010₂ 工

46 工相兒
4/172

1010₄ 王

王(總管)
8/386　8/389
00 王亮(錄事)
9/110　9/112　9/113
9/114
王高隆
2/22
王庭
10/27
王庭珪(健兒)
10/13
王庭憚(押官)
10/73
王慶
8/107
王慶子(火長)
8/44　8/47
王慶伯
6/49
王慶濟(曲尺)
4/188
王慶祐
3/40
王文子
7/404
王文仔

7/403

王文才
6/213

王文孝
2/319

王文歡
6/525　6/527

王文則(隊正)
6/557

王交行(城主)
7/318　7/320

王玄虬
9/24

王玄藝
8/34

王玄敬
5/320

王六
5/277　5/278　5/279
5/281　5/283　5/286
5/287　5/303　5/304
5/306

02王新
7/229

07王望
10/301

王竫(火內人)
8/45

08王詮
8/95

10王二
5/277　5/278　5/280
5/281　5/283　5/285
5/286　5/288　5/289
5/291　5/294　5/297
5/298　5/303　5/305
5/306　5/309

王五才
4/258

王元方
8/441

王元琮(典)
8/203

王元貞(火長)
8/40　8/45　8/49

王元相
4補/22

王元惠(火長)
8/40　8/45　8/49

王天苟
4補/19

王石德
7/174

王不用
7/446

11王頭六子

4補/22
5/7
王頭六兒
 4/160 4/168
12 王弘達
 6/313
王弘顯(馬子)
 1/81 1/82 1/83
王延意(田曹主簿)
 4/283 4/285 4/286
王延歡
 4/36
15 王建賢(邐人)
 2/331
16 王醜婢(王如珪妹)
 8/431
17 王子
 9/156
 王子相
  3/53
 王子□
  6/111
王覡(功曹書佐)
 1/87
王那
 5/301
王君子
 7/51

王君達(典)
 7/407
王乙
 8/134
18 王瑜(火內人)
 8/41
20 王住
 8/10
王住住
 6/568
王住海
 6/486 6/488
王住歡(木匠)
 7/401
王秀忠
 8/244
王受兒
 2/284
21 王仁(令史)
 7/226
王仁表
 8/180
王何相
 3/44
王行
 7/337 7/338 7/339
 7/341 7/342 7/343
 7/344

王行(府)
9/220
王虔太
10/255
王處(史)
7/361
王貞子(作人)
9/56　9/57　9/58
王貞住
5/206
王貞行(倉史)
9/191
22王豐
8/113
王將
1/193
王將軍
10/192
王仙
9/64
王仙鷹(典)
10/55　10/152　10/230
10/231　10/233
王利僮
4/286
王崇貞
2/283
王巢

4/115
23王參軍
2/242
王獻玉(馬子)
10/63
王獻玉(槽頭)
10/181
24王仕祐
2/338　3/5　3/6
王德廣
10/299
王德吾
4/18
王德實
10/296　10/313
王待詔(主簿)
8/422
王休
1/203
王休昇(衛官將軍)
9/137
王幼謙
2/359
王緒仁
6/365　6/379　6/385
25王仲佰
3/35
王積(主事)

7/19

26 王伯瑜

3/32

王伯歲(使)

7/110

王伯倫(掌書記)

10/97

王保謙(北廳幹)

4/188

王保祐

6/365　6/372　6/379

王和祐

2/361

27 王冬恩

1/35　1/36

王忽香

6/491

王絢(倉史)

5/267

30 王宣忠

3/34

王永本(衛士)

7/216

王進朝(判官)

10/100

王進朝(内使)

10/102

王遮馺

6/577

王守護(里正)

6/197　6/198

王守護

7/396

王守丘

7/301

王安住

6/496

王容宗

2/58

王客兒

3/35

王實

10/264

王宗

1/2

33 王浚(史)

8/431

34 王法(僧)

2/149

王波護

7/465

王波斯

7/450

王祐

9/154

王祐子

4/129
王祐住
6/497
王祐兒
3/53
王遠達
7/174
王遼
7/257
王婆
5/301
35 王神祐
2/250
王神表
8/396
王神威
7/135
王神圓（隊頭）
7/135
王神景（副執旗）
7/135
王神□
8/21
36 王遑
1/205
37 王祿狗
8/434
王選

10/211
38 王海元
5/45
王海祐
4/261
王海相（小）
6/362　6/368　6/369
6/375
王道（史）
8/239
39 王沙（使）
8/178
40 王九言
6/186
王大夫
10/122　10/204
王大敏（火長）
8/45　8/48
王大□
4/192
王太
8/39
王太賓
8/434
王爽
5/326
王士
1/203

王士開
　7/370
王才
　7/370
王才達
　7/492
王才歡
　4/233　6/17　7/370
王幢憙
　4/118
王赤兒(邐人)
　2/331
王憙
　8/405
王憙伯
　6/369　6/375
王憙歡
　8/114
王嘉珍(馬子)
　10/215　10/216
王嘉積
　8/17
王來女
　4/129
41王婕
　5/287　5/301
王楷
　1/172

43王朴子
　1/100
44王萬□
　2/340
王恭
　9/78
王孝達
　8/160
王孝炳(邐人)
　2/330
王孝□
　3/100
王苟子(作人)
　5/32
王老
　5/277　5/278　5/279
　5/281　5/283　5/286
　5/287　5/288　5/289
　5/291　5/293　5/301
　5/303　5/305　5/307
　5/309
王藝(監倉官)
　7/372　7/373　7/374
　7/375
王枇兒
　4/134
45王樓兒(馬子)
　10/213　10/214

46王如意
7/135
王如珪
8/430　8/431
王相才
7/171
王相願
5/255
47王歡仁
6/365　6/379　6/385
王歡峻
7/446
王歡德
6/365　6/379　6/386
王歡伯
6/368　6/375　6/480
王歡暉
5/207
王歡岳
4/188
王歡兒（騶人）
4/132
王歡悅
3/140
王歡□
3/147
王奴子
5/207

王胡
6/243　6/244
王胡子
4/134　6/180
王胡胡
6/49
48王教
2/58
王敬賓（差行官）
10/253
50王中祐
3/36
王車
5/298
王恚潘
6/491
王忠文
2/194
王忠斌
4補/9
王奉慶（里正）
10/244　10/245
王奉瓊（隊副）
8/18
王奉仙
9/59　9/60　9/63
9/64
王奉禮（府史）

9/191
　王貴興(部隊)
　1/150
53 王威(史)
　10/256
　王威文(史)
　7/20
　王成進
　7/257
　王感
　　5/301　5/307　5/309
　王感(府)
　8/370
58 王輸覺
　6/421
　王輪(判官)
　10/201
60 王里①
　1/39
　王四漢(衛士)
　7/216
　王思順
　10/45
　王思貞
　8/436
　王思道

10/212
　王思莊(健兒)
　10/180
　王思智
　8/341
　王團仁
　5/328
　王早頭
　6/493
　王買得
　1/205
　王羅雲
　8/430
　王羅守
　3/27
61 王顯尊
　5/8
62 王則(旅帥)
　6/557
63 王默婢
　7/171　7/174
66 王嘿子
　8/158　8/159　8/160
67 王明
　1/84
　王明意

---

① 胡如雷《幾件新疆出土文書中反映的十六國時期租佃契約關係》(載《文物》一九七八年六期)作里名。

3/98　4/68
　王明奴
　　3/107
　王臭
　　1/173
71王阿
　　1/205
　王阿豐
　　3/216
　王阿利
　　7/490
　王阿婆奴
　　2/331
　王阿連（外軍）
　　1/64
　王阿連
　　1/142
　王阿海（畫師）
　　2/334
　王阿願
　　2/331
　王阿隆
　　7/51
　王阿闍利妻
　　7/490
　王阿居
　　5/45
　王阿鼠

　　6/365　6/379　6/385
　王阿興（馬子）
　　10/213
　王阿□
　　3/107
　王阿□兒
　　3/218
　王辰虎（畫師）
　　2/333　2/334
　王辰歡
　　7/301
　王辰忠
　　3/34
　王階（兵）
　　1/134
72王丘慈
　　7/417
　王氏（趙憙憙妻）
　　4/226
　王氏（某人妻）
　　10/289
76王騶子
　　5/207　8/257
77王且
　　8/16
　王尼（僧）
　　2/129
　王隆

8/283　8/291
王隆住（衛士）
7/416
王隆海
5/207　7/416　7/418
王隆歡
5/275
王隆智
7/176
王隆□
6/553
王覺
6/251
王兒兒
4補/8
王同（火內人）
8/40
王履宣
2/58
王履賢
2/58
王居遂
10/296
王居地
7/443
王居隨
10/296
王居□

7/464
王開
8/168
王羋子
4/133
王闍
3/51
王興
10/100
王貫
6/33
王具伯（明威將軍）
3/175
王具尼
7/428
79王勝藏
6/547
80王金節
7/451
王弟（使）
8/179
王令瑋
10/303
王令祐
4補/9
王無感
10/29
王無驕（縣丞）

10/249
王無驕(作官)
10/250
王念
1/5
王慈義
8/390
王父師
6/429　6/431
王羊皮
3/36
王義(里正)
8/430
王義誠
5/264
王義珍(使)
10/213
王義賓
10/23
王義温
9/30
王善虎
3/217　4/130
王善祐子
4/133　4/134
王善歡
5/48
王善會(里正)

6/214
王善□(屯田吏)
3/196
王公□(史)
6/70
86 王智儁
6/135
87 王叙
5/38
90 王小叔
8/17
王小小(使)
9/156
王憧
6/119
王懷德
8/390
王懷願
6/51　8/318
王懷智(衛士)
8/12
王常有
8/391
92 王判官
10/97　10/192　10/213
99 王榮(火內人)
8/40
王□

2/210　7/54
王□（縣令）
　9/137
王□（縣丞）
　9/137
王□奴
　4補/17
王□
　1/203　3/98　5/45
　6/277　8/180
王□（吏）
　3/103
王□（衛士）
　6/43
王□（典）
　7/324
王□（火内人）
　8/50
王□（總管）
　8/386　8/389
王□（儣人）
　9/65
王□□（屯田吏）
　3/196
王□□（兵曹主簿）
　3/237
王□□
　4/166　4/173　5/106

6/49　6/258　6/484
7/396　8/391
王□□（主帥）
　8/206

1010_7 互

90互光
　4補/32

1010_8 豆

17豆子（將）
　3/33
21豆盧（守内史）
　7/225

靈

86靈智（僧）
　4/44　4/48

壼

50壼中
　2/370

1013_2 瓌

67瓌明（僧）
　2/306

1014₆璋

璋(功曹史)
1/138

璋
8/180

1020₀丁

17丁子隆
4/261

26丁儾子(火長)
8/44　8/47

27丁紹祐
4/70

71丁願德
6/570

90丁光(健兒)
10/93　10/96　10/97
10/99　10/100　10/101
10/104　10/193　10/196
10/216

1021₂元

元
6/215　8/185　9/26
9/28　9/29　9/30
9/32　9/36　9/38
9/39　9/44　9/53
9/69　9/70　9/72
9/98

元(户曹參軍)
9/38　9/46　9/51
9/55　9/67　9/74

00元平
10/38

03元斌(道人)
3/193

04元護(侍郎)
4/169

06元竭(女)
7/429

08元族
1/194

10元三
5/277　5/278　5/279
5/281　5/283　5/284
5/286　5/287　5/291
5/293　5/303　5/304
5/306　5/308　5/309

13元武
4補/31

16元璟
9/45　9/66

17元琛(通事)
2/46

元邴(司馬)

3/105
18元珍（參軍）
　　4/160　4/169
21元肯（錄事）
　　9/38　9/46　9/51
　　9/53　9/56　9/67
　　9/122
22元弊（火內人）
　　8/44
　元利
　　8/185
　元崇（僧）
　　2/244　2/246
23元峻（僧）
　　2/224
24元幼（參軍）
　　4/187
26元得（作人）
　　3/135
　元保（主簿）
　　3/46
　元和（僧）
　　2/85　2/219　2/220
　　2/230
28元收（僧）
　　5/178
30元之
　　7/494

33元治（虎牙）
　　3/342　3/343
34元祐
　　2/290　2/292　2/367
　元祐（寺主）
　　3/2
　元祐（將）
　　3/35　4/173　5/8
　元祐（吏）
　　3/97　3/107
　元達
　　4/258
35元禮
　　4補/29
37元通（僧）
　　2/70
　元通
　　2/294
38元海（諫議）
　　4/173
　元海
　　4/240
40元爽（功曹判錄事）
　　7/83
　元皮（錄事）
　　9/32
　元意（□遠）
　　3/195

元真(僧尼)
2/85
元真(僧)
2/145
44元英(僧)
2/149
元世
1/193
46元相
1/193
元相(主簿)
3/111
50元泰(给事郎行丞)
5/268
元泰
7/408
元惠(僧)
2/71
66元嘿(吏)
3/97　3/107
元嘿仁
5/206
72元岳
4/162
74元脒(吏)
2/45
77元隆
4/269

元覺(道人)
3/198
元兒
3/267
86元智(將)
2/45
元智(僧)
2/222　2/245
90元光(僧)
2/80　2/154
92元判官
10/57　10/168　10/171
10/217
元□(通事)
2/46
元□(僧)
2/78　2/88
元□(官吏)
3/237
元□(道人)
5/56
元□□
7/51

1021₄ 霍

34霍洪(火內人)
8/48
47霍奴(火內人)

8/44
71霍阿奴(火内人)
8/44

1022₁亓

60亓思岌(營田副使傔)
10/21

1022₇万

00万慶歡
7/430 7/443
01万龍
8/242
20万禿禿
8/18
34万法(典)
8/389
38万道(僧)
2/150
40万壽(奴)
7/459
万壽果
8/73

需

需(字君安,主簿
  嗇夫)
3/181

需

需
2/126 2/128 2/135
2/138

1024₇夏

04夏護
8/318
13夏武孝
4補/7
夏武歡
3/286
26夏伯住
6/497
夏得相
3/135 3/140 3/159
30夏永順
4補/51
37夏運達
7/477
40夏志方
8/388
50夏未洛(里正)
6/516 6/518
77夏尾信
6/16 7/370
80夏養護

3/286

夏□
6/486

夏□□(衛士)
7/47

1030_7 零

26 零得(將)
5/204

1033_1 惡

34 惡違
7/144

47 惡奴
4/87

80 惡𠔃
8/257

惡□
6/270

1040_0 于

55 于豊塭
3/217

1040_6 覃

覃
10/58 10/60 10/61
10/63 10/64 10/66
10/67 10/68 10/70
10/72 10/74 10/76
10/90 10/94 10/96
10/99 10/101 10/104
10/106 10/108 10/110
10/117 10/119 10/124
10/160 10/161 10/162
10/164 10/166 10/169
10/170 10/172 10/175
10/177 10/179 10/181
10/183 10/185 10/187
10/188 10/190 10/192
10/193 10/195 10/196
10/200 10/201 10/203
10/205 10/206 10/210
10/212 10/217 10/220
10/223 10/225 10/231

1040_7 覈

24 覈德(奴)
6/402

1040_9 平

25 平仲(常侍)
4補/63

88 平等
8/296

1041。无

46无賀
　3/33
　无賀大官
　3/146
48无敬希（押官）
　10/67
60无旻羅（僧）
　2/74
77无艮跋子
　4/177
88无等
　5/299

1043。天

04天護
　2/289　7/11
　天護（參軍）
　4/180
　天護（虎牙）
　5/5
20天受（僧）
　2/75
22天崇斌
　4補/15
　天旬
　3/49

30天濟（主簿）
　3/46
　天濟
　3/159
38天海
　8/5
47天奴（將）
　2/283　2/284　2/286
　3/33　3/37
48天救
　2/296
77天堅古（神）
　2/218
　天兒（僧）
　4/195
80天養（參軍）
　4/180

1044₇再

34再達
　7/285

1060。石

17石刀子
　7/443
　石子
　2/286
　石子（將）

```
           3/29                    8/257
    21石處默                 46石賀婆
          10/27                    6/213
    25石生(奴)              石相胡(畫師)
          9/237                    2/334
    26石伯隆               47石怒忿(作人)
          7/174                    9/41
       石得(作人)           50石本寧
          3/140                    4/55
    27石多不六(客女)        55石曹主
          7/459                    9/27
    32石浮呦盆            60石思□(銅匠)
          7/473                    7/452
    34石波呦                  石旱寒
          8/256                    9/49
       石染典(游擊將軍)    61石毗
       9/42  9/44  9/45          6/258
       9/46  9/47  9/48      71石阿六
          9/50                     9/68
    35石神龍(總管)            石阿列
          10/77                    7/351
       石神龍                   石阿奴
          10/209                   1/187
    41石杯娑                石長□(兵)
          8/417                    5/251
    44石莫                77石肥羅(客女)
          3/321                    7/459
       石苟奴                  石兒(將)
```

3/238
石服屯（武騎尉）
6/213
78石陁
6/245　6/246
86石羯槎
8/433
石智信（邐人）
2/330
90石懷藏
8/391
石□才（畫師）
4/16
石□□
8/433

西

44西林（僧）
3/347

酉

04酉護（僧）
2/90　2/235
27酉賢（僧）
2/88
30酉富（作人）
3/141
38酉海（道人）

2/312
酉海
6/121
44酉英（僧尼）
2/86
77酉兒
2/298　2/299　2/300
酉□（道人）
3/244

百

60百足（婢）
7/460

1060₁ 晉

76晉陽（户曹）
8/414

1060₃ 雷

00雷彦
8/175
02雷端勝
8/246
24雷犢子（縫匠）
6/466
60雷思彦
8/175
71雷隴貴

7/38　7/39　7/40
80雷善祐
　4/37

1062_0 可

46可婢支(婢)
　7/93

1062_1 哥

27哥多弥施(奴)
　7/8

1071_7 瓦

瓦□(僧)
　3/332

1073_1 云

26云保忠
　3/3

雲

雲(五官)
　1/92　1/93
雲(主簿)
　1/197
44雲葉(婢)
　7/462
雲樹(婢)

7/456

1080_6 賈

00賈慶祐
　3/98　4/190
賈慶海
　6/362　6/376
賈慶□
　4/128
10賈二
　5/289　5/290　5/293
　5/301　5/303　5/304
　5/306　5/309
12賈延伯
　4/20
13賈琮
　8/173
15賈建開(木匠)
　7/49
17賈承□
　8/208
18賈致奴
　7/171
20賈信
　7/194
21賈行通(衛士)
　6/575
賈師保

3/202	6/576
22賈崇養	賈苟始
10/311	7/450
26賈保守	賈老胡
2/283	3/3
賈㧍女	46賈相延
4補/51	3/286
30賈守壁	48賈敬法
8/441	8/511
34賈法師	50賈車蜜
5/5	3/56
賈法相	賈忠禮（學生）
4/67　4/88	8/357
賈祐瑚	55賈豊洛
3/282　3/301	3/240
賈婆門	56賈提（里正）
4補/15	6/572
37賈渾□	60賈思恭（火長）
8/248	8/44
賈祁□	賈思□
3/107	8/509
38賈海□（衛士）	64賈時祐
7/49	4/189
40賈力子	71賈阿先
6/496　7/397	6/49　6/362　6/376
賈大	賈阿意
5/301	4/165　4/171
44賈孝通	賈阿□

1080。—1112。

2/331
72賈氏(酉海母)
6/121
77賈隆信
7/274
80賈父師
7/430
　賈義行(衛士)
7/47
　賈善來
4補/50
　賈合意(衛士)
7/216
87賈欽
8/39
88賈敏
10/301
　賈敏仁
7/52
90賈小琮
8/434
　賈☐
6/346
　賈☐信
7/192
　賈☐兒
2/283
　賈☐(屯田吏)

3/282
賈☐
3/4　3/280　4/128
4/130　7/174
賈☐(上柱國)
8/205
賈☐☐
5/75　6/49　6/50

1090。不
00不六多
3/343

1090₄粟
10粟粟
4/230

1111。北
00北廂珂寒
3/343
30北宮
1/205

1112。珂
00珂摩至大官
3/328　3/329
30珂寒
3/256　3/257　3/258

3/328　3/342　3/343
4/132　4/133　4/134
4補/29

1113.6 蠶

26蠶得
1/199

1118.6 瑱

瑱
2/127

頭

00頭六子(將)
5/7
17頭子(侍郎)
3/46
79頭勝(女)
8/282

1121.6 彊

彊
1/48　1/64　1/96
1/129
47彊胡仁(衛士)
6/42　6/43
彊□
1/16

1123.2 張

張
1/156　6/394
00張充充
6/256
張彥昭
8/391
張方州
8/391
張方暉
10/282
張鷹子
6/135
張康
5/217
張康師
6/363　6/377
張康明
8/174
張庭玉(火長)
8/41　8/50
張庭珪
8/434
張庭俊(健兒)
10/64　10/82　10/93
10/189　10/190　10/196
10/214　10/217

張庭俊(馬子)
10/212
張慶住(衛士)
6/410
張慶虎
4/195
張慶貞
4/27
張慶俊
3/307
張慶伯
5/41　5/140
張慶守
5/44
張慶祐(兵)
4/188
張慶祐
4/193
張慶祐子
4/193
張慶海
3/95　3/100　3/217
4/189
張慶甄(大女)
4/257
張慶相(里正)
4/244　6/41
張慶相

4/261
張慶妃(寡妻)
4/85
張慶顧
4/129
張慶隆
4/55
張慶善
5/7
張慶□
4/235　5/206　5/261
張廣□
8/393
張文行
8/357
張文貞(府)
6/562
張文備(錄事)
7/36
張文德
2/184
張文達
6/38
張文海
6/164
張文才
7/174
張文孝

3/27
張文歡(佐)
7/486　7/487
張文表(錄事)
6/558
張文固(勳官)
6/574
張文固(衛士)
7/217
張文譽
8/357
張文堂
2/286
張言(火內人)
8/41
張玄(令史)
6/506
張玄應
8/34
張玄逸
6/462　6/463　6/464
6/465　7/407
張玄壽
8/392
張玄索
9/24
張玄泰
7/135

張玄泰(隊佐)
7/136
01張龍(兵曹掾)
1/65
張龍相
5/50
02張端
7/241
張端憙
3/145
04張劼
10/42
07張毅
4補/1
08張敦行(府史)
9/14
張詮
7/215
張謙崇
3/264
張謙兒
3/101　3/217
10張二
5/277　5/278　5/279
5/281　5/282　5/283
5/286　5/288　5/291
5/299　5/301　5/303
5/304　5/306　5/309

張二婦
　5/307
張三
　5/277　5/278　5/279
　5/281　5/283　5/286
　5/288　5/289　5/291
　5/294　5/303　5/304
　5/306　5/307　5/309
張三寶
　3/32　3/34
張三郎
　10/38
張正歡
　3/218
張玉塯
　5/164
張五
　5/288　5/289　5/291
　5/293　5/297　5/298
　5/307　5/309
張瓌(槽頭)
　10/58　10/59　10/166
　10/167
張瓌(健兒)
　10/212
張元
　7/347
張元亮
　5/327
張元斌
　2/375
張元珍
　3/138
張元峻
　6/184
張元德(吏)
　3/103
張元爽
　5/316　5/321
張元相
　3/95　5/51　5/53
張元朝
　2/11
張元感
　8/173　9/23
張元舉
　10/282
張元悅
　4補/50
張万(户曹)
　1/72
張万福(衛士)
　6/42　6/43
張万年(火長)
　8/40　8/45　8/49
張平冲

8/434
張平事
2/86
張无瑒
9/135
張无價(戍主)
9/135
張无價(折衝)
9/137　10/2　10/4
10/6　10/8
張无相
3/218
張天祐
3/217
張石兒(作人)
2/333　2/334
張酉
1/108
張酉堆
6/496
張酉塠
6/484
11張頭六兒
3/163
張頭子
3/150　3/151
張彊
1/83

張預(兵曹掾)
1/134　1/136　1/138
1/139　1/140　1/142
1/144　1/145　1/149
12張弘(秀才)
1/119
張弘慶(郎將)
7/33
張弘震
3/150
張弘徽
7/493
張延取
4/144
張延嵩
3/53
張延仕
4補/60
張延伯
4/189
張延保
3/240
張延守
3/218　3/243　5/46
7/415
張延福(馬子)
10/92　10/94
張延海

5/41
張延祚（健兒）
10/184　10/185
張延大
7/382
張延夰（坊正）
5/34
張延幰
4/133
張延憙
6/51
張延壽（蹛子）
10/86
張延相
3/163　4/130
張延歡
3/163　3/217
張延軌
5/42　6/167
張延欽
5/5
張延叙
3/217　3/290
張延懷
4/233
13張武謙
2/331
張武儁

2/187
張武順
3/50
張武崇
4/168
張武倫
7/176
張武歡
4/137
張武用
6/488　6/495
張武□
4/145
15張建
5/216　5/217
張建珍
6/135
張建奴
8/390
張建嘿（府史）
6/575
張建□
4/137
16張瑒
9/115
張廻君
6/182
張廻洛（衛士）

7/216
張醜是
7/395
17張瓊(典)
　8/201　8/205
張承曉
　8/438
張承暉(馬子)
　10/83
張承曜
　10/33
張承暉(衛官將軍)
　9/137
張弥達
　5/275　7/171
張子亮
　3/138
張子先
　5/5
張子奇(總管折衝)
　10/67　10/69
張子奇(押官)
　10/180
張子回
　4/166　4/170
張那那
　8/431　8/432
張那含(史)

8/92
張君(府)
7/18
張君君(衛士)
　7/49　7/174　7/391
張君政(衛士)
　9/99
張君信
　8/256
張君行
　6/498
張君德
　7/423
張君達
　6/568
張君洛
　6/428　6/430　6/496
張君才
　4/446
張君義
　7/451
張司馬
　4/165　4/171
18張致之
　8/390
張致奴
　5/206
20張住

8/168
張住海
6/395 8/317
張禿子
3/135 6/217
張禿塤
7/451
張信
5/62 7/418
張信達
9/24
張信相
5/41
張受兒
3/33 3/35
張雛子
4/19 4/222 4/228
張奚默
7/171 7/174
張集釗
5/137
21張順
3/60 10/17
張順和
2/357 2/359
張順守
7/493
張仁

1/172 6/109 6/255
張仁(尉)
7/452
張仁彥(里正)
9/135
張仁禮
8/434
張仁其
9/85 9/86 9/87
張仁歡
8/24
張仁靜
8/25
張仁豊
5/165
張虎□
5/136
張何悅
3/44
張行
6/250
張行(府史)
9/15
張行倫
8/106
張行達
7/451
張行感

8/256	張師□
張行果（火內人）	3/244
8/45	22張豐子
張行敏（衛士）	4/228
7/217	張豐壔
張虔藝	4/130
8/256	張豐□
張虔惟	4/130
9/32	張嚴（道士）
張處（果毅）	9/138
8/170	張仙
張處直	1/16
10/303　10/304	張皈
張便喬	1/142
8/458	張山海
張貞信	8/495
7/451	張利富
張貞達	6/404　6/405
5/91	23張參
張師	7/282
5/277　5/278　5/279	張參軍
5/281　5/283　5/286	5/240　7/343
5/288　5/289　5/291	張伏子
5/294　5/297　5/298	9/24
5/301　5/303　5/304	張伏行
5/306　5/309　6/435	9/191
張師師	張伏海
8/23　8/25	6/17

張伏壽
8/404
張伏奴
5/46　6/366
張伏奴子
6/386
張伏□
8/439
張俊(健兒)
10/93　10/101　10/102
10/104　10/107　10/214
張綰(主簿)
2/17　2/18
24張什伍
10/168
張什伴(馬子)
10/60　10/205　10/209
10/213　10/215　10/216
張仕遷
8/459
張德
8/315
張德頵
5/33
張德師(小)
9/21
張德允
9/244

張德淮
2/140
張德進
7/493
張德質(遊弈主帥)
9/68
張佑□
6/278
張貓
8/113
張休(市令)
9/41
張幼住
7/397
張幼洛
6/484
張緒德
7/403
25張仲行
7/451
張仲祐(邏人)
2/331　3/53
張仲□
2/11
張佛生
6/169
張積都
5/17

26張白塠
7/409
張白奴
6/551　7/451
張白抓(馬夫)
6/497
張自詮(使)
10/99　10/101
張伯
6/121　6/258
張伯臭
3/290
張伯祐
2/331
張伯願
3/217
張伯兒
3/290
張伽戰(主膠人)
2/333　2/334
張保(步稍)
1/172　1/173
張保謙
2/331
張保受(步稍)
1/172　1/173
張保憙
4/137

張保願
5/5
張和
6/250
張和達
7/451　8/247
張和妻(大女)
7/517
張和感
8/16
27張多鼠
9/23
張仰兒
1/174
張恪己(火長)
8/40　8/45　8/49
張恪道(火長)
8/44　8/48
張鄉子
7/451
張衆護
3/286　3/293　5/67
7/443
張衆護(主簿)
4/2
張衆海
5/188　5/189　5/191
5/203

張衆憙
3/96　3/101
張衆相
4/89
張衆養
2/190　3/37
張候德
4/233
張解解(大女)
8/434
張紹珍
4/167　4/170
張紹達
2/132
張紹固
5/7
28張僧翼
2/248
張僧住
2/374　2/375　2/377
3/186
張僧受
2/317
張僧慭
3/159
張從心
8/442
張收那

8/16
30張宜□
8/391
張潼(道士)
8/503
張永守
4補/64
張永究
3/337
張進行
8/284
張進達
6/486　6/488
張進堆
5/41
張之扰
3/57
張岑子
4補/64
張守(典)
10/317
張守摩
5/5
張守取
5/41
張守仁
6/482
張守緒

5/208
張守多
7/287
張守洺
4/233
張守洺(史)
7/6
張守相
6/268
張守悦(衛士)
7/216
張守□
8/441
張安住(作人)
2/333　2/334
張安富
3/7
張安感(里正)
8/163
張安明
1/64
張安善
4/2
張安□
7/493
張㝮奴
3/243
張客兒

2/331
張客兒子
4/182
張富琳
7/125
張富海
7/443
張富抓
6/497
張容得
4/54
張容真
3/260
張良斌
8/459
張良友
8/434
張定度(神)
2/349
張定緒
6/486
張定緒(衛士)
7/216
張定和
4/224
張定洺
6/488
張定土(神)

2/348

張定杜(神)
2/31　2/314　5/23

張定□
7/173

張賓□
1/142

張賓(火内人)
8/45

張賓(刺史)
9/42

張宗受(兵)
1/134

32張沂
9/156

張浮
2/165

張潘塠
6/424

張遷(張孝章)
2/214　2/215　2/216

34張法
6/391

張法刀
6/174

張法師
6/394

張法兒

3/55

張漢得
6/268

張洪(即孝寅,長史)
2/59　2/65　2/66

張洪塠
5/90

張祐石
3/217

張祐子
3/7

張祐多
3/216

張祐海
6/488

張祐相
4/57　6/168

張祐顧
5/262

張祐隆(衛士)
7/217

張祐隆
7/492

張祐兒
3/33

張祐□
6/387

張達(錄事)

4補/45 ・4補/47

張達子
7/450　9/23

張達行
7/451

張達典
6/48

張婆
5/277　5/278　5/281
5/283　5/286　5/289
5/291　5/293　5/301
5/307　5/309

35張神穆
2/180

張神力
6/568　7/174

張神果(火長)
8/40　8/46　8/49

張禮
7/400

張禮臣
8/135

36張禪□
4補/15

張迦旣
9/250

張還運
7/492

37張洛
7/22

張洛子
5/48

張洛豐
6/169　6/483　6/496

張祖(典)
10/274

張祁善
4/128

張逸
6/464

張通
8/168

張通子
7/490

張通仁
9/23

張過兒
2/304

張運達
7/450

張運感
9/1

張運感妻
9/1

張遐晈
8/255

張郎
 4/121
張郎中
 3/138　3/168
張資弥胡(作人)
 2/333　2/334
張資弥胡
 4補/22
38張海
 6/344　7/417　8/405
張海瑚
 3/291
張海子
 4/21
張海住(小)
 4/133
張海住
 7/494
張海仁
 7/428
張海德
 3/217
張海伯
 4/18　5/41
張海守
 4/233
張海達
 6/483

張海相
 6/53
張海塤
 6/486　6/496
張海歡(衛士)
 6/414　6/415　6/418
 7/173
張海明
 6/248
張海隆
 5/117　5/118
張海兒
 3/221　4/130
張海憧
 6/454　6/491
張海□
 4/22　6/169　6/177
張祚(健兒)
 10/221
張祥
 5/277　5/278　5/281
 5/283　5/285　5/292
 5/293　5/302　5/304
 5/306　5/309　5/310
張遊鶴
 9/128　9/129　9/138
張道得
 6/168

張道龕(府史)
　　4/101　4/102　4/103
　　4/104
39張沙弥子
　　7/415
40張大使
　　10/194
張大良
　　8/307
張大柱
　　6/21
張大敏
　　7/514　7/519
張爽
　　7/86　7/87
張爽子
　　7/451
張士亮
　　6/214
張士信
　　7/378
張士行
　　6/214
張臺暉(某人妻)
　　4/85
張才(史)
　　8/184
張才住
　　6/487　6/488　6/495
張才仁
　　7/285
張才富
　　5/207
張才達
　　7/446
張才軍
　　5/91
張幢
　　6/120
張南海
　　7/396
張赤頭
　　6/23
張赤奴(作頭)
　　7/446
張憙仁
　　6/387
張憙德
　　5/275
張憙達
　　7/396
張憙相
　　4/132　7/396
張憙奴
　　2/378
張憙兒

3/271　3/274　3/275
3/276　3/281
4補/63
張意□
3/239
張女足(大女)
6/178
張友郎
3/216
張嘉順
10/16
張嘉祚
8/435
張難陀
5/343
張奮武
5/240
張喜
3/130
張雄
5/258
張真(道士)
9/138
張柱(史)
6/9
張柱海
6/214
41張麴智(倉督)

7/388
42張板德
5/164
43張式玄(兵)
8/385　8/387　8/390
44張花
6/253　6/254　6/255
張薩陀(衛士)
7/216
張藏(典)
10/27
張猫子
3/202
張恭
5/288　5/289　5/291
5/294　5/297
張恭子
2/339
張慕(府)
4補/48
張孝章(即張遺)
2/215　2/216
張孝元
8/433
張孝守
3/218
張孝忠
2/46　8/511

張孝臣
8/441
張孝義
8/395
張孝□
5/35
張華
1/205
張苟面
7/426
張苟子
4/134　6/326
張苟兒
4補/10
張老(僧)
3/331
張老師
3/287
張老歡
4/87
張老胡
3/101　3/217
張世容
1/184
張世隆(中兵校郎)
4/125
張甘塠
6/156　7/493

張榿禿
6/169
張橫橫
4/233
張欑
1/65
45張姊
6/60
46張駕
7/327　7/335　7/336
7/337　7/338　7/339
7/341　7/343　7/344
張駕鶴(觀主)
9/138
張如資(大女)
4/23
張如資(張善憙女)
6/423　6/429　4/430
張相
6/344
張相(里正)
6/573
張相斌
3/135　3/138
張相信
6/181
張相受
3/147　4/166　4/168

4/170
張相祐(邏人)
2/331
張相惹(吏)
3/103
張相惹
3/270　3/272　3/273
3/277　4/156　4/175
4/177
張相奴
1/48　1/51
張相哲
3/57
張相軌
4/175
張相願
4/129　5/58
張相□
4/89　4/157　6/176
張相□(典)
8/33
47張塠子
5/140　6/497
張塠塠
7/397
張塠奴
5/90
張鶴

9/128
張歡
5/238
張歡慶
5/45
張歡仁
4/142
張歡德
6/215　6/415　6/418
6/438
張歡緒
6/301
張歡伯
6/214
張歡海
6/47　6/550　7/397
張歡幢
4/130
張歡相
6/414　6/418
張歡兒
3/276　4/136
張歡悅
4/159　4/166　5/45
張歡□
5/43
張麴(里正)
8/431

張奴苟
6/376
張胡禮
3/45　3/218
張胡智
7/287
張都
7/320
張都堆
2/288
張超(府)
8/425
張超之
8/441
48張幹
7/38　7/421
49張趙養
5/138
50張申武
2/207
張申軍
6/554
張夫人
3/168　3/173　5/29
張青養
3/220
張惠師
8/503

張惠藏(火長)
8/44　8/47
張惠感(衛士)
7/47
張惠明(僧)
4/44
張忠(火內人)
8/44　8/323　9/64
9/65
張忠苟
2/359
張奉庭(史)
9/133
張奉珪(火長)
8/45　8/48
張奉舉
9/24
張奉舉(府史)
10/10　10/12
張屯富
5/132
張弐富
3/216
張貴卿(都尉)
7/224
張貴兒
5/145
張未

7/508
張未建
6/488
張未仁
7/518
51張軒得
1/129
52張哲
5/301
53張成
7/400
張成（外軍）
1/64
張成（里正）
6/572
張成
8/38
張感
8/275
張感德
8/260　8/261
張感通
7/358
張感□
7/145
54張軌端
6/16　6/413　6/423
6/433　7/390

張抴子
5/51
55張豊得
6/168
張豊叙
3/217
57張攢達
6/454
60張唯
10/33
張里□
4/191
張壘舉
4/136
張晟
10/323
張黑相
6/362　6/376
張黑奴（兵人）
4/188
張黑默
6/487
張思（大女）
7/416
張思（府）
9/17
張思禮
9/244

張思林
　7/451　8/33
張思忠
　9/60　9/64
張團兒(尉)
　7/1
張男□
　8/391
張甲爽
　8/37
張昌琦
　10/213
張圈是
　6/494
張園富
　4/142
張是子(小女)
　8/435
張買得
　1/48
張買荀
　7/329　7/330
張景陽
　9/137
張景□(總管)
　10/83
61張顯崇
　3/202
張顯願(作人)
　2/333　2/334
張顯□
　4/129
62張則
　8/14
63張默□
　6/217
64張睦相
　6/169
張時城
　3/32
66張嘿子
　6/167
67張明珪(火長)
　8/44　8/48
張明德
　5/13
張明濟
　3/137
張明海
　2/334
張明意
　5/186　5/188　5/192
　5/193　5/194　5/195
　5/196　5/197　5/198
　5/199　5/200　5/201
張明願

3/133
張明悅
6/319
張明□(吏)
3/103
張明□
3/218
70 張雅斌
3/138
71 張阿慶
3/140
張阿婆奴
5/137
張阿雙
2/22
張阿毛(張式玄妹)
8/385　8/387
張阿仟
8/391
張阿仲
4/85　7/415
張阿卑
3/107
張阿臭
4/34
張阿富
3/56
張阿宗

4/165
張阿涉
4/165　4/167　4/170
張阿祐
2/283
張阿婆相
3/216
張阿婆奴
2/378　3/216
張阿洛
6/176
張阿遇
5/204
張阿遵
4/160
張阿憙
3/98
張阿友
3/33
張阿桃
7/432
張阿苟
2/207
張阿相
3/216
張阿歡
5/242　5/243　5/244
5/245

張阿枚
　3/98
張阿趙
　5/138
張阿成
　5/138
張阿尾
　6/47
張阿犖
　3/34
張阿恞
　5/153
張阿□(參軍)
　4/36
張辰忠(吏)
　3/103
張願伯
　3/53　4/129
張願歡
　3/218　5/25　5/35
張願□
　3/96
張驢耳
　6/483
張驢仁
　6/172
張長壽
　7/451

張長□(衛士)
　7/58
72張剛
　8/168
張隱□
　8/508
張氏(孟懷信母)
　4/13
張氏(孟海仁母)
　4/13
張氏(蕁懷兒妻)
　4/54
張氏(張容得母)
　4/54
張氏(張容得妻)
　4/54
張氏(某人妻)
　4/75
張氏(左意願妻)
　4/229
張氏(楊保救妻)
　5/166
張氏
　6/510
張氏(楊奴子妻)
　8/170
張岳隆
　6/394

74張阤□
    4/285
75張陳義
    4/290
77張堅古(神)
    3/9
張堅故(神)
    6/211
張堅固(神)
    2/61 2/63 2/65
    2/181 2/216 2/311
    3/21 3/59 3/62
    3/66 3/68 3/117
    3/122 3/151 3/267
    4/32 4/150 4補/4
張尸舉
    4/20
張隆
    7/194
張隆訓
    5/9 5/10 5/11
張隆護
    6/47
張隆子
    6/486
張隆信
    4/259 7/194
張隆貞
    6/488
張隆伯
    5/43 5/57 5/59
    5/61
張隆定(衛士)
    7/49
張隆塭
    5/90
張隆塭(府)
    6/488
張隆歡
    5/41 5/137
張隆隆
    6/438
張隆悦
    4/123
張尾
    7/418
張尾住
    7/174 8/256
張尾仁
    6/525 6/527
張尾達
    6/488 6/495 7/451
張尾苟
    6/548
張尾奴
    8/419

張犖
　　10/10　10/12
張鼠仁
　　6/454
張鼠兒
　　4/129
張興(押官)
　　10/105
78張陁
　　7/514
79張勝君
　　7/171
80張全行(果毅)
　　6/564
　張益(通事)
　　　4補/64　4補/65
　張弟弟
　　　6/546
　張令端(總管)
　　　7/234　7/237　7/245
　　　7/252
　張令琮
　　　7/274
　張令獻(鎮將)
　　　10/110　10/117
　張令洛
　　　7/171
　張令芝

　　8/434
張慈君
　　6/492
張慈集
　　3/216
張慈感
　　8/17
張慈善(大女)
　　7/468
張父
　　7/421
張父(校尉)
　　9/5　9/6　9/7　9/8
　　9/14
張父師
　　6/486　7/197
張父師(校尉)
　　9/4　9/10
張父明
　　7/404
張羊皮
　　4補/64
張義詢
　　8/394
張義詮
　　8/390
張義貞
　　9/30

張義海
7/176
張善護
2/293　5/7　5/45
張善聽
4/130
張善君(衛士)
7/216
張善伯
2/294　5/43
張善和
7/34
張善倫
7/396
張善祐
5/56
張善洛
3/35
張善海
3/167　4/224
張善意
3/145　4/190　6/422
6/423　6/428　6/430
張善財
3/135
張善明
4/165
張善願

3/218
張善駬
6/553
張善懷
4/130
張善□
3/98
張公
9/255
張養子
3/100
張養慧
5/44
86張知(史)
9/122
張知遠
8/173
張知權
8/391
張知奴
6/486
張智勇
4/162
張智德
4/137
張智積
7/313
張智實

9/69
張智達
7/450
張智禮
7/516
張智通
7/327
張智運
7/174
張智壽（中兵參軍）
4/247
張智相
6/213
張智奴
7/467
張智静
8/394
張智成
8/233
張智覺（武騎尉）
6/213
87張欽
6/250
88張竹
7/452
張敏
8/164　9/81
90張小承

10/303
張小君
6/568
張小仁
7/444
張小洛
6/173
張小憙（漢客）
4/132　4/133
張小苟
6/480　6/496
張小奴
3/37　8/257
張小欽
9/99
張小□
7/287
張惟良
8/434
張惟遷
8/507
張懷德（吏）
4/141
張懷德
5/48
張懷保
4/129
張懷洛

4/129　4/189　6/493

張懷意
3/147

張懷藏（館子）
8/33

張懷義
9/191

張懷悦子
3/129

張懷□（校尉）
5/108

張少府
10/40

張光
10/11　10/12　10/14
10/16　10/17　10/40
10/48　10/50

張光輔（府史）
10/10　10/11　10/15

張養子（畫師）
2/334

張糞武
8/318

張賞
1/84　10/31

張米翟
5/40

張米塠

6/484

91 張恒珍
4/257

92 張判官
10/24

98 張悦（參軍）
5/66

張悦仁
6/158

張□（兵曹史）
1/65

張□
1/172　6/555　8/19
10/18

張□（通事□史）
2/210　2/213

張□（主簿）
4/141

張□（參軍）
5/73　5/294　5/300

張□（史）
6/196

張□建（弩手）
9/20

張□子
5/41

張□信
6/496

張□禾
　2/293
張□師
　5/17
張□祐
　3/101
張□相
　4/258
張□奴
　4/154
張□明
　1/142
張□隆
　6/456
張☒
　1/109　2/328　2/337
　2/355　3/4　3/16
　3/32　3/40　3/142
　3/162　3/217　3/221
　3/324　4/20　4/41
　4/182　4/233　4/263
　4補/15　4補/54　5/25
　5/40　5/41　5/44
　5/45　5/145　5/186
　5/187　5/193　5/253
　6/60　6/183　6/251
　6/302　6/344　6/486
　6/554　7/284　7/519
張☒（侍郎）
　4/2
張☒（參軍）
　4/35
張☒（前官）
　4/106
張☒（小）
　4/129
張☒（作子）
　5/262
張☒（參軍）
　6/79
張☒（衛士）
　7/183
張☒（史）
　7/354　8/414
張☒（尉）
　8/35
張☒（某人妻）
　10/308
張□□（兵曹吏）
　3/237
張□□（參軍）
　3/308
張□□（神）
　3/340
張□□（廟上）
　4/188

張□□
    4/269 5/136 5/137
    6/172 6/177 6/568
    7/467 9/244
張□□（中兵參軍）
    5/68
張□□（□官）
    6/574
張□□（錄事）
    7/21
張□□（捉館官攝鎮副）
    10/74

1160₁ 薈

薈
    8/53 8/55

1173₂ 裴

32裴潘子
    8/251
34裴達（校尉）
    6/559
37裴通達（旅帥）
    6/557
裴□（火內人）
    8/49
裴☑（官吏）
    3/106

1214₁ 琟

琟（行司議郎）
    7/222

1216₉ 璠

璠（五官）
    1/95
璠（校曹主簿）
    1/123

1217₂ 瑤

47瑤妃（尼）
    3/315

1223₀ 弘

弘（僧）
    2/223 2/232 2/235
弘（官吏）
    7/7
00弘慶
    2/296 2/298 2/299
弘慶（僧）
    3/330
弘慶（諫議）
    4/161
弘度（道人）
    1/189

08弘施(僧)	弘達
2/152	8/7
12弘孫	37弘潤(僧)
1/193	2/84
15弘建(法曹參軍)	弘澗(僧)
7/6	2/72
18弘珍(僧)	弘冥(僧)
2/70	2/75
20弘秀(僧)	40弘志(僧)
2/71　2/150	2/69
弘信(僧)	弘志(師)
2/155	2/184
21弘順(僧)	弘真(僧)
2/85	2/93　4/44
弘仁(僧)	44弘英(僧)
2/89　2/222	2/79
24弘德	49弘妙(僧)
7/251	3/315
30弘安(僧)	52弘哲(僧)
2/69	4/48
弘宗	56弘暢(僧尼)
2/20	2/85
31弘福(僧)	弘暢(客僧)
2/69	2/230
32弘淵(僧)	71弘願(僧)
2/94	2/70　2/72　2/81
34弘法(僧)	77弘周
2/90	3/263　3/264

弘貫（僧）
　4/48
79 弘勝（僧尼）
　2/122
80 弘慈（僧）
　4/159　4/166　4/169
90 弘光
　4/159
弘□（僧）
　2/144　2/226　2/243
　4/42

1240₁ 延

延
　3/145　3/217　6/516
　6/520　6/522　7/90
00 延慶（侍郎）
　3/105
04 延護（校郎）
　4/160　4/165
18 延珍（常侍）
　4/169
20 延住
　3/89　3/115
延僮
　6/169
延孚
　4/266

延受（僧）
　2/222
21 延虎（威遠）
　3/286
22 延豐（將）
　3/102　3/107
延嵩
　3/138
26 延伯
　2/317　3/53　3/217
　4/184　4/185
延伯（兵曹官吏）
　3/238
延伯（明威）
　3/270
延伯（僧）
　5/181
30 延守
　6/480
31 延禎
　9/36　9/45
34 延祐（參軍）
　4/187
38 延海（匠人）
　4/15
延海（主簿）
　4/180
40 延惹（吏）

3/97
44延莫達(首領)
8/89
46延相
3/48 6/383
47延奴
2/294
54延軌(僧)
4/42 4/48
60延圍(僧)
4/44
67延明(僧)
3/241 4/42 4/48
77延墾珂頓
2/284
延隆
5/259
延興(將)
4/173
90延懷
3/42
延懷(吏)
3/107
延□(吏)
3/97
延□(僧)
4/42
延□

5/169

廷

廷
6/121 7/383

1241_0 孔

孔(奴)
8/19
00孔章平(兵)
1/134
20孔受
1/203
21孔處忠(火長)
8/41 8/50
24孔德文
1/205
26孔保
1/205
77孔隆定
5/207
孔□
1/203

1242_2 形

26形保壽
4補/58
形保願

3/135　3/138

1243₀ 孤

37孤資舒
　5/227
60孤易
　5/211
孤易奴(奴)
　8/18
77孤艮貪渾
　4補/25
孤☐(婢)
　8/80

1249₃ 孫

孫
　1/6
00孫玄參
　10/301
孫六保
　8/390
10孫元璟
　8/179
孫元敬
　9/24
孫万
　1/48
孫无賀卷(吏)

3/103
孫天敕
　5/5
孫石奴
　5/207
12孫延海
　4/233
孫延☐
　3/290
孫斫胡
　4補/7
15孫建珍(兵曹官吏)
　3/238
16孫廻伯
　3/243
17孫承
　4/80
孫承恩(子將)
　8/176　8/177
孫子受(內直人)
　2/10
18孫孜(孝廉)
　1/87
20孫住勝
　7/171
孫禿子
　3/217　4/128
孫行感(史)

8/151　8/162	2/333　2/334
孫行□(守鳳閣舍人)	孫定智
7/225	7/451
孫師	34 孫法明
7/194	7/135
孫師得(邏人)	孫祐住
2/330	6/244
孫貞(隊副)	孫婆
6/557	5/297　5/299　5/301
24 孫德	37 孫澹(兵)
8/280	1/134
25 孫佛与	孫澹(步稍)
3/216	1/172　1/173
孫佛保	孫資弥胡
1/193	2/331
孫佛狗(步稍)	38 孫海藏
1/172　1/173	7/394
26 孫得	39 孫沙弥子
2/193	5/86　5/87
28 孫僧胤	40 孫大
4補/9	5/280
30 孫岺仁	孫大夫
5/20	10/119　10/120　10/202
孫安和	孫大牙
4補/7	4/25
孫安相	44 孫藏
4/18　4/53　4/106	7/395
孫客兒(作人)	孫孝

4補/20
孫苟□
　　　5/204
孫世得
　　　5/41
孫世明
　　　4補/20
46孫如姜
　　　7/490
孫相祐
　　　4/173
47孫奴(火內人)
　　　8/41
孫趙感
　　　8/391
50孫中才
　　　7/450
孫申香(大女)
　　　5/206
54孫批得
　　　6/168
60孫員
　　　6/111
70孫雅斌
　　　7/428
71孫阿海
　　　5/43
孫阿相

　　　4/136
孫阿父師
　　　5/74
孫阿父師子
　　　6/371　6/384
孫辰住
　　　6/488
72孫氏(守洛妻)
　　　7/117
77孫隆住
　　　7/117
孫隆塭
　　　6/493
孫殷
　　　1/32
孫居(里正)
　　　8/431
孫居居
　　　4補/20
孫擧始
　　　4補/15
80孫令彥(史)
　　　10/84
孫令興
　　　1/170
孫父師子
　　　6/54
孫善

1/120
　孫善龍(隊副)
　　6/330
90孫懷伯
　　3/133　5/44
　孫常侍
　　10/77　10/108　10/202
92孫判官
　　10/200　10/216
　孫□
　　5/301
　孫□
　　1/3　3/216　3/364
　　6/305
　孫□(健兒)
　　10/40
　孫□□
　　5/206　8/455

　　　　1314。武

　武
　　2/128　3/56　6/438
　　7/494
17武勇(將)
　　3/32
　武勇(參軍)
　　3/102
18武珍(僧)

　　3/331
20武千(火内人)
　　8/44
21武須履
　　7/135
　武貞父
　　6/499
22武仙(僧)
　　2/219　2/220
　武崇
　　2/371
　武崇(將)
　　3/32　3/96　3/101
　　3/104　4/165　4/171
　　4/174
24武仕
　　4/13
　武德
　　4/260　4補/4
28武倫(僧)
　　2/220
　武倫(大僧)
　　2/266
37武通
　　5/14　5/208
38武道
　　2/292
44武恭□

1314₀—1419₀

    4/131　4/135
  武孝(僧)
    2/230
47武歡(吏)
    3/46　3/97　3/107
50武忠(僧)
    2/81
80武義(僧)
    2/257　2/264
  武善(火内人)
    8/47
90武小亮(火長)
    8/45　8/48
  武懷表(副隊頭)
    7/135
  武懷表(隊頭)
    7/136
92武判官
    10/94　10/103
  武□(將)
    2/43
  武□
    9/104

1411₄ 珪

珪
    9/142

瑾

瑾(僧尼)
    2/85

1412₇ 功

24功德
    5/301

1414₁ 璜

璜
    1/155

1414₇ 玻

47玻妃
    2/291

1418₁ 瑱

瑱(錄事參軍)
    1/135　1/137
40瑱真(僧)
    2/220

1419₀ 琳

琳(郎)
    8/95
琳
    9/155

1464₇ 破

12 破延
4/81
28 破倫之
3/323
60 破羅阿利
3/221

1529₀ 殊

殊
2/123
15 殊殊(女)
4/12

1540₀ 建

建
2/11
00 建文
2/193
13 建武
4/174
27 建修(僧)
2/70
30 建進
8/149 8/150 8/157
37 建通
8/282

50 建忠(僧)
2/221 2/230
建忠
7/394
60 建恩(僧)
2/84
77 建賢(僧)
2/125
建□
7/384

1611₀ 現

11 現珂偘㢩
3/255

1612₇ 瑒

瑒(司馬)
6/499

1619₆ 璟

璟
6/565

1640₀ 廻

61 廻顯(尼)
2/164
67 廻明(尼)
2/163

1661₃ 醜

醜
6/383
40 醜女(婢)
7/457

1664₀ 碑

77 碑兒
3/21

1710₅ 丑

32 丑業
8/392

1710₇ 孟

00 孟雍
5/150
孟康胡
3/218
孟康□
4/129
孟慶(官吏)
3/105
孟慶慶
4/192
孟慶嵩
4/188
孟慶岳
3/138
孟摩弥
3/111
01 孟龍
4/173
03 孟斌(儒林參軍)
3/271 3/294
孟斌(參軍)
5/67
04 孟護德
6/454
孟玉斌(儒林參軍)
3/274
10 孟五
5/277 5/278 5/281
5/283 5/285 5/286
5/288 5/292 5/299
5/303 5/309
孟元善(麴懷讓母)
8/287
12 孟延意
5/250
13 孟武歡
4/262
15 孟建德
4/13

16孟廻暈
　　4/226
20孟住緒
　　7/493
　孟儔(主簿)
　　2/359　2/360　2/375
　　3/192
　孟毛升
　　8/390
21孟順(僧)
　　2/237
　孟須須
　　6/132
　孟貞海
　　4補/63
22孟能及(判官)
　　8/386　8/389
　孟邕兒
　　3/32
　孟崇(僧)
　　3/354
　孟崇
　　6/263
24孟仕斌(參軍)
　　3/293　5/194　5/196
26孟伽兒
　　3/133
27孟恪真(大女)

　　8/434
30孟進(守捉官)
　　9/41
　孟定
　　6/16
　孟宗
　　5/277　5/278　5/281
　　5/283　5/285　5/286
　　5/292　5/299　5/306
32孟礼(郎)
　　3/89
34孟法
　　6/391
　孟法師
　　6/394
36孟溧(刪丹令)
　　3/64
　孟禪
　　5/277　5/278　5/281
　　5/283　5/285　5/286
　　5/292　5/302　5/304
　　5/306
　孟禪師
　　7/68　7/71
37孟初兒(馬子)
　　10/93
38孟海仁
　　4/13　4/262

孟海伯
6/48 6/365 6/372
6/379
40 孟大
5/289 5/299 5/301
孟意敏
8/433
孟真(僧)
2/227
孟真義
7/194
44 孟孝(校郎)
2/46
孟老
5/308
47 孟培(作人)
3/135
孟歡信
4/20
50 孟忠(道人)
1/191
孟表
8/173
54 孟軌(虎牙)
5/7
60 孟䫜(僧)
4/45
孟黑奴

4/13
孟田相
3/217
孟圈奴
7/396
61 孟顯(尼)
2/166
67 孟明住
6/247
71 孟阿石兒
2/39
孟阿饕
3/310
72 孟氏(志夫人)
3/64
孟氏(張頭子妻)
3/150
孟氏(辛延憙妻)
4/13
孟氏(張毅妻)
4補/1
孟氏(張難陀妻)
5/343
77 孟居連兒
3/216
孟又囗
4補/50
孟賢子(邐人)

2/331
79孟勝子
　　2/323
　孟勝住
　　7/490　8/256
80孟八郎
　　5/305
　孟義(虎牙)
　　2/46
　孟義文
　　3/29
　孟善來
　　3/32
90孟憧海
　　4/2
　孟懷
　　4/20
　孟懷信
　　4/13
　孟懷福(兵)
　　9/52　9/54　9/56
　孟光英(女)
　　4/13
98孟悅(威遠)
　　4/159　4/162　4/164
　　4/166　4/170
　孟□(主簿)
　　2/43

　孟□
　　3/96
　孟□(郎)
　　3/106
　孟□(主客參軍)
　　4/63
　孟□懷
　　4/174
　孟□
　　2/320
　孟□
　　3/216　6/69
　孟□(將)
　　4/2　5/199
　孟□□
　　3/100

　　　1712₇鄧

12鄧延珍
　　3/241
20鄧禿子
　　4/87
22鄧仙艾
　　8/438
34鄧祐兒(作人)
　　2/333
40鄧女憙
　　4/18　4/19

41鄧娷
　5/277　5/278　5/279
　5/281　5/283　5/284
　5/287　5/288　5/303
　5/304　5/306　5/309
44鄧茂林
　8/180
　鄧甘相
　6/362　6/381　6/369
50鄧忠□
　8/511
60鄧品
　7/321
　鄧是是
　4/19
67鄧明□
　4/115
80鄧善仁
　5/335
90鄧憘定
　7/178
　鄧光實
　10/309
　鄧光□
　10/308

耶

10耶不脛(婢)

　7/457
44耶勒
　10/26

1713₄ 琙

40琙真(僧)
　2/88

1714₇ 瓊

瓊(門下校郎)
　3/73
瓊
　8/455
40瓊真(僧)
　2/151　2/230
瓊□(參軍)
　3/28

1715₆ 璕

璕(錄事)
　1/197

1719₄ 琛

琛(僧尼)
　2/86
琛
　9/41　9/42

1720₇ 弓

51弓賴俟斤
　6/187

1721₄ 翟

00翟慶伯(吏)
　3/107
10翟元保
　4/128
　翟万
　1/176
　翟石子
　3/160
11翟彌
　1/99　1/101　1/102
　1/103　1/107
12翟到進(衛士)
　7/216
13翟武通
　7/173
　翟武□
　2/210
15翟建折
　6/50　6/53
17翟子隆
　7/396　7/526
　翟那你潘
　　7/88　7/91
　翟那勝(翟急生女)
　　7/421
20翟僮海
　6/371
21翟何臭
　3/301
　翟行感
　9/21
　翟佰兒
　5/137
　翟貞信
　7/527
22翟絲達
　1/189
23翟允先
　6/371
26翟伯仁
　5/45
　翟伯兒
　4/173
　翟卑娑(作人)
　2/333
27翟急生
　7/420　7/422
　翟紹遠
　1/181　1/187　1/189
30翟永藉

6/486
翟守仁（皮匠）
4/15
翟安住
6/570
翟安智
7/194　7/444
翟究戰
3/36
翟富（兵曹史）
1/146
翟定
1/39　1/40　1/41
翟定□（散）
1/179
翟寶
2/21
31 翟洹
1/46
32 翟浮知
6/465
翟滔輝
10/24
34 翟漢口
6/49
翟祐相
3/56　4/187
翟達住

6/583
38 翟海相
9/210
40 翟左海
5/74
翟憙仁
4/226
翟憙兒
4/69
翟奇乃
3/74　3/75　3/82
3/85　3/87
42 翟姚子（馬夫）
6/497
翟姚子
6/548
44 翟薩畔
3/318
翟薩知
6/258
翟蘆底
8/255
翟葱
1/203
翟孝貞
7/51
翟黃豆
4/85

翟黄頭	翟豊海
4/179	7/174
翟黄瑞	61翟顯勒
8/391	3/37
翟葉子	62翟呼典畔陀
8/433	3/75
47翟歡武(□事)	63翟默仁
4補/41	6/261
翟歡住	翟默斗
6/363　6/377	6/49　6/50
翟歡相	71翟阿面
7/399	3/218
翟奴子	翟阿富
6/328	1/127
翟胡胡	翟阿達
7/174	6/549
翟都	翟阿□
8/503　8/504	6/330
翟杞子	72翟氏(宋泮故妻)
5/91	1/62
50翟車匿	翟氏(張武儶妻)
6/491	2/187
翟忠義	翟氏(王隆海妻)
2/28　2/29	7/417
53翟感子	74翟阤頭
8/98	3/318　3/319
55翟豊富(衛士)	77翟隆子
7/216	6/420

翟隆貞
6/546
翟隆歡
6/16
80翟慈恩(大女)
8/435
翟善真
9/165
88翟敏才
9/78　9/80　9/82
9/84　9/85　9/86
90翟小六
8/436
翟懷相
4/70　8/283
翟懷旻
5/243
翟懷願
3/271　3/307　4/175
5/66　5/73　6/48
翟□(祠吏)
1/155
翟□(官吏)
3/103
翟□
4/258　5/146　5/192
6/136　6/252　10/267
翟□(火內人)

8/49
翟□□
3/296

1722_0 刀

38刀海叙
4/134
57刀抱瓊(佐)
8/413
71刀臣相
4/29
刀□式
8/381

1722_7 胥

20胥禿子
8/255

1723_2 承

25承使(奴)
1/75
30承安(道人)
1/181
37承祖(明威將軍)
3/64
40承嘉(司勳員外郎)
7/226
50承惠

7/408

彔

20彔秀
2/75

1724₂ 矛

26矛和(僧)
2/256

1729₀ 弥

24弥德
7/396

77弥羍阿婆
6/161

1732₇ 駕

駕(錄事)
7/127

1733₂ 忍

忍
2/135
50忍惠(法師)
2/135

1740₇ 子

子
1/100　1/203　2/295

2/328　2/351　3/28
3/49　3/57　3/99
3/216　4/168　4補/8
4補/15　5/8　6/53
6/157　6/370　6/440
6/493　6/549　6/550
7/52　7/119
子(道人)
3/14
子(大女)
8/456
00子亮(□威)
3/147
子文(僧)
2/228
20子住
2/126
21子儒(侍郎)
3/102
24子綺
3/181
25子生(僧尼)
2/232
26子伯(虎威)
4/160　4/165　4/182
子和(僧)
2/74
30子安(僧)

3/33
34 子法(僧)
　2/85　2/151
37 子洛(侍郎)
　3/105　4/167　4/170
77 子兒(作人)
　3/136
　子兒
　3/181
　子興(内直人)
　2/10
　子□(中郎)
　3/111
　子□(作人)
　3/138

1742₇ 邢

34 邢達
　6/16

勇

　勇
　2/119　2/127　2/128
　勇(僧)
　2/150

1750₆ 犖

犖(丞)

7/79
　犖(錄事)
　8/110　8/238
00 犖慶會
　4/18
　犖文達
　6/261　9/164
10 犖元達
　7/430
　犖元隆
　5/147
12 犖延軌
　3/113
　犖延岳(參軍?)
　3/307
17 犖司馬
　4/167　4/169
21 犖虔純(水官)
　9/107
24 犖待□
　4補/6
25 犖純
　8/174
30 犖宏(參軍)
　10/159
　犖定方
　8/180
31 犖福(火内人)

1750₆—1752₇

8/48	5/277　5/278　5/279
40鞏才(里正)	5/281　5/283　5/286
6/572	5/287　5/288　5/290
鞏才	5/294　5/303　5/304
7/400	5/306　5/309
44鞏黄	24尹德藏
1/197	7/451
48鞏敬	尹德超
7/507	9/101
77鞏居居(部曲)	尹德感
7/458	7/451
鞏闍陀	34尹法藏
3/141	5/207
90鞏懷保	40尹九朗(火内人)
4/165　4/167　4/171	8/44
鞏□(司馬)	43尹娘(侯神寶阿妇)
2/210	5/314
鞏□	44尹楚貞(火内人)
4/169	8/45
鞏□子	尹☒(行尉)
6/135	10/84　10/90
鞏☒(屯田司馬)	
3/196	1752₇那
鞏☒	
4/182	那
	3/344
1750₇尹	12那列
	9/210
10尹二	22那利

1752₇—1762₇

8/434
36 那迦
2/13
77 那尾達
7/105
那☐（依提具挮使）
4補/27

1760₇ 君

君
6/497
17 君子（即軍子）
6/201
18 君政
8/435
20 君住
7/299　9/12　9/13
30 君安
6/71
34 君達
7/285
38 君海
6/305
40 君柱
6/560

1762₀ 司

24 司徒憳（健兒）

10/197　10/198　10/199
30 司空龔乂（佐史）
8/438
司空靈文
6/135
司空明岳
4/74
司空明舉（門下校郎）
3/286　3/287　3/288
3/291
司空緊那
3/136
司空☐
5/5
司空☐子
5/7
司空☐（通事令史）
3/222
司空☐☐（屯田司馬）
4/124
71 司馬歡仁
4/262
司馬氏（張處妻）
8/170

1762₇ 邵

26 邵和君
8/255

邵和娘(大女)
8/434
44 邵芬(傔)
10/31
46 邵相歡
6/55
53 邵成子
8/391
80 邵舍次
6/438

1768₂ 歌

37 歌渾(婢)
7/457

1771₇ 已

已(僧)
2/151

已

80 已義(僧)
2/74

1780₁ 翼

翼(僧尼)
2/93

1790₂ 永

永
5/169

1812₁ 瑜

瑜
3/160

1812₂ 珍

珍(僧)
2/122
珍
3/111 3/141 3/161
4補/61 6/25
21 珍師
3/26

1812₇ 玢

玢(統軍)
1/12

1814₀ 致

60 致是(婢)
4/50

政

政(中兵參軍)

1814_0—1918_0 120

2/189　　　　　　　7/47

政
　　　　　　　　　　　　1918_0耿
4補/62
　　　　　　　　耿□□
　　　1865_1群　　　6/328

17群子（衛士）

2021₄ 住

住
   4/102 4補/29 6/92
   6/453 6/496
20 住住
   6/481
21 住行
   6/574
25 住生
   8/247
47 住歡
   7/440
60 住國
   9/176
77 住兒阿婆
   6/161

2021₇ 侁

侁(功曹史)
   1/201

禿

禿
   6/486 8/436
12 禿發慶武
   4/240
禿發伯□

   4補/50
禿發時麦
   4/240
17 禿子
   4/129 7/133
20 禿禿
   4/57
21 禿仁(作人)
   5/32
23 禿代(奴)
   8/22
44 禿地提慭无根
   2/18
72 禿髮頭六
   5/45
77 禿双
   6/570

2022₇ 儁

40 儁友
   4/136

喬

17 喬子
   7/146
24 喬待貢(押官)
   10/168

2023₂ 依

56依提具扯(即欲谷設)
　　4補/27　4補/29

儂

18儂珍(侍郎)
　　4/160
34儂祐(參軍)
　　3/46

2024₇ 愛

30愛宗
　　2/17
38愛道(僧)
　　2/144

2026₁ 信

信(僧)
　　2/222
信
　　3/98　3/328　4/2
　　4/119　4補/62　6/568
　　8/440
20信受(僧)
　　2/253
34信達(僧)
　　2/89　2/92

40信真(僧)
　　2/88
50信惠(僧)
　　2/145　2/146

2033₁ 焦

00焦慶伯
　　3/51
焦文師
　　7/480
焦文崇
　　3/52
焦玄素(典)
　　8/133
10焦正
　　6/57
12焦延隆
　　4/259
21焦貞苟
　　7/56
28焦僧住(衛士)
　　7/480
30焦守相(皮匠)
　　4/15
37焦郎中
　　3/238
焦朗(侍郎)
　　4補/64

38 焦海伯
3/287
40 焦大夫
10/65　10/201
46 焦如璿(史)
10/90
50 焦夫人
3/147
71 焦長史
3/159　4/165
77 焦隆仁
7/430
　焦隆海
4/257
86 焦智向
4/19
90 焦養□
5/111
　焦□(侍郎)
3/196
　焦□(□郎)
3/276
　焦□□(虎威將軍)
5/3
　焦□□
8/453

2040_0 千

80 千年(家生婢)
9/56

2040_7 受

受
1/171　2/290　3/81
4/173
受(禁防)
3/107
06 受親(僧)
2/76　2/79
　受親(尼)
2/106
17 受子
2/364
26 受和(僧)
2/70
77 受賢(僧)
2/70　2/238
80 受姜
5/161

雙

雙(部隊)
1/136
雙(字雙兒)

3/64
00雙慶
3/219
04雙護
4/56
20雙愛
2/17
24雙德
8/180
26雙和(僧)
2/219
30雙㩅
6/167
雙安(僧)
2/88
雙富(作人)
3/141
77雙兒
4/195
雙周(僧)
2/226
雙賢(僧)
2/107
86雙智(主簿)
2/42

季

30季定度(見李定度)

2/61
72季氏(者德母)
8/407
77季兒(參軍)
3/103

2041₄ 雞

98雞弊世
4補/24

2043₀ 奊

奊□(使)
2/283

奐

10奐三安
1/192

2060₄ 舌

舌
2/123
舌(胡尼)
2/244

2060₉ 香

香(婢)
6/402
40香女

6/398
44 香葉(婢)
7/456

2071₄ 毛

00 毛彥珪(行官)
10/58
　毛彥珪(押馬)
10/168
　毛慶隆
4/18
10 毛元歡
3/35
13 毛武相(官吏)
3/103
21 毛師奴
2/317
22 毛崇業(火長)
8/41　8/50
24 毛德(奴)
8/17
26 毛保謙
3/53
30 毛客仁子
4/20
38 毛海相
4/226
　毛海隆

4/132　4/133　4/134
40 毛大忠
8/23
43 毛娘
8/104
46 毛相
1/142
　毛相祐
3/163
60 毛恩(兵曹史)
1/140
77 毛隆海
4/260
　毛朋子
3/141
　毛興(兵)
1/134

2090₁ 乘

乘
10/58

2090₃ 系

26 系保悅
4補/50

2091₃ 統

統(主簿)

5/266

2091₄ 維

18 維珍（參軍）
4/169

2091₈ 粒

60 粒旱大官
3/146

2108₆ 順

順
2/125　2/126　2/132
2/136　3/321

2110₀ 上

30 上官
10/209　10/210
上官什伍（健兒）
10/64　10/95　10/98
10/192
上官什作（健兒）
10/208　10/210　10/211
10/212
上官儼（火內人）
8/41

2112₇ 与

与
2/123　2/126

2120₁ 步

61 步呵
2/283

2121₀ 仁

仁
2/139　4/23　6/41
6/91　6/92　6/268
6/277　6/496　8/144
8/455
仁（僧）
2/226
仁（邏人）
2/331
仁（博士）
8/145
21 仁行
7/117
22 仁彩（官吏）
6/41
26 仁和（僧）
2/77
40 仁爽（衛士）

7/58

仁才
7/117

44仁藏(僧)
9/203

50仁本(守東臺侍郎)
6/505

55仁贄
8/107

86仁智
7/54

2121₁ 能

51能振(主事)
7/5

2121₇ 虎

17虎子
5/17

25虎生(奴子)
1/158

26虎保
4/2

40虎喜
6/394

虎女(婢)
4/50

77虎兒

3/263 3/264

虎□(作人)
2/334

伍

30伍守歡
7/403

77伍鳳
9/214 9/218

盧

17盧琛
10/26

21盧盧
3/202

47盧媚女(客女)
7/461

90盧懷遺(火內人)
8/45

盧□
6/215

2122₀ 何

何(副使)
9/140

00何摩
6/266

08何施感

8/257
10何无贺呦(大女)
7/472
何酉(部曲)
7/458
11何頂(火内人)
8/40
12何延相
4/53
14何破延
3/321
17何刀
3/320　3/321
何刀胡迦
3/320
何承仙(典)
9/59　9/68
20何禿子(衞士)
7/471
何禿奴
7/450
22何山剛
5/320
23何伏昏
9/132
何俊忠
9/157
24何射門陀

6/3　6/4　6/5
何德力
8/87　8/256
26何卑尸屈
3/318
27何兔仁
4/12
何夋
3/322
30何沛知□
3/119
何永□
8/441
何安寶
7/471
34何祐所延
4/18　4/19
37何祝子(官人)
4/69
38何海隆
4/12
何遊仙
8/442
39何娑
6/243
40何七娘
5/318
44何蔭布

3/119
何莫潘
7/471
何枯庚綿
3/119
46何相意
4/27　4/89
何相胡（畫師）
2/333　2/334
47何好忍（韋匠）
4/15
何胡數刺
7/93
何都倫
3/119
55何豊吉
7/421
60何思英
10/278
何思忠
5/315　10/278　10/281
66何嘿仁
4/89
71何阿陵遮
3/318
何阿火
3/119
何匠

5/217
80何父師
7/173
何谷盆
8/241
何善信
5/256
何善智
7/173
86何智藏
7/203　9/24
88何簿畔
3/119
90何炎畔陁
3/320
何炎陁
3/319
何□遮
3/119
何□忠
8/442
何□義
8/441
何□（寡妻）
4/89
何□
4補/28
何□（行丞）

10/84　10/90

2122₁ 行

30 行寶（司勳員外郎）
6/506
86 行智
7/299

衛

03 衛賫
6/133
10 衛元尊
4補/19
12 衛弘進
9/21
衛延紹
4/160　4/162　4/164
4/170
衛延歡
8/318
17 衛君靜
7/171
22 衛嵩山
8/512
衛後善
8/391
23 衛峻貞
4/19

衛綜（尉）
9/137
27 衛紹相
6/46
34 衛法邐
3/96
衛漢住（旅帥）
9/7
35 衛神子
10/25
衛神福（折衝）
10/25
37 衛通
5/314
38 衛海珍（隊副）
6/557
44 衛苟仁
9/253
47 衛歡峻
6/18
50 衛泰
5/308
56 衛捉□（衛士）
7/49
69 衛畔陁（使）
2/286
71 衛阿文子
3/192

衛阿武子
4補/6
衛阿中兒
3/202
衛阿桑胡
4/137
衛阿榮
7/135
衛臣子
10/40
72衛氏(純夫人)
3/64
衛氏(張尾奴母)
8/419
80衛余保
4/187
86衛智(史)
6/562
衛智達
7/446
90衛懷德(隊副)
6/329
衛□
6/111

2122₇ 儒

儒(僧)
4/44　4/48

肯

22肯崇信
2/183
60肯買兒
4/153
肯□
3/275

2124₀ 虔

虔
9/109
40虔大官
3/342
53虔威
8/393
77虔且(字神通)
3/181

2124₁ 處

處(主事)
6/506
04處訥(宣德郎行令)
9/108
08處論无根
2/18
21處順(主簿)
2/45

77處賢(吏)
　2/42

2128₆價

80價善
　2/312

2172₇師

　師
　　3/33　3/99　4/24
　　5/209　5/308
17師子
　2/331
26師得(虎牙)
　4/169
30師寅住
　9/22
34師祐(參軍)
　3/290
35師神意(火長)
　8/40　8/46
44師苟
　3/159
　師苟(中郎)
　　4/162　4/166
47師奴
　1/193
　師奴(□郎)

　　2/43　2/46
52師攃子
　2/287
77師兒(參軍)
　2/294　3/105
　師□□(火長)
　　8/49

2180₆貞

04貞護
　4/106
26貞得
　3/184
34貞祐
　6/221

2190₄柴

30柴家
　5/288

2198₆穎

　穎(僧尼)
　　2/94

2201₀胤

　胤(典軍)
　　1/137
　胤(五官)

1/167
胤(僧尼)
2/96

2210₈ 豐

21豐仁(匠)
4/238
26豐得(僧)
4/188
27豐多(奴)
6/103
30豐富(奴)
6/103
40豐柱(奴)
6/103
47豐塤(奴)
6/103
77豐兒(作人)
3/136
86豐智
2/185

2220₇ 岑

92岑判官
10/60　10/179

2221₂ 彪

彪

6/58

2221₄ 崔

00崔文顥(□騎尉)
6/270
21崔仁□(中書侍郎)
7/4
23崔獻
5/264
27崔夐
10/96
44崔基
5/324
72崔氏(女)
5/17
80崔公逸
5/344
92崔判官
10/193

任

00任文胰
2/193
10任元祥
9/65
26任保通
8/257
30任永仁

$2221_4 - 2227_0$

7/135
38 任祥
9/65
44 任苟蹄
4/248
71 任阿悦
3/51
77 任隆住
6/330
80 任善善
4補/9
90 任小九
8/466
任□(隋)
1/131
任□
4/153

2222_7 嵩

嵩(尼)
2/108
嵩(師)
4/70

2224_8 嚴

嚴(兵部侍郎)
10/4

2227_0 仙

仙(捉曹主簿)
1/25
仙(僧尼)
2/233
仙(官吏)
10/127　10/128　10/129
10/130　10/132　10/133
10/134　10/135　10/137
10/138　10/147　10/148
10/149　10/150　10/151
10/152　10/155　10/161
10/162
仙
10/283
21 仙仁
5/289　5/297　5/298
36 仙祝
8/392
40 仙壹(奴)
8/311
44 仙英(僧)
2/80　2/81　2/142
80 仙人
5/291　5/293

2241₃ 巍

巍□
6/409

2243₀ 奠

32 奠潘特
2/122　2/125

2260₀ 刮

90 刮憧遠
4/25

2271₀ 紕

紕
2/119　2/130　2/134

2290₀ 利

利（僧尼）
2/86
00 利康
6/50
77 利堅固
2/348

2290₁ 崇

崇（僧尼）
2/93

崇
2/365　3/187　3/240
9/37　9/45　9/47　9/66
9/102　9/106
崇（僧）
4補/57
00 崇慶
2/193
崇慶（主簿）
3/24
18 崇珍（吏）
3/46
20 崇信（中郎）
2/28　2/29
21 崇順（官吏）
3/103
24 崇德（參軍）
2/45
崇德（僧）
2/226
26 崇伯（吏）
3/97　3/107
崇保
3/328
30 崇宗（參軍）
2/45
40 崇太
3/183

44崇英(僧)
2/149
崇□(僧)
2/236
崇□(師)
3/52
崇□
3/26
崇□(將)
3/52

2290₄ 樂

樂
4補/34
00樂慶延(作人)
2/333
30樂定(僧)
3/331
34樂法(僧)
2/78
50樂惠(僧)
3/331
53樂戒(小僧)
2/72
80樂善(僧)
2/227
樂□(僧)
2/89

梨
77梨兒(作人)
3/141

欒
10欒云
7/338 7/339 7/342
7/343

2300₀ 卜

卜
2/126
10卜天壽(學生)
7/548 7/551
卜石德
7/527 7/528
21卜貞姜
8/255
44卜老師
7/526 7/528
卜老□
7/530
50卜春富
7/446
53卜感(孔目官)
10/40
80卜善祐

3/193
90卜小鼠
　7/450
　卜□
　1/205

2307₇ 啹

啹
　2/124　2/127　2/129
　2/133

2320₀ 外

77外兒
　1/48

2320₂ 參

40參真（僧）
　2/253
98參悅（虎牙）
　3/345
　參□（虎牙）
　3/342

2321₀ 允

30允富（奴）
　8/452

2323₄ 伏

00伏度
　8/48
25伏生
　6/558　6/559　6/561
40伏左妃
　5/215
53伏威
　7/110

2324₂ 傅

傅
　8/17
00傅康師
　6/328
10傅元相
　10/296
12傅延懿
　3/98　4/87
30傅守珪（典）
　6/86
　傅寶子
　5/204
66傅嘿嘿
　9/165
71傅阿洛子
　8/317

傅阿歡
 5/46 5/63 5/64 5/65
 5/66 5/67 5/68 5/69
 5/73 5/76 5/78 5/79
 5/80 5/81 5/88
傅阿胡
 4/226
傅阿☐
 7/464
77傅隆護
 5/84
傅☐（坊正）
 6/459
傅☐
 6/536
傅☐☐（團頭）
 7/452

2333_3 然

26然鬼
 7/258

2360_0 昝

71昝阿吐（部曲）
 7/421

2374_7 峻

峻（僧尼）
 2/232 2/233
77峻覺（僧）
 4/42 4/48

2406_0 啫

啫
 2/122

2420_0 什

什（火内人）
 8/47
24什德（奴）
 8/17
26什得（奴）
 7/459
80什忿（尼）
 10/314

射

26射卑
 4/133 4/134 4/135
30射蜜畔陁
 3/320
36射遇
 4補/10
77射尼
 3/343

斛

42斛斯
　9/37　9/45　9/55　9/66
　9/69　9/71　9/73

2421₀ 化

化(僧尼)
　2/96

仕

仕
　7/84
34仕達(侍御)
　3/261

2421₁ 先

先
　8/455

2421₂ 佐

25佐佛得
　3/71

2421₄ 佳

佳□
　7/52

2421₇ 仇

60仇思(火内人)
　8/49
71仇阿七(火長)
　8/44　8/48
90仇小隱(火長)
　8/40　8/45　8/49

2422₇ 備

備(史)
　6/132

2423₀ 躰

40躰真(僧)
　2/226

2423₁ 德

德(僧尼)
　2/97
德(僧)
　2/234
德
　2/345　3/98　4/88
　4/234　4/255　6/46
　6/90　6/92　6/120
　6/264　6/372　7/183
　7/293　7/294　7/393

8/439　8/461
　　德(吏)
　　　3/103
　　德(主事)
　　　7/226
00德充(僧)
　　　2/84
　　德充(小僧)
　　　2/224
　　德文
　　　1/194
12德弘(僧)
　　　2/228
15德臻(僧)
　　　2/72
17德取(師)
　　　3/205
　　德琛(僧)
　　　2/68　2/85
　　德忍(僧)
　　　2/76
　　德勇(將)
　　　3/35　5/7
　　德勇
　　　4補/22
18德珍(僧)
　　　2/70
20德秀(僧)

　　　2/150
　　德信(僧)
　　　2/87
　　德信
　　　2/292
　　德受(道人)
　　　1/71　1/72
　　德集(僧)
　　　2/72
21德順(僧)
　　　2/145
　　德穎(大僧)
　　　2/70　2/81　2/83
　　德穎(僧)
　　　2/90　2/151　2/231
22德嵩(僧)
　　　2/234　3/53
　　德嵩(寺主)
　　　4補/64
　　德稱(僧)
　　　2/92　2/229
26德和(僧)
　　　2/220　2/224　2/235
28德倫(僧)
　　　2/71　2/78　2/220
　　　2/233
30德守(吏)
　　　3/97

德實
　10/267
德宗(僧)
　2/77
32德淵(僧)
　2/95
德淨(僧)
　2/72
33德演(僧)
　2/222
35德連
　5/16
37德潤(僧)
　2/72
德澗(僧)
　2/78
德祀
　9/184
德通(客僧)
　2/226
德朗(僧)
　2/75　2/78
38德洽(虞部郎中)
　7/19
44德茂(僧)
　2/146
德藏(僧)
　2/79

46德相
　6/35
47德奴
　4/88
49德妙(僧)
　2/82
50德惠(僧)
　2/76　3/330
56德暢(僧)
　2/229
60德思(僧)
　2/149
70德雅(僧)
　2/76　2/220　2/227
71德願(僧)
　2/142
80德益(僧)
　2/85
德尊
　5/261
德義(北僧)
　2/71　2/83
90德憧(僧)
　8/486　8/487　8/488
　8/490
97德耀(僧)
　2/222　2/227　2/230
德□(僧)

2/94　2/141　2/222
2/224　2/228　2/230
2/234　4補/18
德□(小僧)
2/237
德□(吏)
3/107

2424₁ 待

90待举(官吏)
6/560

2424₃ 躰

90躰光(僧)
2/149

2426₁ 借

借
7/112

2428₁ 供

17供君(妹)
5/17
44供勤大官
3/319

2429₀ 休

休
1/131　1/132
46休如
8/205

2429₆ 僚

30僚寅住
7/489

2458₆ 犢

77犢兒(將)
3/28

2472₇ 幼

幼
3/98
03幼斌(侍郎)
3/46
50幼忠
4補/15
77幼兒(吏)
3/102
幼賢
2/367

2474₁ 峙

峙
1/50

2491_4 絓

絓（廷掾）
1/201

2496_0 緒

緒
6/181

2496_1 結

結（火内人）
8/41

2500_0 牛

牛
9/227

04牛諸兒（作人）
3/136　3/140

10牛雲（健兒）
10/69

12牛弘翑
4/189

16牛廻崇
5/41　5/44

17牛君□
7/396

20牛信（里正）
6/573

24牛犢子
5/36　5/44

25牛佛奴
3/133

30牛進歡
6/481

牛客仁
6/54

牛客兒
3/98

牛定武
9/226

牛定相
5/92

32牛
3/159

34牛婆
5/326

牛婆鹿子
3/100

38牛海
6/266

43牛始（奴）
7/458

44牛孝□
8/257

47牛歡
5/38

牛歡富
3/133
60 牛園子
3/33
71 牛辰英
2/181
牛辰忠
3/218
牛願相
3/218
牛願憧
6/495
牛辰卿(隊正)
5/217
77 牛兒
2/291　2/292
80 牛兌(隊副)
5/217
牛義感(里正)
6/334　6/354
牛義感
7/407
牛義□(里正)
6/400
牛善□
6/168
90 牛懷願
6/50　6/53　6/54

牛懷願(倉子)
6/89
92 牛判官
10/92
牛□
6/447
牛□
2/290　3/216　4補/7
牛□(火內人)
8/49
牛□□
7/384　8/390

2503₀ 失

34 失滿兒(婢)
9/27　9/31　9/33　9/34

2510₀ 生

生
2/119　2/123　2/126
2/128　2/135　2/136
2/137　3/143

2520₆ 仲

仲
4/168
仲(司馬)
6/558

00 仲文(僧)
　2/88　2/150
21 仲仁(參軍)
　3/27
24 仲幼(僧)
　3/330
34 仲祐
　2/184
　仲達(虎牙)
　3/345

2520_7 律

30 律定度(神)
　3/9

2522_7 佛

04 佛護
　1/69
　佛護(僧)
　2/225
20 佛愛(僧)
　2/76　2/143
25 佛生
　6/171
　佛生(禪師)
　7/67
26 佛保
　3/48

　佛保(將)
　3/102　4/173
　佛和(僧)
　2/220
30 佛流(奴)
　1/102
　佛流(僧)
　2/89
　佛濟(僧)
　2/77　2/85
　佛濟(侍郎)
　4/169
34 佛祐(僧)
　2/90　2/224　2/229
　4/48
　佛祐
　2/362
40 佛有(僧)
　2/221
　佛女(僧)
　2/142
44 佛英(僧)
　2/143　2/222
　佛苟(將)
　4/173
46 佛婢(僧)
　2/142　2/148
47 佛奴(明威)

3/252　3/259

佛奴
2/369　2/372　4/156
4補/24

佛超(僧)
2/225

48佛救(僧)
2/67　2/72　2/82
2/220

佛救
2/290　2/296　2/297

佛救(明威)
4/162　4/169

60佛圖
3/48

佛圖(參軍)
4補/52

67佛明
3/226

80佛念(僧)
2/85　2/222　2/227

佛會(僧)
2/71

82佛鎧(僧)
2/150

佛□(僧)
2/147　2/224　2/227

佛□(將)

3/104

2524₃ 傳

30傳寶
6/558　6/563

2529₄ 傑

傑(王孝傑?)
8/145　8/151

2590₀ 朱

朱
2/126

朱(史)
7/79

00朱文行(衛士)
7/217　8/34

朱玄爽
7/451　9/24

01朱龍
8/406　8/407

08朱詮(虞候)
10/68

12朱延□
3/137

17朱耶彥(折衝)
10/25

朱承泰(別將)

10/84
21朱貞君(佐)
7/393
23朱伏護
5/265
30朱進明
9/154　9/155
38朱海忠
4補/50
43朱越
1/5
50朱青舉
4/134
61朱顯弘
1/202
67朱明
9/154
71朱阿祐
4補/25
72朱氏(田隆德母)
7/131
74朱陁延
3/32
86朱智由
2/254
90朱小安(果毅)
6/504
朱小寶

9/78　9/80
朱憧海(鐵匠)
6/467
朱□受
3/33

2591_7 純

純(字子和)
3/64
74純陁
4補/18

2598_6 績

績(一作積)
1/103　1/105　1/107

2599_6 練

26練伯(僧)
6/587

2600_0 白

白
2/126
00白庭養(總管)
10/168
白慶菊(行尉)
9/108
白夜默

6/49
白文實
4補/6
白盲子
7/482
10 白元方
9/160
白元相
3/168
白无難(部曲)
8/17
白天願
7/443
白石生
6/487　6/497
12 白延意
5/41
白孤易奴
7/172
13 白武梨
8/257
16 白醜醜
6/363　6/377
17 白那尚
8/435
白君行
7/464
白君貞

7/396
白君才(坊正)
7/522
20 白住德(鐵匠)
6/467
白住德
6/497　7/401
白住德妻
7/490
白住□(鐵匠)
6/467
白禿子
6/413
白毳
8/19
21 白順感
8/434
白仁達
7/194
白牧祐
4補/50
22 白山成
8/256
23 白參
3/71
25 白佛救
3/112
26 白保子

4補/19

白保祐(幹)
4/188

白保兒
3/33　3/328

白卑子
7/175

白毡子
7/417

27白衆僧
4補/30

白衆□
4補/15

28白僧定
6/366　7/370

白僧救
2/293

30白永豊
7/508　7/518

白客兒
3/174

白富那
9/86

31白福敬
7/135

白額(振武)
4/160

34白滿闊

6/258

白祐仁(匠人)
4/15

白祐海
6/547

白祐海(上輕車)
6/548

白祐歡
6/363　6/377

35白神寶
6/576

白神救
3/32

36白迦門賊
3/321

37白祀忠
3/35

38白海德
7/407

白海伯
6/268

白海祐
3/221

白海海
7/274

白海相
6/249

40白希意(作人)

2/334
白赤頭
3/52
白赤舉
6/428
白意
6/361
白意洛
6/48
白意相
5/255
白意歡(衛士)
5/142
白寺主
6/58
白女(婢)
7/457
白古塌子
4/87
42白姚
2/39
43白始始
6/266
44白苟
8/249
白苟□
7/51
45白妹

3/320
46白如奕
10/284
白如珪
8/391
白相
5/38
白相(隊副)
6/557
白相子
7/13
白相海
6/363　6/376
47白塔子
4/133
白歡進(上輕車)
6/547
白歡達
7/174
白歡暉(大女)
7/443
白歡□
6/386
白奴
8/29
白胡仁
7/174
白胡仁(衛士)

7/479
50 白申□
8/435
白忠（府使）
8/501
白忠文
2/193
60 白黑默
8/390
白圈圈
7/417
白買奴
8/28
63 白默子
6/381
66 白嘿子
6/361
67 白明意（作人）
2/333　2/334
白明意
6/369
71 白阿願（作人）
2/334
白阿舉
4/129
白辰辰
8/435
白願住（衛士）

7/216
白願伯
6/49
72 白氏（解保祐妻）
4/53
白氏（嚴令子妻）
7/508　7/509　7/512
7/513　7/521　7/522
74 白尉洛
8/144
77 白隆仁
6/248　6/249
白尾仁
6/366　6/380　6/386
白居住
7/174
白居兜
8/165
白舉
6/101
白舉失（衛士）
7/216
80 白弟弟
3/141　4/173
白美□
8/174
白善行
5/206

白善保
3/34
白善多
8/255
白善相
6/367
86 白知音
8/392
90 白小感
8/257
白小善
8/255
白小敏
8/433
白懷洛
6/414　6/432　6/433
白□
4/55　4/85　4/129
白□(寺主)
6/58
白□
7/197

自

50 自忠
8/323

2610₄ 皇

53 皇甫璿(健兒)
10/64

2620₀ 伽

17 伽子(中郎)
2/283
伽子
4補/22
24 伽仇(僧)
2/235

伯

伯(虎威)
3/27
伯(吏)
3/104
伯
3/135　3/141　3/216
4/154　5/137
伯(僧?)
4補/59
12 伯延
5/12
18 伯瑜(將)
4/169　4/173
伯珍

4/168
20伯受（省事）
4補/56
22伯崇
3/187
28伯儀（中允）
7/222
34伯遠（僧）
5/182
77伯兒（吏）
3/97　3/107
98伯悅（常侍）
3/345

2620₇ 粵

粵（長史）
1/179

2622₁ 鼻

鼻
6/111
17鼻子（侍郎）
3/102
鼻子（□郎）
3/238

2622₇ 帛

帛（僧尼）
2/158
12帛弘持
1/203
15帛珠
1/205
80帛午（部隋）
1/131

2623₂ 泉

泉
6/261

2624₀ 俾

11俾頭
6/553

2624₁ 得

得
2/120　2/128　2/135
2/137　2/138　3/217
3/218　3/221　7/212
得（作人）
3/137　3/138
20得雙
1/169
26得伽（奴）
9/218
77得兒子

2624₁—2629₄　　154

3/49
83 得錢
　2/17
得□
　4/57

2626₀ 侣

侣（火內人）
　8/48

2629₄ 保

保
　2/131　2/288　2/290
　2/365　3/98　3/100
　3/147　4/67　4/144
　4補/62
保（參軍）
　3/46
00 保意（僧）
　3/331
02 保訓（道人）
　4補/17
08 保謙
　3/48　3/99
保謙（將）
　3/100　4/173　4/179
12 保延
　3/110

20 保受
　3/263
22 保胤（僧）
　3/313
保仙（僧）
　2/89
保崇
　2/296
25 保練（僧）
　3/347
26 保和
　3/149
28 保倫（僧）
　2/71
30 保宜（僧）
　2/148
保守（參軍）
　4/187
34 保達
　7/288
37 保通
　2/292
40 保意（吏?）
　3/103
保真（僧）
　2/88
44 保恭（僧）
　2/150

保孝(僧)
　　2/226
46保相
　　2/292
　保相(將)
　　3/239
　保相(僧)
　　4補/58
50保忠(僧)
　　2/70　2/72　2/77
　　2/220
53保成(僧)
　　2/219　2/222　2/229
60保員
　　2/291
71保願
　　2/364
80保養(官吏)
　　3/104
90保光(僧)
　　2/87
　保尚(女)
　　7/429
　保卷
　　3/49
98保悅(威遠)
　　4/166　4/169
　保□(僧)

　　2/143　2/225
　保□
　　2/367
　保□(將)
　　3/34　3/104
　保□(主簿)
　　3/46
　保□□
　　3/49

2633₀ 息

　息
　　5/7

2640₀ 卑

10卑面
　　3/344
25卑失移浮孤(卽婆寶葉護)
　　3/343
　卑失虵婆護(卽婆寶葉護)
　　3/328　3/329

2641₃ 魏

00魏盲歡
　　7/421
10魏西洛
　　6/245　6/246
14魏琳(健兒)

10/67　10/73　10/185
10/186　10/187
16 魏醜奴
7/440
17 魏君富（堰頭）
7/187
20 魏住子
8/256
　魏秀琳
10/67
　魏信住（作頭）
7/446
　魏雙尾
7/469
21 魏師
6/250
25 魏朱貴
6/51
27 魏叔叔
6/50
28 魏件神
10/13　10/24
30 魏宣慈
7/321
　魏守緒
6/135
　魏定實（衛士）
7/49

38 魏海仁
5/45
　魏海德
6/51
　魏海伯（倉子）
6/89
44 魏猫仁
6/49
　魏孝立（前典）
8/444
　魏黄頭
6/55
　魏林（健兒）
10/185　10/186
46 魏相意
6/419
　魏相惠
6/48
50 魏申相
6/319
61 魏顯奴
6/277
71 魏辰歡（虞候）
7/175
77 魏隆護（雲騎尉）
6/213
　魏隆柱
6/213

魏服武（衛士）
7/216
魏皋
6/120
79魏勝姜（大女）
8/435
80魏舍衛
8/257
魏養德
6/49
魏□（倉曹）
4/29
魏□□
6/51

2643₀吳

00吳六念
8/448
04吳護陰（健兒）
8/91
10吳石仁
6/560
12吳弘軌（衛士）
6/44
17吳君住
5/275
吳君定
7/451　8/448

20吳信埠
8/256
22吳崇賢
3/158
26吳白師
6/525
27吳俢
10/214
吳紹進（縫匠）
6/466
28吳僧救
3/96
吳僧□
3/99
30吳進軍（竿匠）
6/467
吳寶申
7/174
35吳神感
8/269
37吳澹（步猜）
1/172
吳祀宗
7/428　7/443
38吳海仁
5/248
吳海兒
5/254　5/255

40 吳來
  6/10
46 吳相□
  4/87
47 吳歡住
  5/207
50 吳申感
  7/454
60 吳黑陁
  8/434
  吳男安
  1/203
71 吳阿義
  2/191
  吳長壽
  8/257
77 吳兒折胡真
  2/17
  吳卯貞
  7/450
80 吳父護(竿匠)
  6/467
  吳善意
  4/172
  吳善□
  3/135
85 吳鉢子
  3/98

86 吳知什
  8/257
90 吳尚書
  3/146 3/168 3/171
  吳□兒
  4補/12
  吳□
  6/43
  吳□
  7/233
  吳□□(雲騎尉)
  6/270

臭

臭
  1/203 2/292 3/133
17 臭子
  3/98

2680₀ 臰

臰
  6/498 6/501

2690₀ 和

和
  2/119 2/120 2/122
  2/124 2/126 2/127
  2/129 2/130 2/135

2/137　6/91
00 和廣護
　6/425
　和文幸
　4/20
01 和顏(僧)
　2/87
04 和護君
　7/464
06 和親(僧)
　2/79
10 和元護
　4/167
　和元遵
　4/170
　和元□
　3/57
　和万善
　6/568
12 和弘真(作人)
　2/333
13 和武集
　7/417
　和武仕
　4/262
17 和子
　5/168
　和子洛

3/159
20 和住兒(官吏)
　3/196
　和住兒(參軍)
　3/271　3/274
21 和上
　5/287　5/295
　和師
　6/57
22 和崇歡
　7/383
　和樂(通事令史)
　3/75　3/81　3/82　3/84
24 和德
　3/180
25 和仲子
　7/407　8/173
　和仲仁
　2/183
　和仲悅
　4補/19
26 和伯頃
　8/438
28 和悔願
　4補/50
30 和定護
　7/419
34 和法□

2/316
和達
7/218
和達住
4/262
和婆居羅
2/316
36和湯
8/67
37和洛(參軍)
5/186 5/188 5/193
5/200 5/201 5/203
38和海嚜
7/428
40和南□
5/246
和女郎(尼)
5/182
和校郎
2/197
44和英(僧)
2/76 2/91
和英(小僧)
2/143
和黃尾
7/443
和葉子
7/490

46和觀
8/315
和相候
3/220
47和塠子
8/435
和塠均
9/24
48和敬願
3/138
50和忠(僧)
2/68 2/72 2/82
60和思讓(倉史)
9/190
和曇惠(僧)
2/72 2/82
71和長史
4/159 4/163 4/164
4/170
77和隆子(衛士)
7/406
和尾奴
7/443
和闍利(學生)
7/120 8/18
78和隆□(官吏)
5/3
79和勝(婢)

8/452
80和令
5/5
和義方（府史）
9/190
和善
3/180
90和懷感
7/407　7/446
和□
3/159
和□（侍郎）
3/196
和□
8/173
和□□（大女）
4/18
和□□（領客使）
8/68

2691₁ 緅

緅（字安圖，折衝將軍，安戎護軍）
3/64

2691₄ 程

00程彥璟（健兒）
10/220
程彥琛（健兒）
10/106　10/108　10/178
10/179
程文才（執旗）
7/135
17程晉（兵曹參軍）
8/86
24程德達
7/177
27程紹子
4補/8
38程海祐
5/259
40程有孚（使）
10/210　10/211
50程中丞
10/57
71程阿慶（幹）
4/188
程願
2/283
90程光琦（參軍）
9/63
程□
5/333
程□（錄事）
9/112

2692₂ 穆

10 穆石石
6/243

44 穆苟苟
6/245

85 穆鉢息
3/119

2694₁ 緝

緝(録事)
1/94

2710₇ 盇

93 盇憧憙
6/249

2711₀ 凱

凱
2/7　2/8

2712₇ 歸

歸
2/24

20 歸香(婢)
7/460

80 歸命(奴)
9/31　9/33

2713₂ 黎

40 黎大夫
10/100　10/121　10/122
10/195　10/204　10/205
10/208　10/209

2720₀ 夕

夕
2/128

2720₇ 多

00 多亥烏(突騎施首領)
8/86

多亥達干(突騎施首領)
8/87　8/88

10 多不胫(婢)
6/402

23 多然(摩咄妻)
6/241

30 多富
5/14

40 多木(奴)
7/459

47 多欖(婢)
6/103

69 多畔
2/364

2722₀ 御

御(僧)
2/75
御
2/135

向

向(僧)
2/150
09 向麟
10/27　10/31
20 向住海
6/548
30 向宣陽
5/280
53 向輔
10/30
向輔麟
10/28　10/29　10/30

2722₇ 脩

31 脩福(女)
8/405
53 脩戒(女)
8/406
60 脩思(女)
8/403
脩因(女)
8/406
79 脩勝(女)
8/282
90 脩光(僧)
2/73

2723₂ 衆

衆
3/100　5/140
衆(官吏)
3/105
00 衆慶(僧)
4/42　4/44
衆慶(史師)
4/52
04 衆護(僧)
2/227
衆護
2/363
17 衆子(將)
4補/6
20 衆秀(僧)
2/75
24 衆德
3/48　4/175
26 衆伯
3/220

衆保
2/283
衆保(僧)
3/330
27衆衆
4/56
28衆僧(僧)
2/227
衆僧
2/288　2/296　3/261
衆僧(史)
3/37
40衆憙
2/366
衆憙(吏)
3/46　3/97　3/107
60衆恩(僧)
2/71　2/72
77衆兒(作人)
4/70
80衆義(主簿)
2/45
衆養
2/364　5/139
衆養(將)
5/8
98衆悅(伏波)
4/169

衆□(僧)
2/98　4補/57
衆□(吏)
3/46
衆□(作人)
3/141

2723.4 侯

侯
7/273
00侯慶仲
3/136
10侯元
9/86
侯元相(弓師)
4/172
12侯瑤(火內人)
8/47
17侯承嗣
8/392
侯彌達
7/174
侯子隆
6/195
侯君子
7/450
侯君□(衛士)
7/47

23侯獻(屯官)
　　7/372　7/373　7/374
　　7/375
30侯守洛
　　9/237
35侯神寶
　　5/315
36侯遛(倉吏)
　　1/74
38侯海意
　　4/137
　侯海悦
　　3/286
　侯海□
　　5/261
44侯菜園子
　　4/239
47侯胡胡(衛士)
　　7/47
50侯申相
　　6/264
　侯車利
　　4/137
　侯㚖安
　　4補/6
55侯典倉
　　7/406
63侯默仁(婢)

　　7/490
67侯明
　　6/120
71侯阿伯
　　4/172
　侯阿奴
　　4/136
　侯阿父師
　　4/258
　侯阿□
　　3/241
　侯長敏
　　8/391
72侯氏(某人妻)
　　6/121
77侯隆意
　　6/416
　侯尾相(弓師)
　　4/172
　侯鼠子
　　7/397
80侯義通(衛士)
　　7/216
90侯光静
　　10/315
　侯□隆
　　6/197　6/198

2725₂ 解

解(婢)
6/402

12 解延
6/53

24 解德婢(解保祐女)
4/54

解特
3/51

解犢兒
4補/7

26 解保祐
4/53

38 解海祐
4/129

43 解始臭(作人)
2/333

47 解奴
1/170

50 解中丞
6/582

56 解攝子(大女)
7/494

71 解阿善兒
4/193

77 解尸
6/338

解隆子
7/396

86 解知德
5/164

90 解養生
6/547

2725₇ 伊

20 伊受
1/78

22 伊利(卑失移浮孤使)
3/343

27 伊烏
1/78

2730₃ 冬

10 冬至(僧)
2/88　2/90　2/235

27 冬冬
4/266

2732₇ 烏

00 烏庚延(卑失移浮孤使)
3/343

11 烏頭(婢)
7/457

14 烏破
9/210

21烏行米（作人）
3/217
25烏練那（婆演使）
2/286
27烏雞（奴）
9/56
37烏渾摩河先（烏渾即韋紇）
3/251
44烏莫胡☒
3/259
47烏胡慎
2/17
　烏都倫（大官）
3/342
60烏羅痕
3/259

2733_8 魚

10魚二郎（鎮兵）
9/84　9/87
26魚白師
6/20

2742_7 鷄

98鷄弊零（即契弊，下同）
3/257
　鷄弊零蘇利結个
3/250

鄒

50鄒忠節（火長）
8/41　8/50

2751_3 犖

72犖質
4補/50

2760_1 暓

暓（法曹參軍）
7/87

2760_3 魯

26魯得（兵）
1/99　1/100
34魯法義（衛士）
6/42　6/43
38魯導
1/169
40魯才
8/20
47魯胡師
7/421
61魯顯
1/48
71魯阿衆
4/132　4/133　4/134

2760₃—2794₀

80魯令嵩(火長)
8/41　8/50
魯□□
8/390

2760₄各

各
6/135

畓

77畓兒
3/167

2762₀甸

甸□(奴)
5/227

甸

26甸息
5/227

2780₆贪

24贪先
1/193

2790₁祭

祭(僧)
2/235
祭□(僧)

2/86　2/142

2790₄枭

00枭慶(將)
3/53

2792₀紉

40紉眞(僧)
2/72

2792₇移

17移乃
2/292
27移多地(奴)
9/40　9/41

2793₂綠

15綠珠(胡婢)
9/29
44綠葉
7/108
綠葉(婢)
7/457　9/31

2794₀叔

77叔隆(虎牙)
4/169

2796₂ 紹

紹
　3/163　5/250
00 紹慶（常侍）
　3/195
　紹文（僧）
　2/75
12 紹弘（虎牙）
　2/40
18 紹珍（殿中）
　4/165
27 紹御（僧）
　4補/9
40 紹太
　3/147
　紹女（婢）
　1/187
50 紹忠（僧）
　2/89

2821₁ 作

47 作都施
　4補/33
　作都施摩何勃
　2/17

2821₄ 佺

佺（東臺舍人）
　6/505

2822₇ 倫

倫
　2/130
40 倫大官
　3/260
79 倫勝（僧）
　2/75　2/89　2/221

2824₀ 傲

26 傲得（作人）
　5/70

2826₆ 僧

僧
　2/283　2/293　4補/61
僧（道人?）
　5/158
00 僧度（參軍）
　5/8
　僧意（僧）
　3/330
　僧文（僧）
　2/109

01僧頍(小僧)
　　2/147
04僧護(僧)
　　2/72
08僧謙(僧)
　　3/348
10僧玉(僧)
　　2/150
11僧玩(僧)
　　2/146
12僧弘(僧)
　　2/150
　僧副(僧)
　　2/75
17僧琛(大僧)
　　2/222
　僧子(僧)
　　2/70　2/230
　僧子(侍郎)
　　3/73　3/75　3/81
　　3/86　3/88
　僧子
　　4補/15
　僧已(僧)
　　2/228
18僧珍(僧)
　　2/146
　僧珍(小僧)
　　2/227
20僧住(僧尼)
　　2/97
　僧住(僧)
　　3/314　4/48
　僧受(大僧)
　　2/85　2/145
　僧受(僧)
　　2/109
　僧香(婢)
　　7/76
21僧順(僧)
　　2/77　2/90　2/221
　　2/288　2/297
　僧順(小尼)
　　2/222　2/229
　僧儒(僧)
　　2/220　2/222
23僧臧
　　2/307
24僧德(小僧)
　　2/85
　僧幼(僧)
　　3/50
25僧生(僧)
　　2/71　2/78　2/92
　僧使(僧)
　　2/90

26 僧得
　　4補/19
　僧保(小僧)
　　2/219
　僧保
　　3/54
　僧保(參軍)
　　3/102
　僧保(畫師)
　　2/333
　僧和(僧)
　　2/72　2/89　2/94
27 僧御(僧)
　　2/70
29 僧虮(僧)
　　3/333
30 僧流(僧)
　　2/80
　僧濟(僧)
　　2/222
　僧安(僧)
　　2/151　2/223
　僧容(僧)
　　2/69　2/70　2/81
　　2/223
　僧定(僧)
　　2/219　2/237
　僧真(虎牙)

　　4/169
　僧寶(僧)
　　2/82
31 僧福(僧)
　　2/76
　僧遷(僧)
　　2/81
32 僧淨(僧)
　　2/80　2/220
33 僧演(僧)
　　2/76　2/85　2/227
34 僧祐(諫議)
　　2/45
　僧祐(僧)
　　2/132
　僧達(僧)
　　2/69
37 僧潤(僧)
　　2/82
　僧潤(小僧)
　　2/72
　僧通(僧)
　　2/69　2/74
　僧姿(僧)
　　2/74
38 僧海(僧)
　　2/70　2/77　2/234
　僧道(僧)

2/85　2/90　2/236
40 僧真（僧）
　　2/155　2/224　2/230
　僧柱（僧）
　　2/222
44 僧蔭（僧）
　　2/72　2/87
　僧英（尼）
　　2/101
　僧英（僧）
　　2/149
　僧林（客僧）
　　2/70　2/109
　僧林（□僧）
　　2/150
　僧林（大僧）
　　2/221
　僧林（尼）
　　2/242
47 僧奴
　　5/55　6/482
48 僧救（北僧）
　　2/90　2/145
　僧救（小僧）
　　2/223
　僧救
　　4補/18
　僧救（虎牙）

5/204
　僧敬（僧）
　　3/330
49 僧妙（尼）
　　2/68
　僧妙（僧）
　　2/71　2/80　2/90
　　2/219
50 僧惠（僧）
　　2/69
　僧惠（僧尼）
　　2/228
　僧忠（僧）
　　2/88
　僧忠
　　3/35　3/259
52 僧哲（僧）
　　2/236
55 僧豊（僧）
　　2/69　2/85
58 僧攬（僧）
　　3/330　5/170　5/182
60 僧恩（僧）
　　2/79
61 僧顯（僧）
　　2/153　4補/56
　僧顯（將）
　　3/102　4/173

67僧明(僧)
　2/100　2/224
71僧願(僧)
　2/224
72僧剛(僧)
　2/71　2/219
77僧堅(僧)
　2/330
　僧隆(僧)
　5/172
　僧貫(僧)
　4補/58
78僧陰
　2/361
　僧愍(侍郎)
　4/161　4/164　4/167
　4/170
80僧義(僧)
　2/85　2/219
　僧善(僧)
　2/90　2/220
　僧畲(僧)
　2/74
　僧養
　2/362
86僧智(僧)
　2/228
　僧□(將)

2/40
僧□(僧)
　2/68　2/69　2/90　2/95
　2/109　2/142　2/144
　2/146　2/151　2/154
　2/157　2/235　2/236
　2/237　2/256　3/331
　4/213
僧□(小僧)
　2/109　2/145
僧□(客僧)
　2/230
僧□(大僧)
　2/236

2828₁從

37從祀
　8/407

2828₆儉

儉
　9/220

2829₄徐

00徐豪(典)
　7/139
徐六
　9/174

2829_4—2998_0

24徐德
　　8/404
26徐保祐
　　4/184
　徐保相
　　3/99
30徐富
　　7/419
50徐忠(馱主)
　　9/60　9/64　9/65
60徐思善
　　8/436
61徐顯武
　　4補/59
　徐□□(民部吏)
　　4/141
　徐□□
　　8/395

2833_4煞

26煞鬼(奴)
　　7/458

2871_7紇

紇

4補/29

2891_7紇

48紇槎
　　7/90

2998_0秋

03秋識(奴)
　　6/119
20秋香(婢)
　　8/452
21秋仁
　　6/49
25秋生(奴)
　　7/458
26秋得(作人)
　　3/217
　秋得(奴)
　　7/458
30秋富(作人)
　　2/207　4/153
77秋兒
　　3/79

3010₄ 塞

17 塞子(銅匠)
　6/89

3010₆ 宣

宣(僧尼)
　2/90
宣
　2/126　3/193　6/383
18 宣珍(僧)
　4/42　4/48
宣珍(紊師)
　4/52
34 宣法(僧)
　2/88
40 宣憙
　7/132
宣真(僧)
　2/76
44 宣孝
　4補/37
宣英(尼)
　2/125
47 宣奴奴
　6/592
50 宣忠
　1/193

宣忠(僧)
　2/90
53 宣輔(僧)
　2/71
60 宣勗(僧)
　4/48
77 宣賢(僧)
　2/222　2/223
宣賢(主簿)
　3/86
87 宣叙
　3/48

3010₇ 宜

宜(僧尼)
　2/87
24 宜德
　9/142
26 宜得(奴)
　7/455
宜保(奴)
　8/478
30 宜容(僧)
　2/141
31 宜渠師苟(邏人)
　2/332
40 宜才(奴)
　8/18

44宜華(尼)
　3/316
60宜男(北僧)
　2/147
　宜□
　3/12

3011₄ 淮

17淮君感
　8/247

3012₃ 濟

　濟
　2/120　2/122　2/123
　2/127　2/130
　濟(尼)
　2/162
　濟(僧)
　3/333

3014₇ 淳

10淳于
　8/269
　淳于僚仁
　7/450
　淳于孝詮
　10/274
　淳于屯師
　7/135
　淳于養兒
　3/32
　淳于□
　6/550

3020₁ 寧

00寧玄煥(僧)
　2/78
20寧受□
　4/134
34寧祐意
　3/318
　寧□
　6/338

3021₄ 褚

　褚□□(尉)
　6/196　6/198

3022₇ 房

28房儀(火內人)
　8/40

3023₂ 永

　永(僧)
　3/333
00永慶(僧)

4/48
20永受(主簿)
2/193
永受(禁防)
3/97
26永保
2/296　2/298　2/299
2/300
永保(僧)
3/330
30永究(作人)
3/141
40永吉
8/294
永吉□(奴)
7/458
50永忠
2/184
61永顯(僧)
2/146
67永明
9/253
86永智(僧)
8/486　8/487　8/488
8/490

家

37家洛吉(婢)

7/462

3030_1 進

進
1/62　6/341
進(僧尼)
2/87
進(僧)
2/90
26進和
1/194
37進洛
6/199
47進塤
5/161

3030_3 遮

10遮不略(奴)
7/458
14遮殖
2/284
26遮臭
2/289　2/290

寒

56寒提憨
4/132　4/133

3030₇ 令

17 令子
2/292
46 令婢(吏)
2/45
47 令奴(將)
3/33

之

10 之至
3/216

3034₂ 守

守(僧)
3/331
守
4/153　4/263　4補/52
5/48　9/76　9/77　9/94
00 守文
2/289　2/296
守言
8/258
04 守護
5/41
20 守住
6/370
守信
3/203
守悉
6/488
守香(婢)
4/14
21 守仁(奴)
7/486
24 守德
7/178　8/296
26 守得(作人)
3/218
34 守達
6/438
37 守洛
7/117
38 守海(吏)
3/107
40 守女
8/270
守難
7/337
46 守相(作人)
3/136
50 守忠(虎牙)
3/27
71 守願(僧)
4/48
守願

4/129
76守陽
　10/317　10/318
90守懷阿婆
　6/161

3040₄安

安
　1/51　2/23　2/128
　2/129　2/133　2/134
　2/135　2/136　2/138
　6/456　8/22
安（功曹史）
　1/179
安（僧）
　2/136　2/156
00安府□
　7/78
安麻子
　8/391
安玄□
　7/145
安六
　6/263
02安訓（僧）
　2/97
10安零苟
　3/162

安不六多
　6/593
14安破毗多
　3/320
17安羽寅
　4補/15
安那寧畔□
　3/319
安那尚（大女）
　8/434
安君進
　8/433
安君善
　8/241
20安住（參軍）
　3/241
安住
　6/486
安禿子
　6/56　7/493
21安仁子
　5/208
安虎木
　3/119
安行子
　7/451
安師奴
　7/480

22安後進
6/135
24安德(僧)
2/88
安德忠
7/472
25安積
7/257
26安保(奴)
8/311
安保真
3/56
安和(僧)
2/88
安和
2/296
27安忽那
9/212
28安僧(僧)
4補/58
安僧迦梨
4/69
30安進□(史)
8/56　8/64
安遮斤
4/258
安安住
5/211

安客得
5/254
安定
8/436
32安浮利蘵
8/317
安浮㕵(黃女)
7/469
安浮㕵盆
8/23
安浮□
4/195
34安法戒(大女)
8/434
安達漢
9/48
安婆□
3/318
35安神相(傔)
10/30
安神願(使)
10/27　10/29　10/31
10/42
36安禪師
8/449
37安祖魯
8/417
安通

10/24
安郎將
10/244　10/245
38安海
4/56
安海兒
4/53
40安大壽
7/450
安大寿（銅匠）
7/452
安才子
5/275
安難及（衛士）
7/476
安吉（奴）
8/284
安木之
3/119
安校尉
6/435
44安猪□
5/206
安莫
10/21
安莫列
7/196
安莫延（作人）

7/94
安菌□
4補/20
安苦旦睦（女）
4/72
安苦呴延
4/73
安苟子
7/52
安苟仁
8/317
安世
3/184
安世那
8/25
安世阿
6/593
安橫延
6/223
46安如玉
10/315
49安妙何（衛士）
6/576
50安青草
9/21
安惠
8/291
安忠亮

8/434
安忠秀
8/435
安未增
4/266
安未奴
5/275
52安折賢
4/289　4/290
53安威
9/220
安感通
8/269
55安抴武
6/480
60安思俊
8/434
安足
3/290
61安毗盆
6/217
67安明智(銅匠)
7/452
69安畔陷
6/365　6/379
70安陪達
7/451
71安阿達支(作人)

9/68
安阿婆
8/417
安願
10/30　10/32
72安氏(何兔仁妻)
4/12
安氏(曹僧居尼妻)
4/55
安氏(石本寧妻)
4/55
安氏(苟妾)
6/101
安氏(翟急生妻)
7/420
77安尾□
6/23
安兒
1/39
安居(常侍)
4/159　4/165　4/170
79安勝娘(大女)
7/469
80安弟弟
7/430
安義師(衛士)
7/475
安善

5/196　8/241
安善面（女）
4/72
安善才（勳官）
7/476
88安符夜門延
3/325
安符夜門遮
3/325
90安懷節
8/255
安炎□
3/162
92安判毗
4/291
安□（僧）
2/92
安□善（典）
9/148
安□
2/294　3/324　3/325
5/205　5/253
安□□
3/319　6/329

3041₇ 究

77究居
4/69

宂

20宂住（僧）
5/168

3043₀ 突

30突蜜□（奴）
7/93

3043₂ 宏

宏
7/35
宏（參軍攝錄事）
10/231

3044₄ 窣

窣
4/233

3044₇ 寗

15寗建祐
5/8
26寗白積
6/90
寗和忍（寗和才妹）
7/414
寗和貞（寗和才姊）
7/414

寗和才
　　7/414　7/416　8/20
28寗僧護
　　4/132　4/133
46寗相
　　7/111
47寗歡保
　　5/255　6/273　6/593
50寗惠仁
　　8/391
60寗羅勝（寗和才姊）
　　7/414
61寗毗
　　4/75
寗□（大女）
　　8/433
寗□□
　　6/34

3060₁ 㟙

17㟙子
　　4/89

3060₄ 客

客
　　7/257
21客仁
　　7/274

77客兒
　　2/290　2/291　2/296
客兒（作人）
　　2/334
客兒（參軍）
　　4/69

3060₅ 富

80富善意
　　3/100

3060₆ 富

富
　　2/18　3/216　6/169
　　6/179　6/374　7/172
富（作人）
　　3/135　3/136　3/138
　　3/142
富（奴）
　　4/76
25富生
　　1/69
26富得（威遠作人）
　　3/136
富得（作人）
　　3/136
富得（顯仕作人）
　　3/141

27富多(奴)
7/455
38富海(奴)
8/18
40富女(婢)
7/460
77富兒(作人)
3/141
富兒不禮
2/307

3060₈ 容

容(僧)
2/78　2/87
容(僧尼)
2/87　2/91　2/153
17容子
6/391　6/394　6/395
6/396　6/397　6/399
21容仁
6/391
37容朗(僧)
2/72
44容英(僧)
2/76　2/222
90容光(僧)
2/76
容□(僧尼)

2/161
容□(僧)
2/154
容☐
6/396

3073₂ 良

10良天救(邏人)
2/331
12良弘貞
2/331
21良師女(某人妻)
4/85
25良朱識
4/132
27良衆悦
3/217
71良阿孫
4/130
良顧相
3/6
77良朋海
4補/51
良□祐(曲尺)
4/188
良□□
4/128

3080₁ 定

定(僧)
  2/227   6/457
04 定護
  5/88
  定護(里正)
  6/195
17 定君
  5/161
21 定衡(僧)
  4/48
  定師
  5/211
32 定淵(僧)
  2/330
34 定祐
  5/210
37 定洛
  2/286
  定寂(法師)
  4/48
40 定柱
  8/19
46 定相
  6/379
50 定惠(僧)
  2/87   2/149

77 定母
  8/57   8/63   8/64   8/65
  8/68
80 定首(僧)
  2/79   2/80
88 定敏
  8/453
91 定頍(僧)
  2/144

3080₆ 賓

10 賓惡奴(曲尺)
  4/188
25 賓仲方(衛士)
  6/42   6/43   6/44
26 賓保信
  3/98
49 賓妙洛
  8/284
67 賓明□
  3/99
87 賓餫飩(門子)
  7/52

寶

寶
  2/69
寶(僧尼)

2/94　2/158
寶（僧）
2/145
00 寶意
6/395
01 寶顏（僧）
2/78　2/80
02 寶訓（僧）
2/95
06 寶親（僧）
2/148
17 寶琛（僧）
2/72
22 寶嵩（僧尼）
2/259
寶仙（僧）
2/76
寶崇（師）
3/30
26 寶和（小僧）
2/70
27 寶紹
2/372
30 寶宜（尼）
2/82
寶安（僧）
2/69
寶容（小僧）

2/87
34 寶達（僧）
4/48
38 寶海
6/58
40 寶真（僧）
2/221　3/330
41 寶甉（女）
4/56
43 寶娥（僧尼）
5/172
44 寶英（僧）
2/79
寶葉（僧）
3/370
寶萊（僧）
2/143
寶林（僧）
2/90
47 寶歡（將、畫師）
2/333　2/334
50 寶忠（僧）
3/370
60 寶恩（僧）
2/73　2/76
77 寶墅（師）
3/36
寶月

8/494
80寶益(僧)
　2/70　2/72
　寶善(僧)
　2/71
　寶首(尼)
　2/224
　寶□(僧)
　2/69
　寶□(小僧)
　2/235

寅

　寅(僧)
　3/332
20寅住
　8/20
22寅豐(作人)
　3/135
24寅犢子
　7/396
25寅生(作人)
　3/137
26寅得(作人)
　3/136
　寅得
　6/497
　寅和(僧)

　2/219　2/253
30寅富(作人)
　3/138
34寅達
　8/256
44寅椋(作人)
　4/70
60寅思(婢)
　4/13
80寅善意
　4/190
　寅□(作人)
　3/135

寶

33寶心(户曹參軍)
　7/36　7/40　7/41

賓

賓
　9/101　9/102　9/106
　9/109　9/111　9/113

3090₁ 宗

宗
　1/96　1/174　2/123
　2/127　3/5
22宗崇保

4補/17
30 宗真（府）
9/63
44 宗孝崇
7/15
宗☐（邏人）
2/330
宗☐
3/56

3090₄ 宋

02 宋端（史）
5/222
03 宋贇
4/293　4/295
08 宋謙忠
2/296
10 宋二
5/310
宋正
6/57
宋靈悅
6/135
宋元尊
2/331
12 宋弘義
6/570
宋延佑（鹿門）

4/188
13 宋武仁
6/363　6/377
17 宋君
8/173
20 宋重英
3/180
宋住（僧）
4/42
宋信
6/344
宋悉感
7/504
21 宋仁威
7/451
宋仁釗（行主簿判尉）
8/412
宋行
7/418
宋貞信
7/419
22 宋崇☐（主簿）
4/283　4/287
25 宋生
8/294
宋佛仕
4補/18
26 宋保得（兵人）

4/188
宋保得子
3/101
宋保歡
3/137
27 宋紹
1/171
30 宋永
1/7
宋守廉
9/34
宋守慎
5/322
宋客兒(作人)
2/333　2/334
宋客兒子
3/98
宋客兒子(大)
4/129
宋客兒子(兵人)
4/188
宋賓
3/184
34 宋洪施
3/182
37 宋資臺
4/81
38 宋道行

7/421
39 宋泮
1/59　1/62
40 宋九思(功曹參軍)
9/62
宋大禪
8/434
宋才忠(前官)
10/251
宋克儁
9/99
宋赤頭
6/257
宋憙洛
6/363　6/377
44 宋苞
1/205
宋楚珪
9/112
宋楚賓(大女)
8/434
宋黃頭(某人妻)
3/181
46 宋相懷
3/141
47 宋奴子
8/390
48 宋埑兒

3/52
50 宋忠會
8/434
宋奉國
1/129
宋春香(大女)
5/207
52 宋捌子
8/316
53 宋威德(録事)
8/501
宋感(里正)
6/572
宋感行
5/209
57 宋抱蘇
8/432
60 宋果(史)
7/231
宋果毅
6/57
65 宋誺全
5/207
71 宋阿鼠
7/451
宋辰忠
4補/10
宋願慶

3/248
72 宋氏(禔妻)
3/180
宋氏(需妻)
3/181
宋氏(某主簿妻)
3/181
宋氏(字苟女,還興妻)
3/182
宋氏(字女英)
3/184
宋氏(張慶隆母)
4/55
宋氏(廷妻)
6/121
宋氏(鄭囗妻)
8/314
宋閨(府)
7/87
77 宋尾奴
3/98
宋隆住
7/397
80 宋令
3/138
宋令智
7/173
宋羊皮

4補/12
宋養祐
4/130
90宋小駉
8/390
宋懷
7/466
宋懷悥
6/126
宋懷兒(贈虎牙將軍)
3/175
宋尚書
2/286
宋□
3/184
宋□彊
1/129
宋□鉢
4/88
宋☐
1/34　1/197　2/326
3/202　3/289
宋□□
4/285　10/289

案

案
2/306

3111_0江
00江文位
7/378
30江定洛
7/176
47江歡伯
7/419

3112_0河
10河干(烏渾摩河先使)
3/251

3112_1涉
17涉弥子(侍郎)
3/168

3112_7馮
00馮方武
4補/50
馮慶住
6/488
馮慶虎
3/136
馮慶□
5/81
馮辛達
7/403

馮玄達
7/451
10 馮元悦
4/137
馮惡奴
6/221
12 馮弘宗
2/12
馮延願
3/241
17 馮君住
8/270
18 馮珍
1/124
20 馮住住
7/173
馮住相
6/277
21 馮處伯
7/327
馮師保
3/107 4/129
馮貞
6/121
23 馮峻
6/121
24 馮德奴
4/134

26 馮伯相
4/68
馮保保
3/98
馮保願
3/57 3/136 3/140
馮保□
4補/60
27 馮衆德
4/173 4/175 4/177
28 馮僧保
3/32
32 馮淵
1/153
34 馮法(衛士)
6/42
馮法静(衛士)
6/43
馮祐意
6/365 6/378
馮達(主帥)
8/261
馮婆門
3/35
37 馮氾師
8/21
馮祖(兵)
1/134

馮資弥
6/365
馮資胡
6/378
38馮海行
7/446
馮海祐
3/240
馮海達
6/549
40馮大舍
10/255
馮意
8/250
馮奇
1/149
馮賣德
8/29
44馮孝通(佐)
8/70
46馮相受
4/153
馮相祐
4/182
50馮申海
4/55
馮惠武
3/36　3/37

馮忠(令史)
10/4
馮忠禮
8/395
馮㚟縱
4/136
53馮拔
6/312
馮成海
4/55
55馮豐兒
3/216
60馮圈富
6/220
63馮默□(衛士)
7/49
67馮明
6/121
馮明老
4/159　4/164　4/166
4/168　4/170
馮明隆(泥匠)
4補/40　4補/41
71馮阿禪
3/37　6/366　6/380
馮阿相子
4/88
馮阿父師

6/220

馮阿谷子
4/55

馮阿懷
6/20

馮辰子
9/17

馮長
8/251

77 馮隆兒
4/129

80 馮善明(作人)
2/333

馮養祐
3/221

90 馮懷守(帥)
4/101　4/102　4/103
4/104

馮懷盛
8/511

馮懷罰
5/19

95 馮糟臭
3/218

馮□師
8/256

馮□
4/174　5/211　6/174

馮□(縣令)
9/197

馮□□
8/257

污

17 污子
5/157

3116₁ 潛

77 潛降(僧)
2/76

3119₆ 源

34 源洎(給事中)
10/3

3126₆ 福

福
6/508

00 福度(僧)
2/150

福度(僧)
2/69

04 福護(僧)
2/88

21 福行(僧)
3/372

47 福塭
6/481
77 福兒
2/322
福□(僧)
2/78

3130₃ 逐

71 逐馬(奴)
9/33

3133₂ 憑

30 憑家
5/299

3190₄ 渠

90 渠㐹(作人)
3/136

3210₀ 淵

淵(僧)
1/76　2/150
18 淵珍(僧尼)
2/156
20 淵信(僧)
2/242
28 淵仵(僧)
2/228

37 淵通(僧)
2/226
40 淵古(僧)
2/78
淵右(僧)
2/222
50 淵忠(僧)
2/150
淵□(僧)
2/86

3211₃ 兆

44 兆英(僧)
2/76

3214₇ 浮

22 浮利
3/256
42 浮桃得(吏)
3/97
60 浮圖
2/364
浮圖(常侍)
3/29

3215₇ 淨

淨(僧)
2/142

20淨信(尼)
10/293
32淨淵(僧)
2/148　2/222
60淨因(僧)
2/143
　淨因(尼)
2/228
67淨眼(僧)
6/59
90淨光(僧)
2/143

3216_0潘

　潘
2/126
11潘玼(健兒)
10/81
12潘璠
1/173
25潘仲悦
4/136
30潘突厥
5/219
47潘柳
1/205
50潘貴伽
8/511
71潘阿通
7/446
77潘隆抾
5/246
98潘悦
6/119

3217_7滔

　滔
10/225

3221_0礼

　礼
2/43　3/79　8/441
26礼和(僧)
2/75　2/89

3224_0祇

　祇(典軍)
1/168

3230_2近

　近
2/124

3260_0割

36割遜吉(奴)
7/93

3290₄ 業

業
8/436　8/441　8/442
00業庭玉(丞)
10/84　10/90
24業德(僧)
2/227

3311₀ 沈

沈(主簿)
1/32

3316₀ 治

治
5/250
37治洛
4/56

3318₆ 演

演
2/138
50演忠(僧)
2/88

3330₂ 遘

21遘貞
7/336

3390₄ 梁

00梁庭賓(馬子)
10/62　10/63　10/64
梁玄嶷
8/434
梁玄通
8/434
梁玄忠(道士)
8/295
03梁斌(倉曹)
1/12
10梁元璟(戶曹參軍)
9/54　9/66
12梁延臺
7/37　7/38　7/40
梁延憙(佃人)
7/12
20梁悉憚
10/21
梁毛娘
5/207
21梁仁惠
7/450
梁虛
10/38　10/46
梁虔壽
8/435

22梁將軍
　10/104　10/198　10/213
　梁仙(馬子)
　10/99
25梁仲德
　8/241
27梁衆悅
　7/432
　梁名遠(錄事)
　8/54
30梁安相
　6/453
　梁賓(馬子)
　10/62　10/63　10/213
　梁賓
　10/211
40梁太守
　10/64
　梁臺
　7/40
71梁既
　10/25
77梁闍(典)
　4/290　4/296
90梁懷
　8/284
　梁懷憙
　7/12

梁□
　10/28
梁□相
　6/277

3411_2 沈

10沈五
　5/277　5/278　5/281
　5/283　5/286

3412_7 滿

30滿容(僧)
　2/87
60滿曇(僧)
　2/142
　滿足(僧)
　2/91
77滿兒(婢)
　7/462

洿

洿(五官)
　1/132　1/135　1/137
　1/138

3413_1 法

法(道人)
　1/72

法
2/130　2/132
法(黃女)
8/407
00法慶(僧)
2/147
法文(僧)
2/71　2/220
01法顏(僧)
2/230
02法端(僧)
3/370
法劑
3/245
法訓(僧)
2/85
法訓(小僧)
2/142　2/147
04法護(僧)
2/76
07法望(僧)
4/42
08法施(僧)
2/76
10法元(僧)
2/244
法无(僧)
3/371

11法玩(僧)
3/312
12法瑗(僧)
2/89
法弘(小僧)
2/90　2/220　2/238
法弘(僧)
2/224　2/234
16法聰
2/193
17法忍(大僧)
2/145
法忍(僧)
4/42　4/48
法勇(僧)
2/85
法晉(僧)
4/48
法巳(僧)
2/234
法柔(僧)
2/148
18法瑜(僧)
4/160　4/164　4/166
4/168　4/170
法珍(大僧)
2/237
法倫(僧尼)

2/116
20 法信(僧)
　4補/58
　法受(小僧)
　2/76
　法受(僧)
　2/221
　法集(僧)
　2/90
21 法仁(僧)
　2/82
　法頗(僧)
　2/144
　法貞(師)
　3/50
　法穎(僧)
　2/76　2/221
22 法胤(僧)
　2/223　2/227
　法嵩(僧)
　2/222　3/307　3/308
　3/309　3/310
　法仙(小僧)
　2/78
　法仙(僧)
　2/79
　法邑(僧)
　2/74　2/77

法利(僧)
　2/90
法崇(僧)
　2/83　4/44　4/48
法崇(北僧)
　2/220　2/229　2/234
法稱(僧)
　2/95　2/221　3/316
23 法允(僧)
　9/152
法獻(僧)
　2/117
法峻(僧)
　2/74
24 法化(僧)
　2/79　2/80
法德(僧)
　2/72
法德(作人)
　3/135
25 法生(小僧)
　2/70
法生(大僧)
　2/71
法生(僧尼)
　2/92
法生(僧)
　2/222

26 法泉(僧)

8/486　8/487　8/488

8/490

法和(僧)

2/71

27 法衆(僧)

2/145

法衆(僧尼)

2/233

法贤(道人)

2/304　3/42

法贤

5/155

法祭(僧)

2/136

法绍(寺主)

4/46　4/48

30 法空

8/497

法宜(僧)

2/222

法济(常侍)

4/160

法窈(僧)

4補/59

法守(僧)

2/330

法安(道人)

1/181

法安(僧)

2/69　2/72　2/229

2/234

法安(师)

5/49

法良(僧)

2/235

法定(僧)

2/78　2/79

法寶(僧)

2/90　2/222

32 法淨(僧)

2/77

法逫(僧)

2/235

34 法祐(主簿)

3/103

法祐(僧)

5/175

法達(僧)

2/69

37 法深(僧)

2/147

法通(將)

3/34

法朗(僧)

4/159　4/162　4/166

4/170　5/168　5/176
　　9/138
38法海(僧)
　　2/71
　　法海(比丘)
　　4補/4
　　法道(小僧)
　　2/142
40法力
　　8/435
　　法太(僧)
　　2/71
　　法真(僧)
　　2/69　2/74
　　法真(小僧)
　　2/74
　　法真(北僧)
　　2/69　2/77　2/81
　　2/156
　　法真(東僧)
　　2/71
　　法索(僧)
　　2/70
42法橋(僧)
　　2/88
44法蘭(僧)
　　2/330
　　法藏(道人)

　　4補/8
　　法茂(僧)
　　2/150
　　法葱(道人)
　　1/192
　　法恭
　　1/193
　　法恭(僧)
　　2/71　2/76
　　法甖(僧尼)
　　2/250
　　法華(僧)
　　2/79
　　法林(禪師)
　　2/215
　　法林(僧)
　　2/226
46法恕(僧)
　　2/250　2/252
　　法相(僧)
　　2/73
47法起(僧)
　　2/241
　　法超(僧)
　　2/74
48法救(僧)
　　2/76　2/88　2/220
　　2/225

法救
  3/329
50法中(僧)
  2/77
法申(僧)
  2/85　2/223
法申(僧尼)
  2/233
法惠(僧)
  2/151　8/486　8/487
  8/488　8/490　8/496
  8/497
法忠(僧)
  2/72　2/231
法素(僧)
  2/69
51法軒(僧)
  2/78
52法靜(僧)
  8/486　8/487　8/488
  8/490
56法暢(南僧)
  2/69
58法攬(僧)
  2/78
60法恩(僧)
  2/74　2/234
法因(僧)

  2/79
法暈(僧)
  2/148
61法顯(僧)
  2/85　2/220　2/224
法顯(小僧)
  2/87
67法明(僧)
  4/165
法晚(僧)
  2/135
法照(僧)
  2/93　2/221　2/314
70法雅(僧)
  5/181
71法顒(僧)
  2/89　2/226
法匠(僧)
  2/76
72法岳(僧)
  2/154　2/220
法岳(師)
  3/205
77法駒(僧)
  2/69
法開(僧)
  2/72　2/81
法具(僧)

2/226

法興（道人）
4補/14

法賢（僧）
2/74　2/230

法賢（道人）
3/14　3/18　5/139

80法益（小僧）
2/70

法羲
2/307

法慈（僧）
2/73　2/80

法慈（大僧）
2/142

法慈（尼）
10/8

法慈（上座尼）
10/262　10/263　10/264
10/293

法愈（僧）
2/149

法義（僧）
2/237　3/330　8/486
8/487　8/488　8/490

法義
7/38

法首（小尼）

2/114

法首（僧）
2/142

法善（僧）
2/224　9/138

法會（僧）
2/76

法會（僧尼）
2/86

法會（僧）
2/71

86法躅（僧）
2/74

法智（僧）
2/71

90法憧（僧）
3/330

法光（僧）
2/79　3/330

94法慎（僧）
2/237

97法耀（僧）
2/221　2/226　2/227
2/229

法□（僧）
2/69　2/70　2/78
2/81　2/89　2/142
2/145　2/146　2/150

2/151　2/154　2/227
2/230　2/262　4/42
5/182　10/292
法□(尼)
　2/82　10/290
法□
　8/308

3413₄ 漢

24 漢德
　5/288　5/289　5/290
　5/298　5/303　5/304
　5/306　5/309
26 漢得阿婆
　6/161
34 漢祐(主簿)
　3/103
47 漢埴
　5/161
60 漢足(大智姑)
　8/403
77 漢興(衛士)
　8/420
80 漢姜(卜石德妻)
　7/528
漢□
　5/301

3414₇ 波

62 波則
　3/101

凌

凌
　1/34

技

34 技斗
　7/481

3418₁ 洪

24 洪德
　8/454

3426₀ 祐

祐
　2/120　2/122　3/36
　3/48　3/49　3/99
　3/100　4/69　4/130
17 祐子(官吏)
　2/286
祐子(吏)
　3/97　3/107
祐子
　4/154

38祐海
  4/28
46祐相
  2/344　6/362　6/376
71祐願(吏)
  3/97　3/102
77祐兒
  2/292　2/296　3/219
80祐義(參軍)
  2/45

3430₃ 遠

遠
  2/263
60遠思(小僧)
  2/147

3430₄ 達

達(鎮兵)
  6/129
達
  2/120　2/125　2/130
  2/133　2/138　6/278
  7/90　7/274　7/327
  7/465　7/466　8/256
達(衛士)
  6/42
00達摩(侍郎)
  3/26
17達子
  7/119
18達珍(錄事)
  3/241
20達奚識(火内人)
  8/41
41達楷
  1/56
達□
  1/174

3440₄ 婆

婆
  5/216
04婆護(家奴)
  9/13
11婆頭
  3/100
12婆延潘
  3/37
17婆子
  7/429
18婆致
  5/153
24婆德
  6/55
33婆演(提懃)

2/286
36 婆祝
　5/206
41 婆韻毗
　2/286
42 婆彭
　2/286
　婆瓠孤時□（婆瓠即僕骨，下同）
　3/254
　婆瓠吐屯牛兒潯
　3/250
63 婆跋
　2/297
77 婆居羅（虎牙）
　3/28
80 婆个
　2/297
88 婆箇胫（奴）
　7/455
　婆□
　2/287　4補/31

3490_4 染

27 染勿
　9/44

3512_7 清

47 清朝（僧）
　9/138

3520_6 神

20 神受（僧）
　2/229
30 神宣
　2/194
32 神祈（僧）
　2/220
34 神湛（僧）
　3/371
47 神都（錄事）
　5/266
48 神救（僧）
　2/71
　神救
　2/366
50 神忠
　2/194
60 神易
　10/25
　神旻（僧）
　2/74
77 神具（僧）
　2/69
　神□（僧）
　2/76　2/77　2/290

3521₈ 禮

禮
　4補/40
禮(兵部員外郎)
　7/5　7/18

3530₀ 連

連(僧尼)
　2/153
連
　5/16
21連貞
　6/57
26連和(僧)
　2/89
44連英(僧)
　2/87
86連智意
　8/433
90連光(僧)
　2/149

3530₆ 逈

17逈君
　5/161　5/162

3530₈ 遺

遺(典軍)
　1/132

3611₁ 混

混(主簿)
　1/67

3611₇ 溫

37溫洛
　5/90

3612₇ 湯

71湯阿鼠
　4/233

3614₁ 㵎

㵎
　3/252

3621₀ 祝

27祝歸
　1/172　1/173
44祝苟子
　8/114

3625₆ 禪

21禪師

3/32　3/48　5/288
5/309
禪師(主簿)
3/46
47禪奴(將)
2/43　2/46
80禪善
2/364

3628₁ 禔

禔(裨將軍)
3/180

3630₀ 迦

迦(作人)
3/135
17迦子(虎牙)
3/328
迦那貪旱
3/119
77迦門賊
3/321

3630₁ 逞

逞
1/205

3630₂ 遇

37遇潤(僧)
2/69
60遇恩(僧)
2/71　2/82

3630₃ 還

77還興
3/182

3710₄ 墾

26墾俾
8/11

3711₁ 泥

27泥匐特
9/214

3711₂ 沮

31沮渠意達
8/62　9/21
沮渠僧救
4補/18
沮渠進達
9/22
沮渠意仁
6/260

沮渠足住
　　7/175

氾

氾
　　7/35　2/119　2/130
　　2/133　2/134
00氾彥嵩
　　8/442
氾慶
　　8/373
氾慶伯
　　3/49
氾文信（里正）
　　6/214
氾文才（錄事）
　　4/272
氾文柱
　　4/258
氾文感（隊正）
　　6/557
氾文智
　　8/433
氾讓
　　7/335　7/336　7/340
氾玄亮
　　6/180
01氾龍

　　8/406　8/407
03氾斌（參軍）
　　3/46
04氾護（史）
　　8/239
10氾正
　　6/57
氾元海
　　4補/50
氾元賀
　　3/34
氾元是（氾致得女）
　　4/54
氾元悅
　　3/163
氾平事
　　3/29
12氾延受
　　3/53
氾延虎
　　4/173
氾延仕
　　5/147
氾延守
　　4/142
氾延意（吏）
　　3/97　3/107
氾延憙

4/159　4/164　4/167
4/170　4/195
氾延明
3/271　5/73　5/192
氾延□
3/307
13氾武兒
3/33
15氾建護
9/163
氾建緒
7/417
17氾瓊義
3/28
氾承素（隊頭）
8/18
18氾渝
8/173
氾致得
4/54
20氾住
6/327　9/221
氾信
6/17
21氾行同
8/25
氾貞禆
7/493

氾貞感
6/313　7/81
22氾嵩
8/95
氾崇
6/263
氾崇（典）
10/35　10/47
氾崇鹿
2/310
24氾德達（飛騎尉、輕車都尉）
7/220　7/221　7/223
7/224　7/226
氾德悅
4/134
25氾佛保
3/163
氾佛圖
2/294
氾佛□
4補/19
氾朱渠
6/570
氾積
8/20
26氾保謙
3/79
氾保養

7/260
氾和定
7/173
氾和敏
9/24
27 氾紹懋
6/46　6/214
29 氾秋叙
4/54
30 氾守達(史)
7/387　7/388
氾定海
7/287
34 氾法濟
4/148　4/149
氾洪託
8/435
氾達(火內人)
8/47
37 氾祖
1/149
氾通皐
10/10
氾郎仁
6/387
38 氾海德
8/255
氾海祐

4/87
40 氾士湛(史)
6/514
氾士隆(房長)
6/135　6/136
氾士隆
7/426
氾才
7/401
氾支女(客女)
7/459
氾友(史)
9/53
氾嘉慶(府史)
8/373　8/376　8/379
氾嘉祐
8/438
41 氾栖霞
9/138
44 氾猫
8/14
氾猫子(隊頭)
8/20
氾孝慎
8/440
46 氾加那(大女)
8/436
氾相延

4/54
氾相保
3/145
47氾塯□
6/553
氾歡伯
3/275　4/3　6/399
氾歡伯(里正)
6/214
氾歡□
4/2
氾都埴
2/331
50氾中書
2/294
氾申居(佃人)
7/194
氾惠
6/568　7/400
氾惠(里正)
6/572
氾由君
8/255
氾素
8/14
53氾感(史)
6/196
氾感

7/327　7/409
60氾早頭
5/44
氾果(火內人)
8/40
61氾顯祐(參軍)
5/70　5/71　5/74
氾顯真
3/147　3/149
氾顯真(幹)
4/188
67氾明備
5/243
氾明祐
3/114
氾哭
1/173
71氾阿斌
4補/18
氾阿斌兒(參軍)
3/102
氾阿住
2/297
氾阿伯
3/48
氾阿柱
6/16
氾阿老兒

3/107
氾馬兒
4/177
77氾隆武
6/59
氾隆貞
7/176
氾尼
7/289
氾閔孝
8/21
氾鼠鼠
5/209
79氾勝歡
4/132
80氾慈貞
6/551
氾父師
6/25
氾義真
9/244
氾善祐（參軍）
3/46
氾善祐
4補/63
86氾知讓
7/327　7/343
88氾簡

8/357
氾簡邊
8/357
90氾小義
7/451
氾憧憙
3/286
94氾恢芝（將軍）
2/41　2/44
98氾悦憙
3/100
氾□（録事）
8/239
氾□住
8/284
氾□德
7/180
氾□智
7/54
氾□（虎牙）
3/167　3/168　3/170
3/171
氾□
4/111　4/159

3711_7 沉

20沉香（婢）
7/460

3712₀ 潤

潤
2/126
00 潤度(僧)
2/71　2/77　2/78
2/236
37 潤通(僧)
2/70
50 潤惠(僧)
2/73
潤□(僧)
2/80　2/234

澗

澗(僧)
2/73

3712₇ 鴻

鴻(典軍主簿)
1/141

洖

47 洖起
3/182

3715₆ 渾

11 渾珂頓(渾爲鐵勒部落)
2/284
16 渾廻
7/219
21 渾虔慶
8/59
24 渾德□
5/259
30 渾零居之弊
3/258
35 渾神救
2/331
80 渾善相(作人)
2/333　2/334
90 渾小弟(主帥、健兒)
8/57　8/59　8/60

3716₄ 洛

洛
4/134　6/481　6/568
7/183
洛(木匠)
6/88
17 洛子(衛士)
8/282
32 洛州(奴)
7/458
37 洛通(法師)
7/68

46洛相
    4/223
77洛居
    8/284
90洛憧
    7/285
   洛□
    6/484

3717₇ 洎

30洎宜(僧)
    2/142

3718₂ 次

次
    2/135

3719₄ 深

深
    2/133
00深應(僧)
    4/42 4/48

3721₀ 祖

17祖子
    1/64
20祖儻
    6/21

30祖容
    3/183

3721₂ 袍

袍
    10/254

3721₄ 冠

冠
    5/261
冠□
    3/141

3721₇ 祀

20祀香(婢)
    7/461
24祀德
    7/72
26祀得(奴)
    4/50
55祀豐
    5/207
60祀足(婢)
    7/457

3722₀ 初

53初成(判郎中)
    10/5

3722₇ 祁

30 祁守義
2/207
47 祁胡
6/17
50 祁忠子
3/186
61 祁顯明
4/174
80 祁善（參軍）
3/46
祁善
3/48

袳

77 袳桑抴
3/256

3723₂ 祿

祿（字少士）
3/184
23 祿俟斤
8/89
46 祿獨
9/160

3724₇ 役

63 役跋提懃

4/134

3730₁ 逸

逸
8/423

3730₂ 通

通
2/123　3/162　6/132
8/23
通（僧）
2/146
08 通謙（僧）
2/70
20 通信（僧）
2/221　2/226
53 通感
8/189

3730₄ 運

運
8/48
38 運海
5/145

3740₄ 姿

77 姿尾（女）
4/230

3760₆ 冨

冨
6/169

3772₀ 朗

朗(錄事)
1/32

3772₇ 郎

21郎仁
6/374　6/377
24郎德金(使)
10/210
50郎中
3/141
80郎善□
2/319

3780₀ 冥

冥(僧)
2/129

3780₆ 資

資
2/127
47資歡(令住女)
8/6

3814₇ 游

86游智方(衛士)
6/42　6/44

3815₇ 海

海
2/125　3/220　4/24
4/111　5/28　6/37
6/91　6/496　7/274
7/298　7/439
海(畫師)
6/89
00海高
5/41
20海住
6/221　6/511
海香(婢)
4/76
24海德
6/218
25海生
6/458
26海伯
6/59
30海守(僧)
4/212
海究

6/59
海富(作人)
5/240
32海近(僧)
4/44
34海法(師)
4/70
海祐
2/291　3/275　6/59
海達(僧)
4/48
38海海
6/169
40海意
3/291
44海落
6/171
46海相
3/42
海相(吏)
3/46
海相(僧)
4/43　4/48　4/50　4/52
海相(師)
4/69
海相(參軍)
4/132　5/24
47海埍

5/161　5/162
海穀(侍郎)
3/102
50海惠(僧)
2/231　2/261　4/44
4/48
海惠(師)
4/69
海惠(弓匠)
6/89
60海思(僧)
2/222
海恩(尼)
2/236
72海岳(師)
4/52
77海隆
4/266　5/250
海覺(僧)
4補/53
90海憧(僧)
3/330　7/318
98海悅(吏)
3/107
海□(僧)
2/86　4/45　5/162
6/58　6/218　7/272

3825₁ 祥

祥
8/435

3830₄ 遵

44遵孝
2/193

3830₆ 道

道(僧)
2/92
道(僧尼)
2/234
道(法師)
6/59
道
7/138
00道應(僧)
2/150
道度(僧)
2/80
道慶(僧)
2/85
道文(僧)
2/101
02道端(僧)
5/183

道訓(僧)
4補/57
04道護
1/187　1/189
道護(僧)
2/78
道讚(僧)
2/92
08道謙(小僧)
2/89
10道瓊
6/387
道天(僧)
2/75
11道玩(僧)
3/330
14道瑾(西僧)
2/221
道瑾(僧)
2/222　2/240　2/257
2/265
15道建(僧)
2/82　2/222　2/231
3/349
17道瓊(僧)
2/72
道瓊(客僧)
2/242

道琛(僧)	道師(尼)
2/225	3/167
道子(僧)	道貞(僧)
2/89　2/90　2/227	2/81
道翼(僧)	22 道豐(僧)
2/89	2/220　2/229
道翼(僧尼)	道嵩(僧)
2/152	2/147　4補/54
18 道瑜(僧)	道仙(僧)
3/348	2/76
19 道琰(僧)	23 道允
2/90	1/72
20 道愛(僧)	道峻(僧)
2/78	2/255
道信(僧)	24 道化(僧)
2/89	2/78　2/235
道雙(僧)	道德(僧)
2/90	2/71　2/78
道受(僧)	26 道得(作人)
2/77　2/235	3/136　3/137　4/182
道集(僧)	道偘(僧)
2/146	2/146
21 道仁(僧)	道和(僧)
2/146	2/68　2/71　2/85
道儒(僧)	27 道祭(僧)
2/88	2/235
道類(小僧)	28 道徐(僧尼)
2/145	5/182

道收(道人)
2/302
30 道宣(僧)
9/203
道濟(僧)
3/330
道寧(僧)
2/227　2/231
道房(僧)
4/48
道永(僧)
3/330　3/332
道進(嚴師)
4/52
道安(僧)
2/67　2/75　2/85
道容(僧)
2/76　2/82
道寶(僧)
2/67　2/150　2/233
道宗(僧)
2/79
31 道遷(僧)
2/221
32 道淵(僧)
2/90　2/221　2/234
道遙(僧)
2/234　2/235

34 道法(僧)
2/69　2/72
道法(師)
4/68
道祐(僧)
2/76　4/42　4/48
道祐
2/284　2/285
35 道津(僧)
2/80
37 道初(僧)
2/90
道運(僧)
2/234
道朗(僧)
2/150
38 道海(僧)
2/229
40 道真(僧)
2/69　7/10
44 道莊(僧)
2/89　2/219
道莊(小僧)
2/226　2/227
道苻(僧)
2/74
道英(僧)
2/148

道芃(僧)
2/83
道粲(西僧)
2/89
道林(僧)
2/76　2/78　2/225
2/227
道林(僧尼)
2/93
46 道觀(僧)
4/44
47 道猛(僧)
2/146
50 道惠(僧)
2/71　2/75　2/145
　道忠(僧)
　2/77　2/92
　道忠(僧尼)
　2/93
52 道哲(僧)
2/227　2/229
53 道成(僧)
2/85　2/223　2/226
　54 道軌(將)
　4/165　4/167　4/171
　4/173
55 道豐(僧)
2/69

56 道暢(僧)
2/70
60 道因(僧)
2/147　2/221
　道果(僧)
　2/72　2/92　2/146
　2/224　2/234　2/235
61 道顯(僧尼)
2/84
　道顯(僧)
　2/220
　道顯(小僧)
　2/234
　道顯(西僧)
　2/222　2/253
67 道明(僧)
3/290　3/353
70 道防(僧)
4/42　4/44
71 道願(僧尼)
2/85
77 道隆(僧)
2/146
　道貫(僧)
　4/42　4/48
　道貫(董師)
　4/52
　道興(僧)

2/72　2/150	2/98　2/145　2/146
78道愍(僧)	2/147　2/149　2/150
5/181	2/225　2/235　2/306
79道勝(僧)	3/330　9/203
2/92	道□(小僧)
80道全(僧)	2/94
2/74	
道義	### 3834₃ 導
7/64	
道首(僧)	導(僧)
2/68　2/71　2/89	2/229
道普(僧)	34導達(僧尼)
2/78　2/145　2/146	2/85
道善(僧)	
2/71	### 3864₀ 敨
道養(小僧)	
2/72	25敨健
82道鎧(師)	1/149
4/69	
86道智(僧)	### 3890₄ 槳
2/67　2/220	槳
91道頼(僧)	2/130　2/133
2/142	
道□(道人)	### 3912₀ 沙
1/142	沙
道□(僧)	2/120　2/130　2/137
2/72　2/76　2/81	沙(録事)
2/88　2/94　2/97	6/196
	17沙弥(將)
	2/338

沙弥(吏)
3/46
沙弥
3/98
沙弥子(吏)
3/97　3/107
23沙伏洛
6/16
30沙安(行録事参軍摂令)
9/58　9/113　9/117
9/122　9/125
46沙相(録事)
6/194　6/198
85沙鉢那(果毅)
7/178
沙鉢□(員外果毅)
7/28

3915_0 泮

泮(校曹主簿)
1/67
泮(主簿)
1/84
泮(典軍)
1/94
泮
2/207

3918_1 灌

80灌舍
6/441　6/442

3940_4 娑

27娑匐(婢)
7/8

4001₇ 九

九(官吏)
9/70　9/114　9/118
60 九思(功曹判倉曹)
9/53　9/60　9/61
9/62　9/63

4002₇ 力

力□
3/156

4003₀ 大

大
5/300
大(官吏)
8/185
00 大玄(僧)
2/232
24 大德
6/128　6/129
30 大安
9/164
大官
3/146
34 大波
3/170
大婆
5/301
37 大郎
8/296
40 大爽
9/222
大憙(主簿)
4/70
大吉(奴)
8/17
43 大娘
5/289　5/291　5/297
5/298
45 大姊
5/288　5/289　5/291
5/294　5/297　5/298
5/309
47 大胡
2/296　2/298　2/299
2/300
50 大夫
10/209
80 大養
5/137
86 大智(兵曹參軍事)
7/20
大智
8/403

太

太（僧）
　2/230
太
　8/453
00 太玄（僧）
　2/224
21 太儒（僧）
　4/42　4/48
26 太伯
　5/137
77 太覺（僧）
　4/44　4/50　5/170
　5/173　5/183
　太覺（師）
　4/52

4010₀ 士

21 士貞
　7/25
37 士洛
　6/550
38 士海
　7/23

4010₁ 左

00 左庭玉
　10/316
　左慶（大女）
　7/277
　左文通
　6/134
　左亥
　1/171
07 左調和
　4/166　4/170
　左調□
　3/220
08 左族
　4補/6
　左謙（功曹書佐）
　1/179
10 左酉歡
　7/397
11 左頭豆
　3/57
12 左延伯
　3/135
　左延海
　6/253　6/255
13 左武相
　4補/50
14 左瑋
　1/149
15 左建守

3/33
17左君住
6/495
左君定
7/173
20左信歡
6/47
21左仁
8/404
左仁德（前里正）
7/517
左師
7/506
左師□
4/238
24左仕裕
2/318
左德
8/283
左德子
6/453　7/407
左德君
6/486
左德本
7/135
26左得（大塢隤）
1/65
左保

6/255　6/259
28左僧加
7/135
30左守懷
6/55
左守□
8/435
左安受
4/28
31左涉渜
4/173
32左蒙
1/205
34左法彊（兵曹史）
1/134　1/136　1/138
1/139
左洪貞
6/486
左祐子
4/175
左祐保
4/129
35左神登（左儉旗）
7/135
37左洛豐（堰頭）
7/200
左洛豐
7/396

左祀歡
4/133

左運達
7/173

左郞
8/514

38 左海保
4/129　4/191

左海明
4/119

40 左大乘(大女)
8/433

左懿相
4/129　6/254

左懿願
4/229　9/210

左懿兒
4/129

42 左桃和
4/162

43 左娘子
8/433

44 左艾
1/203

左苟仁
6/550

左世隆
6/135

46 左相住
4/238　6/279

左相海(柱國)
6/552

左相柱(里正)
6/41

左相□(前官)
5/113

47 左狗万
1/142

50 左素胡
5/79

55 左豊洛
7/403

60 左思訓(作頭)
10/253

67 左明海
4/113

左照妃
4/23

71 左阿參
4/224

左辰歡
6/570

左願系
6/277

72 左氏(張慶隆妻)
4/55

左氏(嚴懷保妻)
4/62
左氏(趙小相妻)
10/243
77 左隆貞
6/549
左隆德
4/234
左隆小
7/409
左尾
8/24
左尾住
8/25
80 左慈隆
6/277
左慈隆(史)
7/365
左義琛
10/243
左首興
2/17
左舍子
3/5　3/6　3/7
左養胡
4/67
90 左憧憙(衛士)
6/401　6/402　6/404

6/406　6/408　6/410
6/412　6/414　6/416
6/417　6/419　6/421
6/422　6/424　6/426
6/428　6/430　6/432
6/433　6/441　6/442
左□
1/149
左□(曹主)
6/402
左□
2/318　3/2　5/259
6/553
左□□
3/107　3/138

4010_4 臺

30 臺容(僧)
2/76
臺□(西僧)
2/153

4011_4 堆

47 堆奴(官吏)
3/105

4020_0 才

才
7/327

53才感(行丞)
9/58
60才足
5/211
80才義
7/327

4021_4 在

10在天(僧)
2/85　2/152
在天(木匠)
6/88

幢

幢(僧尼)
5/182
38幢海(維那)
4/48
40幢太(僧)
4/48
幢幢
5/161

4021_6 克

20克么
7/242

4022_7 希

12希烈(左相、兵部尚書)

10/3
14希瑾
2/184
23希俊
10/152
37希逸
8/267
94希懂摩☐
3/261

有

21有順(奴)
8/478

南

00南廂珂寒
3/251　3/255　3/256
3/257　3/259
10南平
5/9　5/17

4024_7 皮

40皮皮
3/263　3/264
60皮思策
8/435

4033_1 志

志(字道尚)

3/64

志
7/396

志(赭子)
10/206

赤

60 赤是(焦延隆母)
4/259

赤是(婢)
7/460

77 赤鼠
6/364　6/379

90 赤耸(作人)
3/136

赤□
6/326

4033₆ 憙

憙
3/36　3/90　3/221
4/262　6/110　6/373
6/381　6/486　7/506
8/227　8/228

憙(僧)
5/167　5/170

26 憙伯
6/33

30 憙安(木匠)
6/466

46 憙相(主簿)
4/34　4/35

憙相(作人)
4/69

47 憙奴
4/183

71 憙願
4/231

77 憙兒(作人)
3/136　3/279

90 憙光(僧)
4/48

憙□(吏)
3/97

憙□(僧)
4/50

4040₀ 女

女
2/96

女(張雛子女)
4/228

21 女師子
7/454

30 女容(尼)
3/315

37 女郎子
1/194

4040₇ 友

72 友岳
3/241

麥

麥(主簿)
1/129
77 麥兒
3/133

支

00 支主簿
1/194
03 支斌
7/219
10 支酉□
7/13
16 支醜□
5/80
17 支君子
7/467
20 支住洛
7/403
34 支法
2/363

38 支海
7/421
40 支才
5/315
支憙伯
6/49　6/55
支女
8/274
44 支蘇但
4補20
46 支相忠
4/130
47 支奴子
8/257
50 支惠義
7/174
支忠子
4補/8
77 支隆德
7/174
支□
4/154　4補/7　4補/61

李

00 李康師
7/276　7/442
李庭倩(驢子)
10/58

李慶斌
7/481
李慶憙
6/248　6/249
李慶悅
6/371
李文藏
5/288　5/303　5/304
李文□
5/345
李讓(參軍)
6/509
李玄明(火長)
8/40　8/45　8/49
02李訓(兵曹)
7/139
08李謙仁
2/331
10李三
6/471　6/472　6/473
6/474
李三對
5/310
李正谷(神)
6/125
李元順
8/511
李元保

4/173
李元禮
5/325
李元惠
8/436
李酉海
6/247
李石住
4/72
11李頭六子
3/37
12李延憙
4/130
15李瓚(火內人)
8/40
16李醜奴
7/470
李醜驢
7/177
17李承胤(行綱)
9/64
李子彊
1/64
李君
8/21
18李政
6/254
20李住隆

7/174	6/42　6/43　6/44
李禿子	李保顧
7/403	3/107
李秀（史）	李息尼
5/266	1/203
21 李仁	27 李多願
8/404	7/403
李虎祐（作人）	李向住（縣尉）
2/334	10/124
李虎祐	李衆子
5/87	4/89
李師	李衆保
6/391　8/293	4補/7
24 李德意	李紹龍
7/451	1/173
李儆	李紹謹
9/164	6/472　6/474　6/475
25 李牛	6/476　6/477　6/478
6/488	6/479
李生	28 李僧護
1/203	3/34
李秩	30 李進
1/205	1/203
26 李得	李之功（木匠）
2/190	6/466
李保和	李安海
3/33	4/71
李保達（衛士）	李安相

6/51
李官寺
8/16
李定度(神)
2/61　2/63　2/65
2/181　2/216　2/218
2/311　3/21　3/59
3/62　3/66　3/68
3/123　3/152　4補/3
4補/4
李定意
9/21
李定土(神)
3/267
李定杜(神)
3/12　3/117　4/32
4/150　6/211
李宗(財帛吏)
1/36　1/42
李宗
10/14
31 李福兒(踏子)
10/76
32 李礼盛
8/511
34 李祐宣(作人)
2/333　2/334
35 李連仁(衛士)

7/47
37 李洛子
5/41
李禄(兵曹掾)
1/81　1/82　1/84　1/85
李禄(兵曹)
1/123
李資連(大女)
5/206
38 李海伯
6/248　6/264　6/371
李海□
4補/60
李道
1/205
李道(典)
8/42
李道(火內人)
8/40　8/45
李道伯
1/5
40 李九
5/301
李九思(火長)
8/44　8/48
李力相
7/171
李大使

8/84
李大娘
　5/288　5/289　5/291
　5/293　5/307　5/309
李大夫
　10/65　10/102　10/181
李大簡
　10/234
李臺明(大女)
　6/415
李才行
　6/583
李才達
　7/486
李才藝
　7/327
李克勤(倉曹參軍)
　9/52
41李韶
　1/35
44李蒙子
　1/65
李藏
　5/290　5/301　5/306
　5/309
李孝雅
　8/391
李老
　5/289　5/298　5/303
李老婦
　5/277　5/278　5/279
　5/281　5/283　5/286
　5/287　5/288　5/304
　5/306　5/309
李藝(里正)
　6/573
46李賀
　6/390　6/391　6/392
　6/393　6/397　6/398
李相
　1/171
47李歡海
　7/403
李奴(火內人)
　8/50
李都仁
　7/450
李超
　1/50
李超(典)
　10/35　10/47
48李敬仙
　8/357
50李中郞
　10/102
李申相(知水)

8/152　8/153
李本
　10/42
李忠子
　10/95
李忠信
　4補/8
李忠兒
　4/189
李奉賓
　10/315
李表
　5/288　5/290　5/293
　5/301　5/303　5/304
　5/306　5/309
53李成（一作李城）
　5/278　5/279　5/281
　5/283　5/284
李成婦
　5/277　5/286　5/287
李感通
　8/256
60李晟（步稍）
　1/172
李思慶
　5/317
李思一
　7/347

李思定
　8/511
李思泰
　5/317
李思忠（馬子）
　10/191
李思暕（火長）
　8/41　8/50
李黑（里正）
　7/441
李昇
　8/38
李圈德
　6/583
李園富（馬夫）
　6/496
李園相
　6/257
李買和
　2/340　3/34
李景（火內人）
　8/43
李景仙
　8/353
李羅漢（馬子）
　10/94　10/96　10/97
　10/209
67李明住

3/294
71 李阿祝
3/107
李阿荀仁(木匠)
6/466
李阿歡(大女)
7/353
李阿舉
6/54
李辰相
6/33
李顧守
7/401
72 李氏(某人妻)
4/230
李氏(王辰歡妻)
7/301
李氏(王守丘妻)
7/302
李氏(索父師母)
8/420
74 李障傳
5/106
76 李駣居
7/272
77 李堅固(神)
2/31　3/340
李兒□

2/328
李居仁
6/49　6/363　6/377
李舉
6/107
李鼠
6/255　6/259
80 李差經
4/270
李義惲
8/233
李合子
6/48
李善守
3/138　3/141　4/74
4補/50
李會藏(學生)
8/357
83 李錢
10/216
86 李智
6/197
87 李欽
10/41
90 李小仙(別將)
10/254
李惟貴(兵)
8/500

李懷慶
  6/371
李懷□
  6/389
92李判官
  10/70 10/184 10/201
94李慎忠(火長)
  8/41 8/50
98李悅得子
  4/85
 李□(兵)
  1/134
 李□(史)
  7/353
 李□(大使、行甘州刺史)
  8/54
 李□(典)
  10/283
 李□護
  8/22
 李□意
  4/129
 李□
  1/205 2/330 3/27
  3/98 3/219 4/197
  6/105 6/471 6/553
  7/144 8/85
 李□(里正)

  4/215
 李□(木匠)
  6/466
 李□(火內人)
  8/49
 李□(馬子)
  10/94
 李□□
  5/103 5/341 10/282
 李□□(里正)
  8/175

4042₇妨

85妨鉢(作人)
  3/217

4046₅嘉

 嘉(典軍主簿)
  1/124 1/135 1/138
  1/140
00嘉慶
  8/379
19嘉琰
  10/24
30嘉寂
  5/319
71嘉臣
  8/407

嘉□
8/393

4050_6 韋

40 韋大夫
10/99　10/215
44 韋芬
10/94

4051_4 難

56 難提(僧)
3/372
78 難陁(僧)
4補/59

4060_0 古

47 古榴女(女)
4/57
50 古素何
9/63

4060_5 喜

喜
3/49

4060_9 杏

40 杏女(婢)
7/442

4062_1 奇

奇(主事)
10/4
10 奇酉
4/89
17 奇乃
2/294

4064_1 壽

壽
7/112　7/260　8/17
22 壽將
7/360

4071_0 七

37 七禄(奴)
8/25

4073_1 去

50 去柰(僧)
2/81

4073_2 袁

10 袁二
5/301
13 袁武祐
3/145

17袁弥弥
8/511
20袁住歡
6/484
26袁保祐
3/53　3/57
30袁守忠
10/315
32袁浮舉
8/391
34袁達子
9/24
40袁大壽
8/395
47袁歡慶
6/484　6/496
60袁昌運(兵)
8/500
61袁顯德
4/130
64袁財祐(吏)
3/46　3/102
　袁財祐
3/195
　袁財□(僧)
3/331
　袁□
3/98　4/190

袁□□(兵人)
4/188

4080₁ 真

真(僧)
2/72　2/143
10真面
3/205
15真珠(婢)
7/425
21真衡(僧)
4/48
32真淨(僧)
3/53
40真檀(婢)
7/462
46真觀(女)
8/282
67真明(道人)
3/108
71真匠(僧)
4/44　4/50
86真智(僧)
5/175
　真□(僧)
4/48

4090₃索

00 索慶珍
　　5/7
　索文住
　　7/396
　索文達
　　6/433
　索文感
　　8/256
03 索斌(通事□史)
　　2/209　2/210　2/212
　　2/284
04 索護子
　　8/315
10 索天住(衛士)
　　6/559　6/561
12 索延信
　　6/17
　索延相(作人)
　　2/333
　索孫師
　　5/137
13 索武子母
　　7/490
　索武德
　　3/100
17 索君貞
　　7/444　8/257
　索君才
　　8/86
　索君感
　　7/135
20 索住洛(衛士)
　　7/49
　索看(女)
　　6/246
21 索步得
　　6/487
　索盧來
　　1/20
　索盧早
　　1/203
　索行達
　　8/421
　索虔亥
　　9/237
　索貞達
　　7/467
　索貞□
　　7/58
23 索峻達
　　7/397
24 索德師
　　5/275
　索德隆

4/74
26 索伯崇
4補/14
27 索多多
2/378
索衆保（虎牙）
3/28
索衆保
5/7
索衆僧
4補/20
索侯兒
2/328
索名（道士）
9/138
索紹尊
3/34
28 索僧伯
4/69
索僧和
5/158
索僧□
8/17
30 索永達
6/53
索永悅
6/364　6/378
索進達

7/42
索守達
5/41
索安意（作人）
2/333　2/334
索宮皇（和德妻）
3/180
索富奴（衛士）
9/163
索定信
6/364　6/378
索寶悅
6/588
索寅義
2/17
32 索漸面
3/217
索冰□
7/382
34 索法信
8/32
索法惠
4/269
索波□
4/129
索祐相
3/50
索達（史）

6/499
36 索禪師
3/168
38 索海悦
3/217
　索海□
3/221　7/314
　索道祐
3/216　3/218
40 索才感
8/255
　索意
7/132　7/506　8/284
　索意祐(作人)
2/333　2/334
43 索始醜
7/491
44 索孝進
7/179
　索莫正
3/218
46 索如□
8/391
　索相
8/251
　索相守
6/217
　索相意

3/221
　索相願
3/219
47 索胡
6/193
50 索青黑
3/218
　索忠
1/203
58 索拾力
7/410　7/412
60 索晟
1/169
　索思節
8/256
64 索財祐
3/107
71 索阿六
6/313
　索阿側
5/20
　索阿買
3/98
　索阿□
8/114
72 索隱兒
9/142
　索氏(氾相延妻)

4/54
索氏(龍相妻)
4/56
索氏(某人妻)
4/56
77索朋憙
3/57
索居勝
4/81
索舉兒
4補/22
80索令仙
8/391
索慈敏
8/174
索父師(衛士)
8/420
索義
7/327
索善
2/361
索善端
9/23
索善護
3/198　3/199
索善護(屯田吏)
5/4
索善伯(主簿)

4/283　4/287
索善守(畫匠)
4/16
索善守
4/224
索善相
7/356
索善歡
9/23
索善奴
5/18　5/19
索善□
4/118
86索智德
6/559
88索節
7/237　7/253
90索小感
8/391
索省事
4補/8
索□連
6/135
索□
4/183　4補/61　4補/63
6/435　6/436　6/486
索□(佐)
7/397

索□(府)
8/226
索□□
5/40

縈

00 縈慶
4/85
縈盲奴
4/88
25 縈牛
4/85

4090₈ 來

30 來富(作人)
3/135
55 來豐
6/3　6/4　6/5
來□(將)
4/69

4091₄ 柱

柱
2/124　4/257　5/40
6/283　6/373
40 柱柱
4/20

4141₆ 姬

47 姬胡胡
7/443

4168₆ 韻

韻(博士)
1/34
韻(婢)
7/93

4191₆ 桓

桓
4/233
13 桓琮
4/269
24 桓德琮
4/269
40 桓大義
4/269

4196₁ 楷

楷
10/48

4199₁ 標

標
2/103　2/123

4212₂ 彭

彭(校曹主簿)
1/144

彭□爽
9/24

4223₀ 狐

00 狐彦
4/292

4240₀ 荆

17 荆君爽
7/451

4241₃ 姚

17 姚司馬
10/60

22 姚崇(紫微令)
8/172

44 姚孝順
8/16

姚世通(隊正)
6/138

47 姚歡太
5/206

80 姚令奇
10/291

88 姚敏
9/216 9/218

姚□(僧)
2/147

姚□
3/162

4252₁ 斬

13 斬武剛
6/488

34 斬祐歡
5/45

44 斬莊子(押官)
10/105

60 斬思運
8/391

64 斬嗔奴(行客)
9/128 9/129 9/130
9/131 9/132 9/133

71 斬阿臭
5/44

80 斬義府
7/492

4282₁ 斯

斯
9/59 9/75

23 斯伏(婢)

7/456
40斯力（婢）
7/457
43斯越麻
10/301

4291_3 桃

44桃葉（婢）
7/94
71桃阿集兒
2/319

4310_0 式

式
6/459　6/460　6/462
6/464　6/465
21式仁
3/183

4343_2 娘

17娘子
8/270

4346_0 始

始
6/91
始□
6/121

4355_0 載

13載武秀
7/327

4385_0 戴

10戴至德（西臺侍郎）
6/505

4395_3 棧

11棧頭摩訶（棧頭即薛延陀，下同）
3/259
棧頭案豆遮摩訶先
3/252
棧頭浮□
3/259
棧頭大官
3/253　3/256　3/258
棧頭折无艮
3/257
棧頭吐屯
4補/29
棧頭□□大官
3/252
棧頭□
3/259　4補/30

4410₀ 封

10 封璋（健兒）
　10/210
40 封大郎子
　10/199
　封大夫
　　10/58　10/60　10/66
　　10/67　10/68　10/100
　　10/101　10/102　10/113
　　10/116　10/192　10/196
　　10/200　10/210　10/211
　　10/212　10/213　10/238

4410₄ 基

基
　7/138

董

00 董玄基（儉人）
　8/32
04 董訛
　1/62
10 董元
　5/329
16 董醜娘
　8/255
17 董子（使）
　10/214
　董子海
　5/253
　董君生（鎮兵）
　6/128
20 董毳頭
　7/508　7/510　7/518
　7/520　7/521
21 董貞積（衛士）
　7/49　7/179
25 董佛保
　3/161
26 董伯珍
　4/166　4/170
28 董僧德
　3/159
30 董守珪
　8/433
　董安伯
　3/290
34 董法護
　3/27
　董法雲
　10/60
35 董神忠
　2/360
37 董祖□（箭工）
　1/64

38董海珍
3/287
董海珍(虎牙)
5/28
董海緒
7/171
董海□(衛士)
7/183
40董意懷
7/356
44董猪仁
7/52
董孝君(衛士)
7/216
董孝盛
8/511
46董觀(大)
10/317
董相願
3/99
50董青水
8/393　8/395
董素
10/40　10/42　10/46
52董靜
8/180
60董思舉
9/146

71董阿善
3/31
董阿□
3/81
董臣(將軍行酒)
8/95
72董氏(氾致得妻)
4/54
77董尾柱
5/85　5/86
80董義恭
7/56
98董悅護
6/105
董悅海
5/57
董□
9/215　9/218
董□
3/161　7/51　9/227

4410_7 蓋

30蓋家
5/329

4411_2 范

00范慶悅
3/243　5/137

范摩遮	范酉隆
3/133	5/42　5/76　5/78
范磨德	5/79
6/489	12范延伯
范庆□	4/224
5/41	范延□(主簿)
范文□	5/259
6/486	范孔延
范亥	5/41
7/285	13范武
01范龍才	9/173
9/23	17范羽(書令史)
10范正子	7/226
6/481	范弥弥
范雪	8/246
1/48	范君行
范元祐	6/495
3/218	18范敢歌
范元智	7/105
6/486	20范住子
范焉耆(縫匠)	7/451
6/466	范住落
范焉耆	5/59
6/568	范秉
范惡奴	1/48
6/492	21范虔獎(佐)
范石兒	9/75
4/135	范處墊(衛士)

7/216
范師養
3/238
22 范仙（道士）
9/138
24 范緒隆
7/285
25 范生
1/203
26 范白師
3/95
范伯
9/172
27 范多子
7/450
范多舉
9/24
范鄉願
5/131
范像護（作人）
3/135
范眾僧
2/322
范眾□
3/218
范名願
2/312
30 范永□

7/287
范進貞
6/488
范進□
6/486
范守願
3/220　5/36
范富貞
5/91
范定願
3/138
范定隆
6/554
范寅貞
6/482　6/552
范宗遯
3/214
31 范遷達
7/451
32 范淵祐
3/216
范浮論
4補/12　4補/20
范近角
5/91
34 范達子
5/90
范婆倫

3/35	5/105　5/108　5/109
范婆奴(健兒)	5/110　5/142　5/143
10/83　10/86	5/145
35范神定	范歡兒
8/391	5/103　5/137
38范海	范都孤子
6/268	5/40
范海緒	50范青奴
5/120	6/172
范海願	范忠孝
5/44	8/433
范海悦	52范悲(火内人)
3/217	8/48
40范大舉	60范晟
7/451	1/64
范才寶	范思權
8/434	9/99
范寺□	范黑□
5/46　6/282	6/486
44范老子(健兒)	范田養
10/65　10/170　10/171	3/216
10/172　10/173　10/174	范昌輩
10/175　10/176　10/177	6/488
10/180　10/181　10/182	范昌□
10/183　10/184	6/486
46范相伯(作人)	61范顯仁
5/32	5/7
47范歡進(衛士、火長)	63范默奴

6/483　6/496
67范明洛
6/278
范明相
5/45　5/48
范明歡
4/21　4/233
71范阿六
2/302
范阿僚
5/56
范阿伯
5/101　5/113　5/114
5/115　5/140
范阿保
4/165
范阿祝
3/217
范阿尉
7/450
范阿留
7/417
范阿懶
2/284
范阿□
2/351
范願祐
4/165　4/167　4/171

72范氏(某人妻)
4/230
77范隆
7/418
范隆貞
6/555
范隆海
6/488　6/495
范隆才
7/450
80范慈隆
6/486
范慈□
6/201
范善祐
5/35
范善憙
2/312
范養祐
3/44　5/134
范養兒
3/218
范養□
3/162
86范智洛
6/90
范智海(師)
2/312

范智相
6/494
90范小弥(大女)
8/435
范小奴(部曲)
7/150
范小奴
9/101
范小义
9/99
范小□
3/89
范懷慶
3/89
范養伯
5/137
98范悦子
3/243
范悦海
3/217
99范榮
8/39
范榮(火内人)
8/48
范□感
6/416
范□
3/101　4/147　4/174

4補/10　5/111
范□(屯田主簿)
3/282
范□(攝錄事參軍折衝都尉)
10/111　10/117
范□□
1/129　3/244　5/146

4412_7蒲

42蒲桃得(吏)
3/107
88蒲箇(奴)
7/459

勤

勤(倉曹攝錄事參軍)
9/32　9/38　9/72
9/77

4416_1塔

塔
2/191
26塔伽
3/161

4421_2苑

苑□□
8/391

4421₄ 花

02 花新（僧）
7/318

71 花阿師子（犬女）
8/434

91 花悟（僧）
7/318

莊

80 莊首（官吏）
4補/44

薩

26 薩偈
2/285

薩□
3/110

4421₇ 梵

梵
3/347

20 梵信（僧）
2/142

32 梵業（僧尼）
2/157

60 梵思（僧）
2/149

梵□（尼）
4補/36　5/182

梵□（僧）
5/172

4422₁ 荷

04 荷護（僧）
2/147

30 荷容（僧）
2/147

4422₇ 芳

30 芳容（婢）
1/158

蕭

07 蕭望仙
7/476

10 蕭二
5/277　5/278　5/281
5/283　5/286　5/288
5/289　5/291　5/293
5/297　5/298　5/303
5/307　5/309

24 蕭德照（西臺舍人）
6/505

40 蕭大夫

10/250　10/253

蘭

蘭(司馬)
1/138
00 蘭玄爽
7/135

4423₂ 蒙

21 蒙順(僧)
2/143
24 蒙德(僧)
2/219　2/220　2/222
37 蒙潤(僧)
2/15
49 蒙妙索(火內人)
8/45

4424₀ 苻

00 苻離扡(即步利設)
4/134
10 苻元祐(曲尺)
4/188
17 苻孟忠
3/35
22 苻梨願
4/75
37 苻洛仁

5/249
38 苻海守
6/36
42 苻姚妃(大女)
6/364　6/378
71 苻長
1/186
77 苻用鞏
4/182
80 苻弟(作人)
3/141
苻羊多
5/259
苻養
3/56
92 苻判官
10/58　10/209
苻☐
3/98

4424₇ 蔣

00 蔣玄其(藥主)
10/29
24 蔣化明(子將)
9/61　9/62　9/63　9/66
9/67
蔣☐☐
10/70

4425₃ 茂

茂
3/182
茂（官吏）
8/158　8/161

藏

藏（僧）
5/169
藏
8/435
17 藏子
7/144

4426₀ 猫

21 猫仁
6/247
44 猫猫阿婆
6/161

4432₇ 薦

32 薦潘
7/90　7/91
39 薦沙（奴）
7/458

4433₂ 懃

27 懃烏羅渾
3/252

4433₃ 恭

17 恭子
2/343
恭□（僧）
2/79

4434₃ 尊

00 尊廉
9/154
21 尊頟
1/173
22 尊彪彪
7/402
23 尊伏保
8/390
26 尊伯德
6/370
38 尊海德
7/403
44 尊苟苟
7/396
46 尊相懷
5/45
47 尊歡住
7/396
60 尊思廉

9/154
67尋明(步稍)
1/172
尋明臺(大女)
9/210
71尋願伯
3/98
尋驢胡
6/486
尋長生
3/34　3/36
77尋興(兵曹史)
1/131
90尋懷兒
4/54
尋□□
3/329　7/403

4439₄蘇

00蘇玄感
8/16
10蘇元顯
4/88
11蘇頭得
4/154
12蘇延意
4/285　4/286
15蘇建

8/405
17蘇子洛
6/585
蘇子悅
3/52
蘇司馬
4/161　4/166　4/169
18蘇致德
5/275
20蘇虫兒
4/154
21蘇虛(道士)
9/138
26蘇保(主簿)
3/126
30蘇定文
7/451
蘇寶真(僧)
2/142
34蘇婆
5/288　5/289　5/291
5/294　5/297　5/298
37蘇祀奴
10/303
蘇郎
5/292
38蘇海願
6/18

蘇道容
　　1/203
40蘇才
　　8/173
蘇才義
　　9/24
蘇憙（道士）
　　9/138
蘇真信
　　7/174
47蘇弩胡鹿大官
　　4/132　4/133　4/134
蘇奴受（官吏）
　　3/103
49蘇救子（官吏）
　　3/103
蘇敬
　　5/277　5/278　5/281
　　5/282　5/283　5/285
　　5/288　5/289　5/290
　　5/291　5/292　5/293
　　5/294　5/296　5/297
　　5/298　5/301　5/302
　　5/303　5/304　5/306
　　5/307　5/309　5/311
蘇敬辰
　　8/434
50蘇本

　　5/277　5/278　5/281
　　5/283　5/285　5/288
　　5/289　5/291　5/292
　　5/293　5/297　5/302
　　5/304　5/306　5/309
蘇忠義
　　8/390
蘇奉獻
　　10/315
71蘇願歡
　　6/251　6/259
77蘇隆伯
　　6/395
蘇尼多
　　6/20
80蘇善願（衛士）
　　6/42
蘇養兒（官吏）
　　3/103
90蘇懷達（鎮將）
　　7/52
蘇□（吏）
　　3/103
蘇□
　　6/258　6/553

4440₇孝

孝

2/126　2/129　2/137
2/138　3/183　4補/13
孝(錄事)
7/511
04孝護(主簿)
4/187
17孝瓊(僧)
3/330
孝琛
3/261
18孝瑜(參軍)
4/169
20孝受(吏)
2/45
21孝順(小僧)
2/257
孝順(將)
3/28
22孝嵩(官吏)
2/285
26孝和(吏)
2/42
孝和(主簿)
2/43
孝和(僧)
2/74
28孝倫(僧)
2/257

30孝安(僧)
4補/10
孝寅(長史卽張洪)
2/65
32孝礼
2/193　8/509
34孝祐
2/296
37孝通
7/287　7/288
孝姿
2/61
40孝女(婢)
4/12
46孝恕
2/332
孝恕(虎牙)
2/46
50孝惠(僧)
2/76　2/90　2/219
2/229
孝忠
3/263　8/337
53孝感
7/145　8/388
60孝思(僧)
2/142
80孝尊(小僧)

2/69
孝尊(僧)
2/72
孝義(僧)
2/90　2/219　2/220
2/233
孝養
4/191
87孝叙
2/317
98孝悦(虎牙)
4/169
孝□(僧)
2/146

芈

11芈頭
3/171

44427萬

34萬祐兒
3/202
47萬歡慶
6/252

44430樊

00樊充相(衛士)
7/216

樊度(里正)
6/572
樊慶延
3/135　4補/50
樊慶隆
4補/51
樊文行
7/396　7/451
樊文□
4補/22
樊玄
1/96
樊玄□
4補/12
08樊詮
10/13　10/22
樊謐
1/96
10樊霸(倉曹)
1/12
樊石德
6/409　7/396
20樊住達
9/21
樊受(步稍)
1/172
24樊仕遷
5/275

樊緒仁（匠人）
6/468
27樊絢
1/46
30樊浹
2/26
樊守洛（匠人）
6/468
樊定定
7/450
樊定隆
6/568
34樊祐
2/293
36樊澤（吏）
1/42
38樊海
2/26
40樊志貞
7/493
41樊韻
1/173
44樊孝文
6/550
樊樹生（兵人）
3/28
46樊相祐
8/404

樊相意
4/129　4/189
樊相歡
6/486
47樊歡
9/210
50樊由陁
9/24
66樊呬員仁
4/89
67樊明憙
3/98　3/145
樊照（財帛吏）
1/36　1/37
71樊阿石
3/98
樊阿伯
4/190
樊阿憙
6/361　6/369　6/381
樊阿□
3/145
樊願德
7/439
80樊令詮
10/13　10/22　10/23
10/24　10/30　10/32
10/36　10/44

樊慈
7/489
樊曾□
6/425
90樊糞堌
5/92
樊□
3/37　6/573
樊□祐
3/289
樊☒（内藏吏）
1/44
樊□丘（里正）
6/573
樊☒
7/176

4443₆ 莫

12莫列（奴）
7/458
46莫賀咄（奴）
7/93
莫賀吐（奴）
7/107
69莫畔陀（金師）
3/260

4444₄ 蕣

34蕣婆演
4補/31

4445₆ 韓

12韓延□
3/52
韓廷
10/316
韓孤昜
7/467
17韓習
1/170
韓君行
9/98
21韓仁寶（都事）
6/505
韓行
7/107
韓師
8/294
26韓伯
2/11
韓伯輪
8/435　10/281　10/287
28韓僧（健兒）
10/183

30韓宣志
4/136

31韓渠
1/15

　韓渠妻
1/15

34韓滿提
4補/9

37韓郎將
7/139

38韓海
8/249

40韓真住（隊正）
6/557

　韓校尉
6/435

44韓蒲桃
7/518

46韓相忠
4/154

47韓猛
1/149

　韓歡（郎將）
7/139

　韓歡伯
4/136

53韓成
1/197

58韓掄
10/288

60韓思忠
8/255

62韓暖
1/108

67韓明伯
4/137

71韓阿福
1/142

72韓氏
8/134

77韓陶
7/508

　韓留生
2/191

80韓善住（里正）
8/17　8/434

　韓瓮
1/11

90韓小奴
1/7

　韓小光
7/92

　韓□
1/100

　韓☒
1/48　1/124　4/89

7/176

韓□□（兵曹參軍）
3/237

4450_4 華

27華豹
1/165
77華桑（僧）
3/332

4452_1 鞳

01鞳譚
2/294

4452_7 勒

勒（典軍主簿）
1/91　1/92
36勒迦（作人）
3/135
75勒肚子（客女）
7/461
勒□
7/440

4453_0 英

英（僧尼）
2/76
英（僧）
2/76　2/81
英
2/120　2/121　2/122
2/132　7/260　10/292
80英姜（令住女）
8/6
90英光（大僧）
2/87
英光（僧）
2/87

4460_0 苗

17苗子
2/293

者

24者德（衛士）
8/407
44者其（婢）
7/460

4460_1 耆

耆
2/284

菩

菩□
2/366

4460_2 茗

茗
1/52

4460_4 若

78若愍提勤
2/17

苦

苦□
6/105

4462_7 苟

苟
2/123　2/129　2/130
2/137　2/138　4補/20
6/101
17苟子
2/290　8/256
苟子(作人)
3/135
21苟仁
7/277　7/297
苟貞勝
8/257
22苟櫟兒(作人)
3/141

24苟侍郎
3/173
43苟始
2/24
苟始(奴)
7/459
47苟奴(衛士)
6/329
57苟掃
2/288　2/289　2/296
苟□(僧)
2/232
苟☒(校尉)
6/307

萄

80萄公主
4/133　4/134

4471_1 老

老
5/291
03老斌
3/328
21老師
3/98
44老苟(吏)
3/103

77老兒(僧)
2/257

4471₇ 世

26世和(明威將軍)
2/45
34世達
6/103

巷

44巷巷(奴)
7/486

4472₇ 葛

41葛垣曲
5/106
44葛薩
3/170
72葛臘啜
9/104

4473₁ 藝

藝(字察,西郡太守)
3/64
藝
8/435

4473₂ 茲

10茲元(健兒)
10/209

4474₁ 薛

31薛泚
9/38
38薛道衡
5/94
39薛遜(果毅)
6/596
40薛十五娘
9/29
薛大郎
10/186
72薛氏(唐循忠媵)
9/33
90薛光泚
9/35　9/36　9/38
薛□(健兒)
10/73

4477₀ 甘

14甘勔(檢校長行使)
8/32
20甘香(婢)
7/25

4480₁ 楚

楚
4/20

4480₈ 黃

28 黃僧保（畫師）
2/333
38 黃祥印
7/52
47 黃奴奴
4補/50
62 黃吒
8/283
　黃吒仁
7/403
87 黃鵒仁
7/492

4488₁ 顛

顛
3/318

4490₀ 樹

樹
5/270

4490₁ 蔡

30 蔡宗
1/129
36 蔡禪師
3/147
44 蔡孝□
3/100
67 蔡暉
1/169

4490₃ 綦

綦（副使檢校甘州司馬）
8/54

4490₄ 葉

40 葉（婢）
9/99
44 葉若
4/56

藥

08 藥施（婢）
7/462
40 藥太守
10/65
　藥□（太守）
10/153

4491₀ 杜

00 杜立忠

8/393	8/14
杜方演(將仕郎守丞)	杜定護(里正)
9/97	7/392 7/395
杜慶	杜定歡
1/208	6/273 6/587 6/588
杜文遠	6/590 6/591
6/328	杜定□
杜栾(典)	6/586
7/138 7/140	31杜福(隤)
04杜護洛	1/131
6/568	34杜達仁
11杜琴護(里正)	7/342
7/23	37杜汜□
12杜延相	4/91 4/92
4補/22	杜洛□
17杜君意(火內人)	6/490
8/45	杜祀足(大女)
20杜禿塠	5/206
8/16	杜通子
22杜崇禮	8/255
6/69 6/70	38杜海柱
26杜保得	5/45 6/49
2/377	杜海明
杜保忠	3/308
3/107	杜海隆
30杜安德	6/371 6/384
7/174	40杜來(主者)
杜定	1/122

杜來
　　1/173
44杜孝忠
　　7/454
　杜華(兵曹史)
　　1/144
46杜相
　　6/210
　杜相延
　　6/364　6/378
47杜歡
　　6/585
　杜奴奴
　　8/434
50杜泰
　　10/24
　杜惠住
　　6/549
　杜由天
　　4/162
60杜景儉(守鳳閣侍郎同鳳閣鸞臺平章事)
　　7/225
71杜阿緒
　　6/497
　杜阿定
　　5/275
　杜阿定(衛士)

　　7/49
77杜隆儜
　　6/549　6/551
　杜隆柱
　　6/364　6/378
　杜隆□
　　6/49
80杜金(典)
　　8/227
　杜善歡
　　6/420
　杜□
　　4補/6
　杜☒
　　4/225
　杜☒(隊正)
　　7/389
　杜□□(旅帥)
　　7/293

4491₄ 權

21權處訥(健兒)
　　10/40
23權俊之(健兒)
　　10/40
26權自女(火內人)
　　8/44
28權僧奴

4/59
40 權太虛
10/25
43 權戲（市馬使）
10/23
權戲（子將）
10/21　10/26
47 權奴子
9/62
50 權惠（僧）
2/86　2/90
權忠誠
8/390
權□（行尉）
5/222

4493₄ 模

40 模真（僧）
2/70　2/71

4494₇ 枝

枝
9/142

4494₂ 樽

61 樽顯豐
1/5

4496₀ 葙

21 葙仁
7/13

4496₁ 藉

44 藉薦潘
7/105

4498₆ 檳

30 檳之（主簿）
4/180

4499₀ 林

林（司馬）
1/135　1/136
林（僧）
2/87
林
2/119　2/129　2/135
林（僧尼）
2/233　2/234
00 林玄（僧）
2/70
林玄（沙弥）
2/132
12 林弘顯（僧）
2/222　2/230

20林秀(僧)
2/77
26林和(僧)
2/135
38林道弘(果毅)
9/194
44林英(僧)
2/87　2/142
53林甫(左僕射、右相)
10/3
60林果(僧)
2/77
90林光(僧)
2/76

4542_7 姊

姊
5/295　5/299　5/327
45姊姊
5/311

4553_0 鞅

鞅(主簿)
1/123
鞅(功曹史)
1/141
鞅
1/164　1/166　1/174

4621_0 觀

觀
6/245　6/246　6/247
6/248　6/249　6/250
6/253　6/254　6/255
6/256　6/257　6/258
6/264　6/268
00觀音(尼)
7/318

4622_7 獨

12獨孤酉豐
8/29
獨孤禿子
8/256
獨孤阿北
8/23

4633_0 恕

36恕邏珂寒(即處羅可汗)
3/342
57恕賴(官人)
2/283

4680_6 賀

12賀弘德
7/234　7/236　7/244

4680₀—4690₀

7/247　7/249　7/251
20 賀毛同（隊副）
　9/163
47 賀胡子（匠）
　4/293
50 賀乇師
　5/341
80 賀八郎
　8/466

4690₀ 相

相
　3/48　3/133　4/67
　4/68　6/336　6/365
　6/488　9/164
03 相斌
　3/140
10 相元
　2/292
12 相延
　6/378
17 相子（作人）
　3/136　3/140
　相子
　4/130
20 相住（僧）
　4/44　4/48
21 相佰（師）

3/208
22 相豐（作人）
　3/138
　相嵩
　3/55
　相崇（僧）
　3/372
25 相生
　1/77
26 相伯（吏）
　3/46　3/97　3/107
　相伯（師）
　6/58
27 相侯
　3/147
30 相富（作人）
　3/136　3/137
　相富（奴）
　7/25
33 相演
　3/107
34 相祐
　2/297　3/101　4/195
　相祐（作人）
　3/136
37 相洛（作人）
　3/135
38 相海（師）

5/64
　相海
　　5/64
40相意(吏)
　　3/97　3/107
　相女(婢)
　　7/462
46相相(作人)
　　3/136　3/218
47相歡
　　5/36
　相歡(僧)
　　5/171
　相胡(畫師)
　　2/333
50相忠(作人)
　　3/144
54相軌(吏)
　　3/97
67相明
　　1/109
　相明(校尉)
　　3/90　4/169
77相兒(作人)
　　3/142
　相兒
　　3/221　4/156
90相懷(吏)

　　3/104
　相懷
　　3/271　6/212
　相懷(僧)
　　4/48
　相□(作人)
　　3/135　3/140
　相□(僧)
　　4補/59
　相□(某人妻)
　　5/255

4692₇ 楊

00楊文俊(旅帥)
　　9/163
02楊端
　　7/258
07楊調達
　　7/285
10楊二娘
　　5/316
　楊玉(書令史)
　　10/5
　楊玉□(虞候、府史)
　　7/38
　楊元琰(健兒)
　　10/184
　楊万

1/205
楊石
7/400
楊石生
8/232　8/233
楊喬
1/18
11 楊項德
6/277
楊頭德
6/484
12 楊璞
5/267
14 楊瓚(尉)
4/95
16 楊迦君
8/511
楊迦感(史)
7/146
17 楊琛(火內人)
8/41
20 楊乖
5/291
楊喬詮
10/30
楊儔友
3/240
楊千乘(判官)

10/59　10/60　10/166
10/167　10/168
楊千乘
10/269
21 楊仁
5/280　7/432
楊虔敏(上柱國)
6/86
22 楊仙(折衝?)
10/27
楊崇光(馬子)
10/68
23 楊俊
10/61
楊俊卿(押官)
10/60　10/61　10/62
10/168
楊俊卿(坊官果毅)
10/113　10/114
楊俊卿(總管)
10/120　10/202　10/203
楊俊卿(子將)
10/219　10/220　10/221
10/222
楊秘
10/102　10/194　10/195
楊秘(馬子)
10/196　10/197

24 楊仕武
　　5/246
　楊仕峻
　　3/241　4/136
　楊仕□
　　4/136
　楊德
　　5/306
26 楊得子
　　4補/8
　楊保相
　　4/189
　楊保救
　　5/166　6/267
　楊鼻子（衛士）
　　7/216
28 楊僧和
　　2/339　3/221
　楊俗
　　10/275
30 楊永
　　5/289
　楊憲
　　10/19
　楊客（傔人）
　　8/42
32 楊祇（史）
　　9/41

34 楊漢貞
　　6/490　6/497
　楊洪貞
　　6/487
　楊婆
　　5/277　5/278　5/279
　　5/280　5/283　5/286
　　5/288　5/289　5/291
　　5/297　5/298　5/303
　　5/304　5/309
35 楊禮憲（虞候鎮副）
　　10/19
37 楊郎
　　10/100
38 楊海延
　　3/241
　楊海仁
　　7/12
　楊海達（衛士）
　　7/216
40 楊大
　　5/288　5/289　5/291
　　5/297　5/298　5/299
　　5/307　5/309
　楊大夫
　　8/196　10/100　10/101
　　10/180　10/196　10/214
　楊大忠

9/112
楊大智
　　7/406
楊太伯
　　4/159　4/162　4/164
　　4/170
楊士通
　　6/135
楊希□(踖子)
　　10/157
楊志烈(御史中丞)
　　9/127
楊赤鼠
　　6/278
楊支香(大女)
　　7/422　7/423
楊友(通事令史)
　　3/78　3/80　3/86
楊友□
　　4/136
楊嘉麟(鎭將)
　　9/101
楊嘉運
　　9/104　9/107
楊嘉惲(水官)
　　9/107
41 楊堰
　　10/281　10/286

42 楊荊琬
　　9/50
43 楊娘(楊老女)
　　5/323
44 楊孝君
　　6/583
　楊孝忠(火長)
　　8/44　8/47
　楊苟子
　　5/208
　楊苟苟
　　6/491
　楊老
　　5/323
　楊楚客(上柱國)
　　8/206
47 楊塠
　　9/24
　楊歡德
　　6/496　6/583
　楊歡志
　　7/464
　楊奴子
　　7/403
　楊奴子(果毅)
　　8/170
50 楊本生(箱直)
　　1/121

楊惠（部賸）
1/150
楊由力
7/450
60 楊思君
9/24
楊晏
10/277　10/279　10/282
10/284　10/311
楊足羦（大女）
6/364
楊景璿
9/101
楊景秘（馬子）
10/95　10/99　10/100
10/102　10/190　10/192
10/193　10/194　10/195
10/196
楊景彼（馬子）
10/212　10/213
楊景暉（前官）
10/251
67 楊明太（槽頭）
10/168
楊明□（衛士）
7/58
70 楊雅俗
9/138　10/276

71 楊阿胡子
2/332
楊阿父師
9/164
楊阿父師子
7/397
楊阿□
7/396
楊長史
8/409
72 楊瓜生
1/20
77 楊尼
2/330
楊隆峻
4/137
楊隆海
6/218
楊卿
10/61　10/62
楊卿（坊官）
10/114　10/115　10/116
78 楊驗（火内人）
8/44
楊驗住
8/20
80 楊金剛
5/324

楊義本
　7/260
90楊小鼠
　6/490
楊懷慶
　5/7
楊懷珍
　3/89
楊光(槽頭)
　10/104
楊光謙
　8/180
楊常侍
　10/62　10/181
楊□(通事□史)
　2/210　2/212
楊□
　10/28
楊□友
　4/137
楊☒(通事)
　2/287
楊☒(殿中)
　3/168　3/170
楊☒(旅帥)
　6/137
楊☒(史)
　7/157

楊☒
　7/339　8/321　10/215
　10/280
楊☒(火內人)
　8/49
楊☒☒
　6/327　8/17
楊☒☒(押官)
　10/217

4713₇ 塤

塤
　5/90　6/447　6/496
　7/174　8/394

4716₀ 垧

垧
　5/48

4717₇ 堷

堷
　4/129

4728₂ 歡

歡
　3/53　3/98　4/29
　4/35　4/87　4補/32
　4補/62　5/37　5/104

  5/216 6/91 6/92
  7/31 7/313 8/22
 歡(木匠)
  6/88
 歡(奴)
  6/533
00 歡文(主簿)
  5/119 5/120
04 歡護
  3/48
20 歡住(威遠)
  3/113
 歡住
  6/264 6/376
21 歡仁
  4/116
24 歡德
  3/220
26 歡伯
  3/216 4/2
37 歡資(女)
  5/70
38 歡海
  3/308
46 歡相
  5/11
60 歡足(婢)
  5/274

71 歡阿婆
  6/162
 歡願
  4/130
72 歡岳(侍郎)
  4/170
77 歡隆(侍郎)
  3/275
 歡兒(吏)
  3/46 3/49 3/147
 歡兒(作人)
  3/218
98 歡悅(侍郎)
  4/164
 歡悅(主簿)
  4/164
 歡悅
  4/213 4/231 4/232
  4/261
 歡□(主簿)
  3/46
 歡□(吏)
  3/97
 歡□
  3/136
 歡□(兵曹官吏)
  3/238

4732₇郝

30郝賓(驢子)
　　10/58
38郝海隆
　　7/404

4742₇麴

00麴庭訓
　　10/22
　麴慶瑜(官吏)
　　3/105
　麴慶儒(官吏)
　　3/78　3/80　3/86
　麴慶明(令)
　　4補/53
　麴文
　　6/263
　麴文玉
　　4/68　4/124
　麴文住
　　4/261
　麴文嵩
　　3/239　5/206
　麴文仲
　　5/219
　麴文和
　　4/260

　麴文洛
　　7/415
　麴文勖(威遠將軍兼兵部事)
　　4/128　4/130　4/132
　　4/135
　麴玄祚(中郎將)
　　9/104
02麴訓
　　10/22
08麴論
　　8/315
10麴玉娥(張以元妻)
　　3/60
　麴五
　　9/140
　麴元岳
　　4/170
　麴元□
　　3/29　3/136
　麴酉相
　　3/44
11麴珂宗
　　2/331
　麴張師
　　4/253　9/220
12麴延亮
　　6/496
　麴延武

4/169
麴延虎
4/224
麴延陀(侍郎)
4/135
麴延阤
3/275
13 麴武德
4/260
麴武□
3/138
麴武□(錄事)
6/192
14 麴琦
9/138
15 麴殊提
5/8
麴建信
4/263
17 麴孟順
2/39
麴瓊(校郎)
3/261　3/262
麴瓊(門下校郎)
5/3　5/6
麴承訓(典)
8/501　10/163
麴子

7/421
麴君住
7/396
麴君義(衛士)
7/216
麴司馬
4/169
10 麴琰
9/57　10/25
20 麴季悅
4/126
21 麴順(都官長史)
2/28　2/29
麴仁
7/440
麴仁表
8/433
麴儒(通事令史)
4/249
麴虔感
7/51
麴虔會
8/438
麴歲生
8/433
23 麴參軍
2/255
24 麴仕義

4/259
麴仕悅（行門下事、威遠將軍）
3/278　3/279　3/287
3/288　3/304　3/305
麴先擇
8/173
麴德通
7/174
麴德爽
7/52
25 麴生
1/203
麴仲章
4/263
麴仲行
7/76
26 麴伯住（郎）
3/289
麴伯達
3/90
麴伯恭（坊正）
6/5
麴伯雅（令尹、中軍將軍）
3/74　3/75　3/78
3/80　3/82　3/85
3/87　5/3
麴伯養

3/140　4/159　4/164
4/168　4/170
麴伯悅
3/89
麴伯□
3/142
麴保悅
3/141　4/74
麴和（佐）
8/109
麴和
8/173
27 麴恪觀
8/256
麴衆護
5/137
麴紹
6/261
麴紹貞
6/396
麴紹徽（右衛將軍、綰曹郎中）
3/74　3/75　3/78
3/80　3/82　3/85
3/87　3/88　5/3
麴紹太
3/145
麴紹目

3/287
麴紹隆
3/142
28 麴僧伽
4補/65
麴僧僧
7/394
麴僧兒
3/238
麴從一
9/138
30 麴究居
3/89
31 麴瀋(錄事)
5/223
34 麴凌江
4/160
麴洪感
8/17
麴遠
6/344
35 麴清(健兒)
8/438
麴清
9/56
麴神武(史)
4補/47
麴連(張歡夫人)

5/238
37 麴淑(中郎)
9/137
麴運貞
6/460　6/462
38 麴海住
6/59
麴海隆
4/260
麴海悦
3/276　4/261　5/246
40 麴大志
8/165
麴爽
8/262
麴士亮
4/263
麴士嵩
5/206
麴希喬
9/24
麴希過
8/438
麴嘉瓚
9/57
麴嘉琰(前鎮副)
9/51　9/56　9/57
9/58

麴嘉忠
9/138
麴真觀
8/435
43 麴娘（張公夫人）
8/52
44 麴孝實
7/173
麴孝逸
7/506　7/508
麴孝忠
9/23
麴孝威
8/438
麴者
6/255
麴若鷟
8/438
麴老師
7/418
46 麴相岳
4/126
47 麴猛（虎威）
2/286　2/295
麴歡（平遠將軍領兵部事）
3/74　3/75　3/77
3/80　3/82　3/85
3/86　3/87　3/88

麴歡住
4/171
麴歡岳
3/170
麴歡悅
4/160　4/168　4/169
4/179
48 麴驚
9/138
50 麴忠誠
9/57
麴忠悌
3/35　3/216
麴患（門下校郎）
3/78　3/80　3/86
麴貴哲
6/48
53 麴輔
6/254
麴感
7/355
麴威
8/430　8/431　8/432
54 麴軌哲
7/274
60 麴星星
10/23
麴恩超

8/442
麴昌仁
7/52
61麴顯斌
3/138　4/164　4/167
麴顯峻
3/136
麴顯伯
3/291
麴顯遵(郎)
3/241
63麴暄(都官)
2/210
67麴明伯
7/428
麴明守
3/218　5/44
麴明雅
4/260
71麴阿延
3/293
麴阿住(郎)
3/170　4/169
麴阿保
2/221
麴阿軍
2/331
麴阿海

6/277
麴阿薗
3/195　5/8
麴阿留
5/90
麴阿闍利
4/260
72麴丘(校尉)
6/557
麴氏(辛□仁妻)
4/13
麴氏(張隆悅妻)
4/123
麴氏
4/127
麴氏(張雄妻)
5/258
麴氏(張□妻)
6/302
麴賓
8/503
77麴隆太
4/263
麴鼠兒
4補/19
麴鼠兒(郎)
5/157　5/158
80麴姜(張氏妻)

6/510
麴善（果毅）
6/564
麴善亮
4/164　4/166　4/170
7/415
麴善通
7/279
麴會達
8/242
麴敬會
7/78
麴懷讓
8/287
麴懷㑨
8/20
麴懷□
8/270
麴悅子
4補/63
麴悅子妻
4補/63
麴□（長史）
2/47　2/48
麴□（行中兵校郎事）
3/197
麴□（輔□將軍領宿衛）
3/197

麴□（威遠將軍）
4/63
麴□（通事令史）
5/3
麴□
8/455
麴□一
8/441
麴□延
5/67
麴□意
3/238
麴☒
2/201　3/89　3/163
3/289　3/292　4/182
4/183　6/385　7/364
7/376　10/278
麴☒（參軍）
3/105
麴☒（官吏）
3/105　3/196
麴☒（□□將軍兼民部事）
3/130　3/131
麴☒（鷹揚將軍兼屯田事）
3/282　3/287
麴☒（□侍）
5/26
麴☒（錄事）

8/370	4744_0 奴
麴☐(大女)	奴
8/434	2/365 2/378 3/15
麴☐	3/26 3/29 3/313
8/515	4/191 4/193 6/168
麴☐(史)	6/327 8/39 8/390
9/74	奴(作人)
麴☐(使)	3/137 3/140
10/24	17奴子
麴☐☐(官吏)	3/54 8/25
3/238	20奴雙德
麴☐☐(護軍大將軍、令尹)	7/446
4/65	24奴德富
麴☐☐(☐衝將軍兼民部事)	7/446
4/65	47奴奴(將)
麴☐☐(鎮軍大將軍、縮曹郎中)	3/33
4/65	54奴虵奴
麴☐☐(威遠將軍、門下校郎)	7/446
4/124	55奴豐德
麴☐☐(中兵校郎)	7/446
4/130	4744_7 好
麴☐☐(鷹揚將軍兼民部事)	30好容(僧尼)
4/141	2/158
麴☐☐	4746_7 媚
4/261 4/263	媚

1/64

4762₀ 胡

胡
3/7　3/183　3/241
4/88　5/35　6/373
00 胡康得
1/48
胡麻
4/191
10 胡万和
1/51
11 胡輩
8/20
17 胡子
7/130
胡子(奴)
9/135
21 胡師
9/186
23 胡外生(衞士)
7/259
37 胡禄達干(首領)
8/84
胡通
7/259
44 胡基
8/260

胡苟子
8/255
47 胡奴子
2/364　2/365
50 胡未駒
2/39
51 胡軒得
1/170
77 胡賢石
5/289　5/291　5/294
5/297　5/298　5/300
78 胡愍生
1/85
胡□
2/364　4/291

4762₇ 都

都
2/11　5/206
都(參軍)
5/66
17 都子(虎牙)
3/255　3/256　3/259
都子
4補/24
40 都堆(作人)
3/140
都真

6/119
44都林
6/370
57都擔薩屈(首領)
8/84

4780₁ 起

起(主簿)
1/36　1/38
起(僧)
2/225

4780₆ 超

超(廷掾)
1/197
超(僧)
2/68
00超度
1/155
30超容(僧)
2/142　2/154
50超惠(僧)
2/235
超□(僧)
2/225
超□
8/435

4782₀ 期

期
7/239

4792₀ 柳

10柳元
8/179
40柳大質
4/96
44柳葉(婢)
7/462　9/99
柳□□(守中書舍人)
7/4

4814₀ 救

77救兒(參軍?)
3/103

4826₆ 獪

17獪子
3/25

4841₇ 乾

44乾茂(諫議)
2/45

4844₀ 教

教(僧)

2/227

4844_1 幹

幹□（長史）
3/26

4864_0 敬

敬
3/329　5/298　5/310
8/436
02敬訓（僧）
2/76
06敬親（僧）
2/228
17敬尋（守左庶子）
7/222
21敬仁（官吏）
　8/56　8/61　8/62
　8/64　8/65　8/66
　8/67　8/68　8/69
　8/70
　敬仁（錄事攝錄事參軍）
　8/57　8/71
38敬道（禪師）
6/500
50敬忠
8/281

4893_2 松

44松葉（婢）
7/456

4895_7 梅

40梅大
5/289　5/299　5/301

4896_6 檜

17檜子（官吏）
2/284

4942_0 妙

00妙音（尼）
2/106
　妙音（僧）
2/222
01妙顏（僧）
　2/91　2/222
02妙訓（僧）
3/330
06妙親（僧）
2/79
10妙面（僧）
2/235
17妙翼（僧）
2/79
22妙仙（僧）

2/86
23妙峻(僧)
2/78
24妙化(僧)
2/142
30妙容(北僧)
2/144
　妙寶(僧)
2/76
32妙淨(僧)
　2/143　2/148
35妙連(僧)
2/141
37妙深(僧)
2/87
44妙恭(僧)
2/73
　妙英(僧)
　2/73　2/96
　妙林(僧)
　2/87　2/228　2/235
46妙觀(僧)
2/147
　妙相(僧)
2/220
50妙惠(僧)
2/82
　妙惠(北僧)

2/148
60妙思(僧尼)
2/86
　妙思(僧)
2/148
　妙恩(僧)
2/80
　妙因(僧)
2/86
　妙羅(僧)
2/228
61妙顯(僧)
2/76
　妙顯(小僧)
2/153
71妙匠(僧)
2/69
77妙賢(僧)
2/154
79妙勝(僧)
2/76
80妙令(僧)
2/223
　妙尊(僧尼)
2/233
86妙智(僧)
　2/150　2/221
90妙光(僧)

2/144　2/330
91 妙愼(僧)
　2/82
妙□(僧)
　2/81　2/227　2/236
　2/250
妙□(僧尼)
　2/86
妙□(北僧)
　2/142
妙□(尼)
　7/318

4980₂ 趙

00 趙方
　6/282
趙高奴
　8/434
趙應兒
　3/90
趙康禪(史)
　8/70
趙康女(趙小是姊)
　7/297
趙慶(健兒)
　10/106　10/107　10/209
趙慶富
　5/54
趙慶相
　5/208
趙廣
　1/48
趙文安
　3/364
趙文遠(旅帥)
　6/557
趙文忠
　9/23
趙文同
　7/151
趙盲子
　8/390
趙盲鼠
　6/278
04 趙護(吏)
　1/44
趙護
　6/119
趙護隆
　5/36
10 趙二
　5/277　5/278　5/281
　5/283　5/285　5/286
　5/288　5/289　5/290
　5/293　5/301　5/303
　5/304　5/306　5/309

趙三
　5/288　5/290　5/293
　5/296　5/303　5/304
　5/306　5/309
趙五
　5/288　5/289　5/290
　5/293　5/303　5/304
　5/305　5/306　5/307
　5/309
趙豆豆
　6/488
趙元叔
　7/135
趙震(幢校)
　1/122　1/134
趙惡仁
　6/443　6/444
趙惡奴
　6/326　6/488
趙惡人
　5/90　5/91
趙天願
　4/189
趙石子
　5/118
11 趙頭六六(醫人)
　4/132
12 趙璀(馬子)

　10/93　10/96　10/98
　10/99　10/101　10/102
　10/103　10/104　10/105
　10/106　10/107　10/191
　10/192　10/210
趙璀(健兒)
　10/238
趙昕仁
　7/408
趙弘節
　7/135
趙烈(使)
　10/215
趙延豐
　3/216
趙延濟
　5/24
趙延洺
　5/33
趙延洛
　5/83　6/16
趙延洛(里正)
　6/40
趙延相
　5/137
趙延願
　5/41
趙延隆

5/42
趙延□(里正)
5/141
13 趙武亮
5/60　6/40
趙武隆
5/118
趙武尊
2/207　2/208
15 趙建貞
6/488
趙建愻
6/488
16 趙廻君
7/451
趙廻□
6/426
趙醜禿
7/111
趙醜胡
6/49　6/412　6/413
17 趙刀(果毅)
6/564
趙及志
6/282
趙子‧
6/251
趙那舍

8/174
趙司馬
1/149
20 趙住
8/10
趙住君
8/28
趙禿子
7/180
趙禿□
6/553
趙僞
6/5
趙信(里正)
6/573
趙信(佐)
7/507　7/510　7/519
趙信惠
4/69
趙奚照
8/341
趙毛毛
6/564
趙集
1/122
21 趙仁
7/444
趙仁禮

7/451
趙仁□
7/403
趙伍那
8/385　8/387　8/388
趙行忠(火內人)
8/44
趙處(典)
10/26　10/35　10/47
趙須章
6/446
趙占年
6/279
趙師
6/435
趙師得
3/161　4/188
趙貞君(衛士)
7/216
趙貞達
9/244
趙貞□
5/91
22趙豐悅
3/215
趙崇道(火長)
8/44　8/48
23趙獻璋(衛官將軍)

9/137
趙獻懷
8/442
趙峻達(衛士)
7/49
趙峻達
7/446
24趙仕峻
7/174
趙德宗(里正)
9/57
趙德意
7/30
趙緒豐
6/175
趙緒澧
2/355
趙緒豐
6/164
25趙朱
1/203
趙朱貴
6/447
26趙伽子
3/35　3/133
趙伯
6/245
趙伯歡

6/496
趙伯懷
5/44　5/136
趙保祐
3/145
趙皋
3/355
27 趙多保
4/189　4/191
趙衆
6/191
趙衆保
3/57
趙衆僧
3/44
趙衆養
2/351　4補/50
趙衆□
3/216
趙移利
3/162
趙移跋
6/484
29 趙秋德
7/490
30 趙濟
6/344
趙永安

9/23
趙永□
6/446
趙進□
5/208
趙進□
6/440
趙伶武
5/41
趙之舊
7/171
趙守
6/109
趙守(錄事)
7/514
趙守達
7/451
趙安貞
9/244
趙安□
6/301
趙富海
7/174
趙宅桑(中兵參軍)
5/68
趙定滿
6/168
趙寶

10/23
趙寅相
3/240
趙寅忠(作人)
2/333
趙賓(馬子)
10/100
趙宗(吏)
1/42
32趙潅(健兒)
10/83
趙溶師
8/257
33趙演
1/83
34趙斗仁
7/408
趙法元
4補/22
趙法師
7/73
趙漢子
6/448
趙波富
3/216
趙祐宣
3/337
趙祐海

6/482
趙祐相(小)
3/218
趙祐感
8/458
趙祐兒
4/173
35趙神爽(火長)
8/45　8/48
趙神願
3/33
37趙洛貞
9/23
趙洛胡
8/34
趙洛願
4/69
趙祀友
3/98
趙通
7/285
趙通□
7/291
趙過仁
7/451
趙追
7/285
趙軍軍

6/169
趙資真（趙小是妹）
7/297
38 趙海玖
6/206
趙海伯
4/129
趙海祐
3/18
趙海相
3/243
趙海相（本匠）
7/337
趙海隆
5/44
39 趙沙弥
5/155
40 趙九思（行客）
9/30
趙力相
6/547
趙大忠
8/391
趙士
1/156
趙士元
6/172
趙士君

6/482 6/488
趙士偶
7/356
趙才達
7/51
趙才感
8/256
趙才勝
8/255
趙内侍
8/376 10/19
趙赤頭
3/218
趙意
7/400
趙意意
4/222 4/225
趙嘉慶（健兒）
10/209 10/210
趙七奴
8/256
41 趙婭
5/288 5/289 5/291
5/297 5/304 5/306
5/309
趙甄蓮
5/9   5/10 5/12
5/13 5/14 5/15

44趙蒲桃
　3/33
趙蔭子(衛七)
　6/180
趙恭
　1/32
趙華得
　3/218
趙茗(兵曹掾)
　1/131　1/146
趙苟
　4/168
趙苟苟
　7/432
趙老
　5/280　5/311
趙世
　1/48
趙世安
　1/203
趙世富
　5/91
趙甘兒
　3/218
趙黃德
　8/255
46趙獨立
　7/477

趙如真
　10/23
趙相祐
　3/98　4/191
趙相悪
　4/25
趙相顧
　3/107
趙相隆
　7/396
趙相□
　4/47
47趙塸塸
　6/482
趙歡亮
　6/169
趙歡歸
　4/137
趙歡富
　3/216
趙歡柱
　6/369
趙歡相
　4/20　5/20
趙奴惡
　4/119
趙奴子
　8/391

趙奴奴
8/391
趙胡臭
5/137
趙都護
10/60　10/94　10/172
10/173　10/189　10/190
10/194　10/202　10/210
10/211
趙期（使）
10/171
48趙敬法
5/206
趙松
7/270
趙松伯
5/24　5/46
趙松柏
3/44　5/21
50趙申君
6/176　6/183　6/282
趙車渠
3/286
趙恵患
5/47
53趙感（内侍）
10/41
55趙拽鼠

6/484
趙拂昏
10/305
趙豊洛（部曲）
8/17
趙豊海
5/45
60趙思言（火長）
8/41　8/50
趙思徳
8/315
趙思礼
8/454
趙思直
8/20
趙思藝（坊正）
7/76　7/77
趙恩慈
6/489
趙恩□
6/457
趙黑子
4/144
趙田養
4/168　4/169
趙圀貞
6/488
趙圀富

8/23
61趙顯儒
　3/29
　趙顯曹
　2/302　3/339
　趙顯□
　3/35
67趙明仲
　4/165　4/170
　趙明兒
　5/132　5/134　5/135
　5/136
　趙歸
　6/120
71趙阿斌兒(參軍)
　3/46
　趙阿頭六
　2/339
　趙阿利
　3/163
　趙阿海
　4/191
　趙阿力
　5/51
　趙阿老
　3/191
　趙阿歡仁
　5/117　5/118

趙阿歡兒
　3/101
趙阿養
　3/216
趙阿□
　3/217
趙願伯
　3/218　4/129　4/179
　5/132　5/134
趙願洛
　6/40　6/570
趙願壽(佃人)
　7/194
趙長回
　7/446
72趙劉集
　4/189
趙氏(字朱兒,崇太妻)
　3/183
趙氏(馮阿谷子妻)
　4/55
趙氏(某人妻)
　4/230
趙氏(孟雍妻)
　5/150
趙氏(安積妻)
　7/257
趙氏(□客妻)

7/257
趙氏（寗和才母）
7/414
趙氏（薛光泚母）
9/35
77趙尸連
3/217
趙脛肮
7/356
趙隆住
7/430
趙隆兒
5/24
趙隆□
6/486　7/493
趙尾君
6/488
趙尾塠
6/62
趙鬲
2/301
趙鬲妻
2/301
趙睾子
3/286
趙賢兒
4/68
趙賢□

4/69
趙桑奴
3/35
80趙令璋（健兒）
10/83
趙令峻
6/50
趙令伯
6/492
趙令達
2/30
趙令憧
6/486
趙慈祐
7/404
趙慈恩
6/181
趙慈隆
6/492
趙羊德
6/123　6/124
趙羊得
4/129
趙羊皮
3/33
趙義深
5/9　5/10　5/11
5/12　5/13

趙羲搥
7/135
趙善慶
3/39
趙善行(衛士)
6/43　6/44
趙善彪
8/421
趙善德
5/89
趙善德妻
5/89
趙善得
5/45　5/56
趙善歸
4/136　5/246
趙善衆
3/243
趙善海(作人)
3/304　3/305　3/306
趙善憙(作人)
2/333　2/334
趙善憙(鹿門)
4/188
趙首慶
1/96
趙養意
4/129

86趙知德
6/156
趙知奴
6/549
趙智惠
8/443
88趙竺都
8/390
趙笛集
3/217
90趙小定
8/458
趙小相
10/49　10/243
趙小狗
1/48
趙小是(□女)
7/297
趙小兒
4/135
趙懷香(大女)
6/366
趙懷順
3/162
趙懷滿
3/96　4/142　4/143
4/145　5/46
趙懷祐

3/16
趙懷祐(主簿)
5/134
趙懷願
4/145　4補/52
趙懷兒
3/217
趙懷□
3/218　6/380
趙光烈
10/95　10/96　10/98
10/217
98趙悦相
4/257
趙□
5/38　5/302
趙□(録事)
7/515
趙□集
3/100
趙□礼
8/455
趙□意
4/119
趙□相
6/365　6/379
趙□(兵曹史)
1/81

趙□
1/108　2/109　3/40
3/96　3/98　3/99
3/158　3/217　3/338
4/20　4/85　4/147
4/168　4/190　6/174
6/181　6/272　6/319
6/386　6/486　6/553
7/52　7/272　7/287
8/255
趙□(大)
3/218
趙□(隊正)
4/95
趙□(師)
5/49
趙□(主簿)
5/186　5/200　5/203
趙□(里正)
6/280
趙□(雷隨貴妻妾)
7/38　7/39
趙□(佐)
7/515
趙□(大女)
8/248
趙□□
7/173　8/391

5000₀ 丈

90 丈光（僧尼）
2/87

乇

26 乇得（作人）
3/135
39 乇娑
3/27

5000₆ 史

史
2/120　2/126　2/134
3/142
00 史方
10/98　10/99
史康師
7/93
史度生
7/489
史意
8/17
史文備
6/46
史玄（里正）
6/573　7/406
史玄政（里正）
7/387　7/388
史玄政（隊佐）
7/391
史玄政
7/192　7/406　7/410
7/412　7/441　7/453
7/487　7/492
史玄政（前官）
7/449
史亥女（大女）
5/207
04 史計思
9/68
史護（史）
4/252
08 史論子（官吏）
3/103
10 史玉（火內人）
8/41
史元相
3/32
史元善
3/140
史元善（虎牙）
3/289
史天保
7/179
史天濟

4/248
史石奴
5/227
12 史到何
7/350
12 史延高
3/140
史延明
4/188
史孤易定
7/451
13 史武惣
7/409
史武祐（官吏）
3/103
16 史醜面
7/186
17 史那子
8/397
史君
8/24　8/29
史君竟
8/18
史司馬
3/138
20 史住□
9/176
21 史仁彥

8/255
史仁儼
6/575
史何儆
4/2　5/197
史行
8/29
史行義
7/52
22 史崇六
8/435
23 史伏念
9/85
史俊（譜子）
10/114　10/115　10/116
24 史德師
9/24
史德義
7/174
25 史佛住
3/99　4/191
26 史伯子
4/55
史伯悅
3/55
史保
7/92
27 史將軍

10/95　10/202
　史烏破延
6/494
　史烏你与
7/350
30史宜(僧)
2/236
　史永海
6/564
32史浮呥潘
6/494
33史演那
7/351
34史凌江
4/161　4/169
　史洪信(將軍兼都官事)
4/172
　史祐相
6/47
37史通事
2/108　2/183
38史海子
7/402
40史希俊(蹛子)
10/110　10/113　10/117
　史志敬(史)
7/387
　史真太

8/441
　史真□
8/441
　史木素
7/350
44史苟仁
7/419　7/420
　史苟仁妻
7/490
　史苟女(衛士)
7/47
　史藝
9/221
46史相歡
4/191
47史歡達
7/171
　史歡太(侍郎)
3/291
　史歡隆(□郎)
3/238
　史歡智
6/51
　史胡煞(作人)
9/68
50史患(通事□史)
2/212
　史奉謙

9/156　9/157
52 史靜娘（大女）
8/434
54 史軌
9/176
55 史拂那
9/128　9/130　9/131
9/132
60 史黑頭
6/51
　史買子
3/33
66 史呦尸番
6/493
71 史阿種
4補/50
　史阿伯仁
6/243
6/244
　史阿顧
3/141　3/328
72 史氏（孟海仁妻）
4/13
　史氏（翟急生父妾）
7/421
77 史堅故（神）
2/314
　史尼

6/344
史隆信
6/439
史隆達
6/322
史尾尾
6/50
史尾鼠
5/206
史殿中
3/170
史留師
4/89
80 史金兒
9/128　9/130
史念順
8/441
史義感
6/575
史善伯
3/34　3/286
史養生（侍郎）
3/73　3/75　3/81
3/82　3/85
史養兒
3/33
86 史智匠（烽帥）
6/213

90 史惟忠
8/454
史懷達(倉督)
7/387
史懷意
3/129
史尚賓
8/435
史□(東宮司馬)
5/51
史□(史)
6/196
史□
3/142 3/298 4/129
6/243
史□(通事令史)
3/288
史□(大女)
8/434
史□(部曲)
8/452
史□□(通事令史)
4/65 5/3
史□□
6/213 8/455 9/244

申

12 申弘(僧)

2/67 2/230
17 申子
2/290
22 申豐(奴)
7/459
26 申得(奴)
6/410
申保□
4/70
申和(僧)
2/233
34 申法(僧)
2/75
申祐(吏)
3/102
37 申㮚(僧)
2/125
46 申相
6/264 6/268
50 申忠
2/366
77 申屠
9/142
申屠君達(匠人)
6/468
申屠僧養
2/316
申屠冲子(蹹子)

10/217
申屠英□（縫匠）
6/466
申屠甚（道士）
9/138
86申智
1/189
申智（僧）
2/220
申□（僧）
2/143
申☒
7/144

串

10串元祐
5/47
17串子
6/121
26串保祐
3/221
30串寅武
7/396
46串相
7/433
50串申武
6/453
71串願祐

6/367　6/382　6/387
80串善相
6/51　6/483

車

00車慶元
5/239
車文殊
2/316
車文法
2/319
10車元
8/494
車元胤
9/85
車不六多
3/111
車不呂多
3/320　3/321　3/322
20車禿子
8/18
22車崇天
2/331
27車衆僧
2/318
30車蜜
3/35
34車婆達

4/197	2/225
38 車海護	
7/176	乇
40 車大忠	20 乇香(婢)
8/394 8/396	6/120
44 車林	
6/107	5001₄ 推
46 車相祐	77 推隆貞
4補/63	7/51
50 車末都	90 推光(僧)
1/149	2/76
71 車阿祐	
2/296 2/297	5001₆ 擅
72 車氏(瞻妻)	60 擅疊(令住女)
3/182	8/6
86 車智德	
7/176	5002₇ 携
90 車光孫(馬子)	44 携蒙達(衛士)
10/57	6/42 6/44
車光孫(驢子)	
10/58	5003₂ 夷
車□	26 夷保(參軍)
3/4	3/102
車□(大女)	
4/23	5010₆ 畫
	86 畫智
5000₇ 事	2/22
事(僧)	

5013_2 泰

泰
　8/58　8/64　8/65
21泰虚(將)
　10/25

5021_1 尭

26尭保
　2/364

5022_7 青

30青守
　4/67
　青守(吏)
　4/180
40青女(僧尼?)
　5/181
　青麥(作人)
　3/135
77青兒
　2/298　2/299

5024_7 麦

17麦子(作人)
　3/135

5033_0 志

志
　6/91

5033_3 惠

惠(僧)
　2/73　4/43
惠(僧尼)
　2/93　2/98　2/153
惠
　2/120　2/178　4/167
　4補/53
惠(尼)
　2/141
惠(丞)
　4補/41
惠(參軍判錄事)
　7/82
惠(承奉郎□令)
　9/116
00惠童(都維那)
　9/204
惠彥(僧)
　9/203
惠方(中坐)
　3/208　3/209　3/210
　3/211
惠應(僧)
　2/74
惠應

2/255

惠章(僧)

2/72　2/233

01惠顔(僧)

2/91　2/330

02惠端(僧)

2/89

惠訓(僧)

2/80　2/81

08惠謙(僧)

2/95　3/330

惠謙(道人)

4補/8

10惠正(僧)

2/72

惠正(道人)

4補/7

惠元(僧)

2/147

11惠預(僧)

2/82

17惠琛(僧)

2/74　2/123

惠子(僧)

2/221　2/225　2/228

2/230

惠柔(僧)

2/142

18惠珍(僧)

2/144

19惠琰(僧)

2/146

20惠秀(僧尼)

2/223

惠僑(僧)

2/76

惠信(僧)

2/85

惠信(僧尼)

2/228

惠集(僧)

2/75　2/78　2/220

21惠儒(僧)

4/42　4/44　4/50

22惠嵩(僧)

2/98　2/222

23惠俊

7/119

惠峻(僧)

2/226　3/372

24惠德(僧)

2/145

26惠和(僧)

2/70　2/90　2/122

3/313

27惠堅(僧)

2/222
惠御（小僧）
2/72
28惠攸（僧）
2/232
惠僧（僧）
2/76
30惠寬（僧）
9/152
惠進（僧）
2/148
惠安（西僧）
2/70　2/88
惠安（僧）
2/72　2/221
惠容（僧）
2/225　2/330
惠寶（僧）
3/330　4補/53
惠宗
2/22
惠宗（僧）
2/74
惠寂（僧）
6/59
31惠遷（僧）
2/78　2/82
32惠淵（僧）

2/68　2/222
惠淨（僧）
2/76　2/82
37惠潤（僧）
2/72　4/48　4/50
惠深（僧）
3/372
惠初兒
10/92
38惠遵（僧）
2/75　2/150
40惠奄（道人）
3/191
惠真（僧）
2/71　2/73　2/147
惠真（僧尼）
2/97
41惠標（僧）
2/221
44惠莊（僧）
8/72
惠藏（僧）
2/79　4補/9
惠藏
7/359
惠芪（僧）
2/75　2/77　2/81
惠甘（僧）

2/242
惠林(僧)
2/148
46惠想(僧)
9/138
47惠均(僧)
2/146
惠超(僧)
9/138
48惠敬(僧)
3/333
51惠軒(僧)
2/89
53惠成
6/58
55惠豊(僧)
2/90
58惠攬(僧)
2/76
60惠最(上坐)
 4/42 4/45 **4/48**
惠晟(僧)
9/203
惠恩(僧)
2/235
惠暈(僧)
4補/59
惠足(僧)

3/372
61惠顯(僧)
1/194
67惠明(馬子)
10/92
惠照(僧)
2/76
惠照(僧尼)
2/86
70惠雅(僧)
 2/90 2/225 **2/229**
71惠雁(法師)
2/348
77惠隆(僧)
 2/147 4/42 4/48
惠覺(僧)
2/94
惠聞(法師)
3/301
79惠勝(僧)
2/80
80惠益(僧)
 2/70 4/50
惠首(僧)
2/80
惠普(道人)
1/206
惠命(奴)

8/478
86惠智(小僧)
2/78 2/81
惠智(僧尼)
2/238
惠智(師)
5/244
88惠敏(僧)
2/131
惠敏(小僧)
2/142
97惠耀(僧)
2/76
惠□(僧)
2/68 2/72 2/76
2/78 2/79 2/80
2/82 2/88 2/89
2/94 2/95 2/102
2/143 2/145 2/146
2/150 2/151 2/235
3/330 3/349 4/42
9/203
惠□(小僧)
2/142 2/238

5033₆忠

忠
2/125 3/161 8/390

忠(作人)
3/144
02忠訓(僧)
2/222
17忠子(僧)
2/222 2/244
忠子(將)
3/103
忠子
4補/37
21忠順(參軍)
2/43 2/46
忠仁(僧)
2/72
26忠和
2/184 8/510
忠穆(參軍)
2/45
30忠宣(宣威)
4/159
34忠達(中郎)
2/45
44忠孝
1/193
53忠感
10/242
60忠思(小僧)
2/86 2/143

忠品(女)
8/282
77忠賢(中郎)
2/45
97忠耀(僧)
3/350
忠煥(僧)
2/78
忠□(主簿)
3/29
忠□(宣威)
4/175

患

患(通事令史)
3/73

恚

恚
5/119

5050₃ 奉

10奉一
8/290
14奉珪
8/394
22奉仙
8/434

77奉舉
10/10

5060₀ 由

10由天(參軍)
3/46 4/165 4/170
30由安
4補/7
34由祐
3/48
60由旦
2/283

5060₃ 春

20春受(作人)
3/136
春香(婢)
6/103 6/465
24春德(奴)
7/353
25春生(作人)
3/135 3/138 3/144
26春得
3/24 3/25
春得(作人)
3/135
30春富(作人)
4/153

77春兒(婢)
9/33
春口(作人)
3/136

5071₇ 屯

屯
3/96

5073₂ 表

30表濟(僧)
2/155
表容(僧)
2/153

5090₀ 未

17未君
5/161
20未香(婢)
4/14
60未足(婢)
7/456

末

26末得(作人)
3/142

5090₃ 素

素(僧)
2/226
素
8/14

5090₄ 秦

12秦延海
6/364
20秦愛(火內人)
8/48
22秦仙(馬子)
10/61　10/211　10/213
秦仙(健兒)
10/219　10/220　10/221
10/222　10/223
秦山子
8/511
27秦鷄子
7/428
28秦僧賢
3/158
37秦袍仙(馬子)
10/106
38秦海珍
6/364
秦海住
6/319
秦海相
7/397

40秦嘉盛
　8/511
50秦惠
　7/465
57秦抱仙（槽頭）
　10/106
62秦吒子（衞士）
　7/216
86秦智（將仕郎）
　6/68
90秦小盛
　8/511
　秦□課
　6/252
　秦□（火内人）
　8/50

5090_6東

東（僧尼）
　2/149
02東詣
　3/219

5103_2振

11振珂離振（阿博珂寒使）
　3/253
50振忠
　2/369

5104_0軒

03軒斌
　3/31

5202_1斬

67斬啜
　8/492

5204_7撥

72撥昏
　10/305

5206_9播

播
　6/249

5209_4採

20採香（婢）
　7/462

5225_7靜

靜
　8/486

5233_2悲

悲（火内人）
　8/41

恧(官吏)
　　8/199　8/204

5260₂ 哲

哲
　5/297

5300₀ 戈

00 戈庭賓(馬子)
　　10/76　10/83

5302₇ 輔

輔
　　2/132　2/136
輔(字興政)
　　3/64
80 輔尊(僧)
　　2/71　2/222

5304₇ 拔

72 拔昏
　　5/227

5320₀ 威

40 威女
　　2/169
53 威威
　　2/183

成

成
　　2/123　2/128　2/135
　　2/136　2/138　7/333
　　7/397
10 成元允
　　8/391
15 成建
　　9/19
23 成獻
　　2/183　2/184
26 成伯延
　　4/170
　成和達(衛士)
　　7/216
34 成達
　　8/31
35 成禮
　　8/17
40 成大
　　5/282
　成憙□(里正)
　　6/513
　成嘉禮(衛士)
　　7/217　8/34　9/23
44 成薩布(明威將軍)
　　3/175

48成敬嗣
　　4/270
50成忠(里正)
　　7/410　7/412
　成忠(史)
　　8/35
63成默仁(縣令)
　　7/524
71成阿婆奴
　　5/5
77成隆信
　　5/209
80成義(小僧)
　　2/71
　成義感
　　7/504
　成☐
　　4/197
　成☐☐
　　4/170

5333₀感

感
　　7/202　7/259　8/146
　　8/153　8/455
　感(參軍)
　　9/8
21感仁
　　7/129
24感德
　　8/268
34感達(隊副攝兵曹參軍)
　　9/14　9/17　9/18
38感澈
　　7/144

5340₀戒

01戒顏(尼)
　　2/261
17戒柔(僧)
　　2/144
20戒受(僧)
　　2/79　2/147
21戒仁(尼)
　　2/74
　戒仁(僧)
　　2/76　2/222
22戒仙(僧)
　　2/79
　戒崇(僧)
　　4/45　4/48
23戒峻(僧)
　　2/81　2/221　2/247
25戒生(尼)
　　2/67
　戒生(僧)

2/76
26戒和(僧)
　2/89　2/220
28戒倫(僧)
　2/90　2/222　2/229
30戒安(僧)
　2/235
　戒容(僧)
　2/142
　戒定(僧)
　2/69
32戒淵(僧)
　2/330
34戒滿(僧)
　2/70　2/76
37戒通(僧)
　2/77
41戒甄(僧)
　2/142
44戒林(僧)
　2/79　2/80
　戒林(小僧)
　2/160
49戒妙(比丘)
　2/354
50戒惠(僧)
　2/76　2/132
53戒成(僧)

2/70　2/72
56戒暢(僧)
　2/75　2/220　2/234
　2/235
60戒恩(僧)
　2/87　2/154
61戒顯(僧)
　2/76
67戒明(僧)
　2/81
77戒具(僧)
　2/219
80戒義(僧)
　4補/20
　戒首(僧)
　2/70　2/77　2/78
90戒光(僧)
　2/80
97戒煥(僧)
　2/71　2/144
98戒敞(僧)
　2/70
　戒□(僧)
　2/68　2/77　2/154

5404₁持

53持戒(女)
　8/406

5409₁ 捼

40 捼女（婢）
4/13

5500₀ 井

12 井弘
1/40

5504₃ 轉

79 轉勝（婢）
7/462

5505₃ 捧

41 捧鞭（奴）
9/33

5510₈ 豊

21 豊仁
5/45

豊仁阿婆
6/162

40 豊女（婢）
4/76

5560₀ 曲

87 曲朔信（右儠旗）
7/135

5560₆ 曹

曹
5/140

00 曹高昌
3/26

曹庭珊
9/156

曹庭勗
10/242

曹摩仁
6/364　6/378

曹摩嗔畔陀
3/120

曹摩羅
6/52

曹磨羅
7/417

曹文住
8/256

曹文行
7/403

曹文師
7/397

曹玄仲
9/138

曹玄恪
7/176

曹玄恪（隊正）
7/479
01曹龍達
8/241
04曹護
10/51
曹諾提
3/323
10曹二
6/472
曹万醜
7/396
曹旡盡（大女）
8/434
曹天夜羅
3/322
曹石子
4補/27
曹不那遮
7/93
曹不之拟
6/49　6/53
曹不之攬
6/363　6/377
曹粟塠
7/415
11曹頭六貪旱
3/119

12曹延那（作人）
7/93
曹延海
4補/63
曹孤易奴
9/212
曹孫師
7/474
13曹武宣
3/89
曹武宣（官吏）
3/105
曹武顯
2/330
14曹破延
3/319　4/88　4/132
4/134　8/16
曹破遮
8/25
曹破禱
6/247　6/262
15曹建（倉督）
7/372　7/373　7/374
7/375
16曹醜子
6/247
17曹玖子
6/363

曹子和	曹虞索
2/190	8/391
曹子岳	曹師
3/255	6/434　6/436　8/289
曹子犖	曹貞
3/136　3/140　4/87	6/16
曹那遮	22 曹巘
7/397	8/178
曹那寶潘	曹山鵑
3/120	8/434
曹君行	23 曹伏磨(作人)
9/244	7/93
曹君定	曹伏陁
7/415	7/396
20 曹住洛	曹伏食
8/18	7/474
曹禿子(鐵匠)	24 曹德洛
6/467	6/363
21 曹師奴	25 曹佛兒
8/257	2/332
曹仁(典)	26 曹伯龍
9/62	3/163
曹虎怛	曹伽□
3/119	4/289
曹行	曹俾山
7/337	3/120
曹行通	曹保保
8/173	7/453

27 曹多富（大女）
7/423
曹侯□
6/176
曹烏□
3/120
曹榮陁
7/351
28 曹僧居尼
4/55
曹儉（里正）
6/572
30 曹宣
6/266
曹遮信
3/320
曹遮斤
3/119
曹守龍
8/318
曹守洛
6/219
曹守隆
3/142
曹寶寶
7/453
32 曹浮夜門畔陁
3/120

曹浮賀
3/119
曹浮呦盆（衞士）
7/216
曹浮類
3/119
33 曹演莫
3/119
34 曹祐
6/245　6/246
曹婆
9/13
曹婆門
5/8
36 曹溫意
7/327
曹迦鉢
3/318
37 曹没冒
9/129　9/130
曹禄山
6/470　6/472　6/473
6/477　6/478　6/479
38 曹海□
4/130
曹遊藝
8/391
39 曹消

6/387
曹消梨
6/374
曹迷☐
6/329
曹娑堪
9/27
40曹大
 5/277 5/278 5/281
 5/283 5/285 5/288
 5/289 5/292 5/293
 5/297 5/298 5/304
 5/307
曹太悫
 6/66 6/67
曹直☐
 3/323
曹才本
 9/62
曹相悫
 6/387
44曹孝績
 10/286
曹孝通(府)
 6/508
曹莫槃
 3/120
曹莫遮

3/119
曹莫之
 3/120
曹莫里
 3/120
曹莫毗
 3/119
曹莫門陁
 3/119
曹莫盆
 6/266
曹莫盆(衛士)
 7/475
曹莫☐
 3/120
曹勒
 6/245 6/246
曹英女(曹僧居尼女)
 4/55
曹枯庞
 3/119
曹枯庚虔
 3/120
46曹想子
 9/129 9/130
曹賀力
 3/119
曹賀都

3/119
47 曹歡相（木匠）
6/88
曹歡兒
4/134
曹胡醜
7/403
50 曹忠奴
8/390
曹忠敏
9/154　9/158　9/160
曹奉一
8/285　8/295
53 曹感
6/429　6/431
曹感（里正）
6/572
56 曹提始潘
3/119
曹提拖（韋匠）
4/15
60 曹易婆□
3/318
曹畢娑
6/477
曹買奴
7/403
曹果毅

6/472　6/473　6/477
62 曹呼□
3/79
63 曹默是
7/194
67 曹明感
8/453
曹野那（作人）
7/94
71 曹阿面子（小女）
7/469
曹阿玻揄
3/120
曹阿玻畔陀
3/119
曹阿住（縫匠）
6/466
曹阿伯兒
5/261
曹阿邏山
3/119
曹阿椴盆
6/218
曹阿攬
3/119
曹阿攬延
3/120
曹阿金

5/321
曹阿知
6/218
曹阿智(韋匠)
4/15
曹願住
6/434　6/436
72曹氏(舉妻)
4/56
曹氏(某人妻)
4/75
曹氏(某人妻)
8/280
曹質漢
5/240
77曹尸羅
7/474
曹隆信
6/47
曹隆行(部曲)
8/452
曹居記(縫匠)
6/466
曹居記
7/194
曹居阤(衛士)
7/216
曹具(僧)

2/71
78曹馳烏(獸醫)
10/59
80曹義
7/333　7/334　7/335
7/336　7/337　7/344
7/348
曹善慈
7/426
85曹鉢息
3/119
88曹敏
9/154
曹節
7/262
90曹少類
3/119
曹炎延
6/477　6/478　6/479
曹米米
7/192
曹□進
5/168
曹□
2/337　3/120　4/89
6/261　7/336
曹□(宣威)
3/168　3/174

曹□(部曲)
7/458
曹□□
3/119　4補/50　7/175
曹□□(韋匠)
4/15

5580_1 典

20典信(僧)
4/42
典信(奴)
9/31　9/33
27典條
3/36
37典禄(僧)
4/42
44典藥(奴)
7/459
80典倉(奴)
8/16　8/23　8/24
8/27　8/452
典□(奴)
7/456

5600_0 扣

60扣圈德
7/403

5602_7 暢

暢(府)
9/121

5608_1 提

提
2/191
26提伽
3/260
34提婆(將)
3/37
44提懃珂都虞
3/256　3/258

5609_4 操

操
5/206　8/114

5611_6 蠅

44蠅芝
8/11

5701_4 握

00握㾁延(商)
2/208

5702_0 掬

17掬子
1/77

6002_7吶

67吶明老

3/34

6010_1目

11目張□

6/50

17目君住

7/174

30目宣(僧)

2/234

32目浮知盆

6/47

目淨(僧)

2/73 2/79 2/149

50目中郎

10/210

71目辰相

6/48

72目氏(曹保保母)

7/453

86目知谷

8/23

6010_4里

77里堅故(神)

5/23

6010_7疊

77疊擧

4/130

6011_3晁

晁□

1/152

6012_7罰

罰

3/239

6015_3國

國

1/172

50國忠(兵部尚書)

10/4

6021_0四

37四郎

5/299

43四娘

5/301

47四妃(宋洪施妻)

3/182

77四鼠(婢)

7/456

兄

21兄處俗
　10/276

見

17見子(僧)
　2/149

6022₇ 易

易
　10/25　10/26
00易文緒
　7/464
08易謙祐
　4補/20
21易師(婢)
　7/460
77易隆仁
　5/84

6033₀ 思

思(僧尼)
　2/152
思(功曹攝錄事參軍)
　9/46　9/51　9/53
　9/56　9/61　9/62
　9/67　9/69　9/119

思
　9/215
00思讓
　10/246
11思頭幕
　1/149
21思仁(官吏)
　6/572　6/573
思仁(主簿判尉)
　7/393
26思和(僧)
　2/237
28思僧(僧)
　2/87　2/155　2/219
　2/222
思絃
　3/251
30思安
　7/429
34思法(僧)
　2/87
35思禮(□事丞攝司勳)
　7/223
40思女(僧)
　2/142
思真(僧)
　2/76　2/82　2/87
46思相

2/288　2/296　4/89
47思奴
　6/19
50思惠(僧)
　2/156　2/222　3/330
　4/159　4/169　8/486
　8/487　8/488　8/490
　8/496　8/497　8/503
60思恩(僧)
　2/82　2/219　2/234
65思暕
　8/48
71思願(僧)
　2/79　2/87
80思普(僧尼)
　2/148
90思光(僧)
　2/82
　思□(僧)
　2/154

恩

　恩(僧)
　2/82　2/126　5/77
34恩祐
　3/96

6033₁ 黑

10黑石
　6/395　6/399
46黑婢(女)
　4/76
60黑是(小女)
　6/101
　黑是(婢)
　7/460
78黑陁
　8/435

6040₀ 田

00田康德
　6/486
　田文(府史)
　9/220
　田玄智
　7/450
07田調順
　3/89
10田元瑜
　9/29
　田石住
　6/40
　田石師
　7/417

田石柱
　5/41
12 田弘受
　1/169
13 田武崇
　2/284　2/285　2/286
14 田婆吉
　5/132
15 田建義
　8/270
16 田迥富
　3/101　3/217
田迥□
　4/128
17 田子伯
　4/53
田君褚
　7/174
20 田禿塠
　6/496
21 田何憁
　3/44
田師智
　5/178
22 田崇敬（使）
　8/179
23 田參軍
　8/35

24 田緒歡
　6/490
27 田多
　6/250
田多仁
　4/233
田多套
　3/98　4/189
田衆歡
　4/162　4/165　4/166
　4/171
田衆暉
　4/21
30 田進通
　7/444
田守堚
　3/220
32 田浮圖奴
　3/217
34 田漢富
　5/208
田波結
　4/129
田祐兒
　4/191
田祐□
　3/98
田婆泰

3/245
田婆羅居
5/7
37 田洛德(縫匠)
6/466
田祀足
6/247
田祁善(屯田主簿)
3/196
38 田海亥
6/551
田海護
5/40 6/168
田海德(衛士)
6/213
田海伯
6/267
田海進(雲騎尉)
6/213
田海幢(作人)
5/32
田海憧
6/277 6/278
田海□(作人)
5/32
40 田十一
5/298 5/299
田九能

8/392
田大珍
8/382
田才
8/114
田幢海
5/207
田意洛
5/207
田來得
3/290
44 田孝□
2/185
田苟仁
9/237
田苟鼠
7/423
田老師
4/129
田老□
3/217
45 田姨
5/288 5/289 5/290
5/293 5/297 5/298
5/303 5/304 5/307
5/309
46 田相保
3/42 3/44 3/216

田相祐
4/189
47田塤塤
6/217
田歡豊(大)
3/218
田歡豊
5/46
48田敬(火内人)
8/44
50田忠宣
4/165
田忠祐
3/107
田忠志(隊頭)
8/388
田忠□
4補/15
田未歡
7/402
53田成兒
3/35
55田拽多
6/496
田豊得
5/44
田豊洛
6/486　6/488

60田思(佐)
7/214
田思祐
4/189
田思洛
6/278
田恩祐
3/217
田恩□
6/484
田買苟
4補/29
63田默默
6/496
64田時善
2/293　3/32　3/96
66田嘿嘿
4/234
67田明洛(作人)
2/333
田明歡
3/216
田明懷
4補/63
71田阿伯兒
3/218
田阿衆
5/154

田阿之居
2/183
田阿豊
4/145
田阿闍
3/101
田阿父師
4/21
田阿善
3/258
72 田劉通
4/145
田氏(某人妻)
4/56
田氏(顯德妻)
6/121
77 田隆德
7/131
79 田勝忍(田隆德姉)
7/131
80 田幷
1/177
90 田養□
2/321
92 田判官
10/122　10/204　10/212
10/213
98 田悦意
5/25
99 田榮(使)
10/211
田□子
4/174
田□宣
3/135
田□
3/96　3/100　3/101
3/294　4補/14
田□(隊正)
6/557

6040_4 晏

晏(丞判主簿)
7/506　7/507　7/511
7/515　7/516　7/517
7/518　7/519　7/521

6042_7 男

17 男子(主簿)
4/187
47 男奴(尼)
2/135

6043_0 因

因(僧)
2/228

54因持(女)

8/406

6050₆ 暈

44暈英(僧)

2/142

暈□(僧)

2/149　5/182

6060₀ 呂

10呂玉麨(大女)

6/406

11呂璿

10/23

12呂延

8/518

呂延海

4/23

17呂承祖(健兒)

10/65　10/66　10/67

10/108

呂承祖(馬子)

10/94　10/95　10/96

10/97　10/98

20呂位明

8/454

26呂伯將

4/235

27呂將軍

9/135

28呂僧忠

3/250

32呂浮圖

4/249

37呂祖(馬子)

10/92　10/93　10/95

10/97　10/101　10/194

10/195　10/216　10/217

40呂嘉盛

8/390

44呂楚珪(健兒)

9/41

46呂都督

8/267　8/268

54呂抛子

6/249

60呂昆丘(衛士)

7/58

66呂嘿兒

4/67

67呂明獨(里正)

7/14

呂明□

4/283　4/285

71呂阿識

4/134

呂阿子
　4/247
呂阿隆
　1/170
呂馬
　3/55
77呂隆伯
　4/134
呂舉
　8/114
78呂陁貳
　9/165
80呂義
　10/22　10/23　10/37
　10/42
94呂忱夐（火内人）
　8/46
呂□得
　4/134

昌

38昌海
　6/29
77昌居
　1/51

6071₂ 圈

30圈富
　8/25
60圈是（婢）
　7/456
圈□
　6/491

6073₁ 曇

曇
　2/126
曇（僧）
　5/168
00曇充（僧）
　2/222
02曇訓（道人）
　2/17
曇訓（僧）
　3/353
17曇瓊
　2/307
22曇嵩（僧）
　3/330
30曇進（僧尼）
　2/84
曇進（僧）
　2/88　4/50
曇安（僧）
　2/78
曇容（僧）

2/143
32曇淨(僧)
2/229
34曇祐(僧)
2/85　2/220
38曇遵(僧)
2/89　2/222
40曇憙(僧)
5/183
　曇真(法師)
6/500
　曇索(僧)
2/67　2/71
44曇英(僧)
2/149
　曇林(僧)
2/221　2/234
48曇救(僧)
2/145
60曇勗(師)
4/69
　曇思(僧)
2/79
61曇顯(僧)
2/150　2/225
77曇隆(僧)
4/44　4/48　4/52
79曇勝(僧)

2/76　2/222
80曇義(僧)
2/69
　曇會(僧)
4/42　4/44　4/48
　曇會(良師)
4/52
　曇□(僧)
2/70　2/88　2/91
2/92　2/147

6073₂ 園

17園子(僧)
2/77

6073₈ 囚

囚(僧)
2/154

6080₁ 足

足
8/441

6080₆ 買

26買得(大奴)
4/50
47買奴
7/287

員

員
8/248

11 員頭六子（畫師）
2/333　2/334

12 員延伯
4補/50

員延伯（左親侍左右）
5/72

員延□
3/271

21 員何漏
6/253

員師奴
8/391

22 員崇
1/126

24 員德感
9/22

26 員伯忠
8/512

員和子
8/434

27 員總訓
6/47

60 買是（婢）
7/462

32 員浮達
3/261

37 員通
1/48

38 員海祐
6/246

員海隆
8/448

47 員胡
6/344

50 員申智
6/56

60 員思實
8/434

77 員鼠呥
8/256

80 員慈訓（衛士）
7/217

90 員小□（縫匠）
6/466

6090₄ 果

71 果願（比丘）
2/61　2/62

果願（比丘大僧統）
2/65

果願（大德比丘）
3/21　3/59　3/61

3/68　3/122　3/151

6090₆ 景

12 景弘
　7/6　7/7　7/21

6091₄ 羅

羅
　3/98　4補/24
　羅(婆子妾)
　　7/429
06 羅親(僧)
　　2/330
10 羅云(僧)
　　2/71
17 羅子(將)
　　2/183
23 羅伏解(作人)
　　9/68
27 羅鷄
　　8/179
30 羅遮
　　3/34
　羅遮□
　　4/85
34 羅染幹
　　3/218
44 羅英(僧)

2/79
　羅英
　　2/346
　羅世那
　　9/48
50 羅中郎
　　7/126　10/211
　羅忠
　　10/13　10/22
55 羅轉達
　　9/86
60 羅易没
　　9/28
　羅羅
　　3/23
67 羅明祐
　　4/233
71 羅阿
　　8/86
90 羅常住
　　10/42
97 羅烺
　　3/260
　羅□
　　3/34
　羅□(府)
　　8/474

6101₀ 毗

26 毗伽公主
 4/132 4/133 4/134

6101₄ 旺

旺（功曹攝錄事參軍）
 10/74 10/85 10/91
 10/124 10/206 10/217

6102₀ 啊

36 啊迦□□（禁防）
 3/107

6138₆ 顯

顯
 2/119 2/133
顯（僧）
 2/220 2/235
10 顯元（僧尼）
 2/94
11 顯頊（僧）
 2/141
21 顯仁（中郎）
 4/160 4/162 4/164
 4/166 4/170
顯行（僧）
 3/372

顯佰（參軍）
 3/37
22 顯崇
 3/27 3/48
顯崇（將）
 3/102
24 顯仕
 3/141
顯德
 6/121
30 顯濟（僧）
 2/149
顯守（將）
 4/68
顯容（僧）
 2/142 2/149
34 顯法（寺主、尼）
 4補/64
顯祐
 3/158 3/318
顯祐（將）
 4/68
顯達（僧）
 2/68 2/72
40 顯真（師）
 3/53
顯真（僧）
 3/330

49顯妙(僧)
　　2/87
50顯忠(僧)
　　2/67　2/221　2/232
　顯忠
　　3/96　4補/10
80顯尊
　　2/364　2/366
　顯尊(將)
　　4/174
　顯□(尼)
　　2/164
　顯□
　　2/292
　顯□(僧)
　　4補/56
　顯□(將)
　　3/239

6204_7暖
　暖(主簿)
　　1/65

6204_9呼
　55呼典枯合振(珂寒使)
　　3/257

6216_3踏
30踏實力
　　10/31

6280_0則
　則
　　3/96
80則姜
　　8/242

6314_7跋
77跋兒
　　5/346

6333_4默
21默仁
　　6/89

6355_0戰
17戰子(婢)
　　7/462

6401_0叱
10叱雷本
　　7/135

吐
50吐屯(珂寒使)

3/343
62吐別貪旱(北廂珂寒使)
3/343　3/344
90吐火羅磨色多
7/89　7/93
吐火羅拂延
7/89　7/93

6401_4畦

00畦亥生
4/132　4/133　6/362
6/369　6/382
畦玄□
6/49
30畦寶住
6/254
38畦海幢
4補/63
畦海員
6/459　6/460
47畦塭□
7/464
60畦羅(虎牙)
5/8
90畦少何
3/256

6402_7睎

睎
1/166

6404_1時

20時毛郎(火內人)
8/40　8/46
25時健大官
4/132　4/133
36時遲大官
3/146
61時顯明
3/108
62時別奇耐
2/297

6404_7䀹

47䀹奴(將)
2/45

6480_0財

34財祐
3/48
財□(吏)
3/104

6600₀ 啡

77 啡舉貪淨
3/251 3/255 3/257

6603₁ 嘿

嘿
8/114
嘿(吏)
3/46
17 嘿子
5/144

6624₈ 嚴

嚴
1/109
00 嚴慶隆
7/432
嚴六仁(木匠)
6/466
10 嚴焉耆
7/467
嚴天奴
2/39
13 嚴武達
5/84
15 嚴建和
8/252
16 嚴迴德
6/453
17 嚴玖終
5/46
嚴子亮
3/174 3/238
嚴君君
9/24
嚴君勝
7/464
20 嚴住君
7/509 7/510 7/512
7/513 7/521 7/522
嚴住忠
9/244
嚴禿子
8/489
嚴乘
1/142
21 嚴仁
5/38
嚴仁秀
7/420
嚴盧得
4/89
嚴行滿
7/467
嚴處歡(木匠)

4/15
22嚴仙泰（攝錄事）
　10/74　10/85　10/90
　10/111　10/117　10/124
　嚴仙泰（前別將）
　10/163
24嚴德□（里正）
　7/515
　嚴緒（兵）
　1/134
　嚴緒（過㳥水）
　1/172　1/173
25嚴佛圖（主簿）
　2/294
　嚴佛圖（官吏）
　3/74　3/76　3/82
　3/85　3/87
26嚴白舉
　6/54
　嚴伯仁
　6/49　6/50
　嚴保子
　8/458
　嚴保守
　4/153
　嚴和德（衛士）
　7/509　7/513　7/522
27嚴歸忠

1/179
嚴侯子（吏）
3/103
嚴侯歡
4/18
28嚴似（里正）
6/572
嚴僧
2/11
嚴僧□
3/260
29嚴秋隆
4/120
30嚴究㴰
5/35
嚴寅守
5/204
嚴寅忠
2/331
31嚴福願
1/17
34嚴法藥
7/276
嚴波姚
5/24
嚴祐子
2/283
嚴祐相

4/23　6/40
嚴祐忠
3/217
38 嚴海
6/111
嚴海(里正)
6/572
嚴海仁
9/181
嚴海多
7/450
嚴道高
3/204
嚴道濟
2/331
40 嚴士洛
6/433
41 嚴柾
1/214
44 嚴協
4/113
嚴孝忠(倉督)
10/159
嚴荀仁
7/279
嚴其延
6/16
嚴黃頭

7/446
47 嚴歡岳
3/135　3/138
嚴歡岳(侍郎)
4/159　4/166
50 嚴申祐
3/16　3/216
嚴泰(攝錄事)
10/231
嚴奉
1/164
嚴奉景(丞)
8/500
60 嚴黑粟
5/90
77 嚴隆
6/263
嚴隆達
5/210
嚴興
1/142
80 嚴令子
7/508　7/512　7/513
7/522
嚴慈仁(雲騎尉)
6/223
嚴慈仁
6/379　6/386

嚴義
7/17
嚴義詮
8/391
嚴義忠
8/257
嚴善意
4/286
86 嚴知奴
7/407
90 嚴憧相
6/554　6/556
嚴懷岌
7/451
嚴懷保
4/18　4/62　4/106
98 嚴悅海
7/396
嚴□行
7/519
嚴□兒(校郎)
5/68
嚴□
　1/108　3/205　3/207
　4/111　4/118　4/120
　5/40　6/217　6/591
　7/70　8/460
嚴□(婢)

3/165
嚴□(明威)
3/170
嚴□(令)
3/287
嚴□□
7/513

6702₀ 明

明
2/120　6/383
00 明亮(僧)
5/182
明應(僧)
2/150
明章(僧)
2/146　2/150
10 明元
5/20
18 明瑜(僧)
5/167　5/168
20 明住(僧)
3/330
明秀(上坐)
3/208　3/210　3/211
明信(僧)
2/220
明信(師)

5/49
21 明順（僧）
2/85
23 明峻（僧）
2/86　2/92　3/330
30 明進（僧）
4/48　4/50
明進（俟師）
4/52
明寅（僧）
3/330
34 明遠（僧）
2/92　9/138
明達（小僧）
2/69　2/77
37 明朗（僧）
5/181
40 明意
4/88
明真（寺主）
3/207
44 明藏（僧）
4/212
46 明相（吏）
3/97　3/107
47 明歡（僧）
5/183
52 明哲（僧）

2/88
53 明戒（僧）
2/223　2/226
60 明思（僧）
2/80
明曇（僧）
5/170　5/175
67 明明（外軍）
1/64
明明
6/262
77 明月（婢）
7/460
79 明勝（僧）
2/79
99 明犖（侍郎）
4補/65
明□（僧）
2/92　2/152

6703₄ 晙

晙
2/127　2/134　2/137
2/138

喚
50 喚屯
1/149

6705₆ 暉

暉
  8/473 10/266
71 暉阿婆
  6/161

6706₁ 瞻

瞻(字昌仁)
  3/182

6706₂ 昭

77 昭賢(僧尼)
  2/152

6733₆ 照

27 照賢(僧)
  2/88
34 照達(僧)
  2/75 2/77
67 照明
  3/27 3/30

6905₀ 畔

73 畔陀(作人)
  3/141
74 畔陁
  2/261
畔陁(阿都紇希瑾使)
  3/255
78 畔陁
  2/286 5/208

7021₄ 雅

雅(僧)
2/226

雅
2/306

18 雅珍(參軍)
4/159

21 雅行(參軍)
4/166

7121₁ 阮

10 阮玉
9/137

阮□(府)
7/64

7122₀ 阿

00 阿摩(大塢神)
2/39

阿文(僧)
2/72

阿妄
6/57

02 阿訛
3/183

03 阿斌(參軍)
3/104

阿就(參軍)
3/102

04 阿護
5/20

10 阿玉(小僧)
2/142

阿王
5/277　5/278　5/279
5/281　5/283　5/284
5/288　5/303　5/304
5/306　5/309

11 阿頭六
3/48

阿頭六(將)
3/107

阿頭六子
3/48

阿張
6/201

阿裴
4/265

12 阿弘文(僧)
2/241

阿延
4/118

13 阿武(參軍)
3/28

16 阿碑

3/212
17阿弥(明威)
4/169
阿弥
7/517
阿弥胡(吏)
2/43
阿子
2/370　7/238
阿勇(將)
3/95　3/101　3/104
阿鞏(大女)
7/486
阿那(主簿)
4/180
阿習
1/149　8/496
阿君
5/162
20阿受(僧)
2/76
21阿順(將)
3/71
阿何倫遮
3/319
阿順
4補/9
阿皆

1/127
阿師子
10/316
阿師奴(奴)
8/18
阿貞(參軍)
4補/54
22阿山
5/289　5/291　5/297
阿利摩珂大官
4/135
25阿仲(殿中)
3/238
阿佛奴(主簿)
3/46
26阿伯(吏)
3/97
阿伯(將)
3/98　4/174
阿伯
4/85
阿保(虎牙)
4/169
阿息
1/203
阿和(僧)
2/70
27阿冬(僧)

4補/6
阿移
8/488
29阿秋(作人)
3/138
30阿守(禁防)
3/97
阿安
3/181
阿富
2/362 2/364
阿容(小僧)
2/224
阿定
5/162
32阿浮利沙
3/73
34阿祐(僧)
3/331
阿祐
6/383
阿婆
3/165 3/167
阿婆堌延
7/493
阿婆奴(將)
3/99 3/102 4/159
4/162 4/164 4/166

4/169 4/173
阿婆奴(吏)
3/102
36阿祝
5/9
阿祝至火下
2/18
阿祝母
5/9
阿迦(禁防)
3/97
阿迦(婢)
6/402
37阿潤
4補/6
阿迦(作人)
3/140
40阿东
3/184
43阿博珂寒(即阿波可汗)
3/253 3/256
44阿菌(常侍)
3/26
阿耆
5/75
阿苟
2/2 2/10
阿苟母

2/2
46阿恕(僧)
2/85
阿想
1/194
阿楊
5/288　5/293　5/301
5/307　5/309
47阿增
4/265
阿歡
3/96
阿歡(作人)
3/140
阿麴
7/358　8/431
阿麴(韓伯掄母)
10/287
阿奴
1/181　8/435
阿奴(作人)
3/142
阿奴(將)
4/179
阿奴兒
2/290　2/292
阿胡
2/363　2/364　2/367

2/369　2/371
4補/27
阿都(寧遠)
4/165
阿都紀希瑾(阿都即訶咥)
3/255
阿都寅(寧遠)
4/170
阿都瓠珂頓(阿都即訶咥)
3/77　3/81
阿都莫(寧遠)
4/159　4/162
48阿救子(僧)
2/225
阿獪
3/53　3/57
49阿趙
5/17
50阿忠(僧)
2/225
阿忠
2/291　2/307
53阿輔
3/183
阿成
1/159
阿成(僧尼)
2/86

55阿豉
1/77
阿典（婢）
7/460
56阿提（將）
3/34
57阿賴姿兒
3/344
阿賴闌桦
4/132
阿賴囗
3/343
60阿四
5/317
阿黑
5/10
阿團
6/394
阿足（僧尼）
2/87
阿買
1/159　6/398
61阿顯
2/290
64阿時（婢）
7/456
66阿明
5/68

71阿願
2/317　3/138　4/181
76阿陽
5/290
阿駔（將）
3/32
77阿隆（吏）
3/46　3/97
阿隆
3/49
阿周陀
3/28
阿降（僧）
2/71
阿居
5/299　5/300
78阿監
3/173
阿覽提
1/149
80阿尊（僧）
2/72　2/82
阿父
6/57
阿姜
8/73
阿義（僧）
2/67　2/89

阿沓奋
　4/75
阿會（奴）
　4/290
阿命
　8/101
82阿錢
　2/17
85阿鉢
　2/291
90阿党
　7/39
阿☐
　1/77　2/184　2/193
　3/49　3/183　3/260
　阿☐（僧）
　　2/71　2/76　3/348
　阿☐（虎牙）
　　2/286
　阿☐（將）
　　3/102
　阿☐（主簿）
　　3/103
　阿☐（作人）
　　3/135
　阿☐（女）
　　5/70
　阿☐護

　3/138
阿☐
　4/132　4/134　6/457
　7/285
阿☐（部曲）
　8/16
阿☐☐
　3/49

厠

26厠得
　2/184
47厠奴（將）
　2/45

7123₂ 辰

44辰孝（僧）
　2/71
辰英
　2/39
50辰惠（僧）
　2/79

7126₇ 唐

00唐文偘
　2/58

7128₆ 願

願
  1/53　3/48　3/159
  4/136　4/175　6/35
  6/111　6/168　9/164
願(僧尼)
  2/90
願(僧)
  2/151　2/221
願(將)
  4/130
01願顏(僧)
  2/223
06願親(僧)
  2/238
12願弘(僧)
  2/90　2/159　2/238
20願受(僧)
  2/80
願受
  3/181
22願崇(尼)
  3/53
願崇
  4/89
26願伯(吏)
  3/46　3/107

願伯
  4/128　5/137
願得(將)
  3/102　4/173
願保
  3/27　3/30　5/162
願緣
  6/279
28願倫(僧)
  2/77　2/219　2/222
  2/232　2/245
30願濟(僧)
  2/75　2/78
願容(僧)
  2/330
34願祐(吏)
  3/46　3/97
40願真(僧)
  2/144
44願英(僧)
  2/224　2/330
49願妙(僧)
  2/87
50願惠(僧)
  2/221　2/246
願惠(道人)
  5/138
77願覺(僧)

4/44
顧兒
3/32　3/48
顧兒(吏)
3/97　3/102
顧桑(尼)
3/370
87顧釰
5/137
顧叙(吏)
3/97　3/107
88顧敏(僧)
2/91
90顧光(僧)
2/80
97顧耀(僧)
2/142　2/149
顧□(僧)
2/89　2/143　2/144
顧□(小僧)
2/154
顧□(尼)
2/165
顧□
3/28

顧

顧□(主簿判丞)

5/266

7132₇馬

馬
2/126　3/184　6/120
6/568　7/39
00馬亮
8/19
馬玄寶
8/257
馬玄智
8/257
01馬龍
9/138
05馬諫
10/47
10馬元貞
8/434　8/457
馬元尊(畫師)
2/333
馬元尊
4/87
馬酉忠
4補/19
馬可宗
3/98
12馬孤易
8/391

13 馬球
8/258
馬武貞
6/17
17 馬瓊(□簿)
9/137
馬君子
7/174
20 馬住海
4/20
馬禿子
7/417
馬受(酒吏)
1/120
馬受(祠吏)
1/129
21 馬仁容(和德妻)
3/180
馬行通(史)
9/2　9/9　9/14
9/16　9/18
馬貞濬(佐)
2/220
22 馬利涉
8/391
23 馬參軍
2/294
24 馬休□

8/441
馬幼武
3/144
25 馬牛始
7/56
26 馬伯醜
8/434
30 馬之斛
4/226
馬富
10/23
馬定明
1/129
馬定□
6/568
34 馬法住
7/174
35 馬神禄(折衝)
8/57
馬神尊(畫師)
2/333
37 馬郎中
3/158　4/160　4/164
4/169　4/170
38 馬道海
5/13
40 馬大郎(火長)
8/41

馬太守
　10/95　10/191
馬才（里正）
　6/572
馬才
　7/400
馬才文
　7/397
馬才伯
　4/258
馬才塤
　8/255
馬憙崇
　4/182
馬憙□
　4/129
馬女郎
　3/24　5/30
馬幸智
　4/20
馬嘉賓（火長）
　8/40　8/46　8/49
44馬葱元
　9/24
馬老
　5/289　5/291　5/294
　5/297　5/298
馬樹

　8/168
46馬如辛
　8/391
47馬歡仁
　4/87　4/118
馬都督
　10/94
49馬妙姬（某人妻）
　3/181
50馬中丞
　8/475
52馬靜
　8/293
馬靜通（遊弈主帥）
　9/59
53馬感子
　8/391
60馬四娘
　5/319
馬恩（倉史）
　5/267
馬思暕（火長）
　8/44
馬恩兒（健兒）
　10/72
馬買□
　4/129
67馬嗣

5/288　5/289　5/290
5/293　5/303　5/307
5/309
71馬隋(秀才)
　1/116　1/117　1/118
　1/119
72馬氏(張順妻)
　3/60
　馬氏(高海隆妻)
　4/55
　馬岳
　5/121
76馬駋駒
　4補/8
77馬尸鼠
　7/443
　馬兒
　3/48
　馬居
　2/291
80馬善行
　4/108
　馬養保(將)
　4補/63
　馬養祐
　5/45
　馬養兒
　3/89

馬養兒(官吏)
　3/105
88馬筠
　9/174
90馬小名(部曲)
　8/452
馬懷定
　7/52
馬懷寶
　8/460
馬懷感
　5/211
99馬瑩
　1/142
馬□(通事□史)
　2/210　2/212
馬□
　8/34
馬□福
　8/455
馬□居
　7/397
馬☒(伏波將軍)
　2/201
馬☒
　2/321
馬□□
　8/18

馬□□（火長）
8/50

7171₁ 匡

10匡旡對
9/157
11匡頭六子
2/318
12匡延相
4/89　6/31
17匡君政
7/513　7/523
　匡君感（府史）
7/513
24匡德隆
7/171
26匡保
8/22
　匡保崇
4/129
　匡鼻子
4/189
30匡遮□
7/107
　匡安受
3/73　3/75
36匡迦呂
7/513　7/523
37匡祀祐
3/99
38匡海德
6/217
　匡海洛
7/486
46匡相相（木匠）
8/21
53匡感
7/513　7/523
60匡買得
4/166
71匡阿婆意
5/45
　匡阿相
4/87
　匡阿□
4/233
72匡丘慈
3/98
77匡桑得
3/98
80匡慈念（大女）
8/434
　匡□
5/84

7173₂ 長

長
1/203
20 長受（參軍）
3/103
26 長保（奴）
8/18

7210₀ 劉

00 劉慶□
3/100
劉文琮（甲頭）
8/114
劉玄陵（火長）
8/40　8/45　8/49
劉六
6/269
10 劉元英
5/324
劉元感
5/324
劉元質
7/451
劉不六
3/218　5/44　5/140
劉弘基
7/135

劉延明
3/290
15 劉建□（匠人）
6/468
20 劉住
7/289
劉集
3/96
21 劉仁軌（右相）
6/505
劉行感（主帥）
7/45
劉虔
7/335　7/336　7/338
劉虔壽（學生）
7/42
劉皆實（牒使）
8/179
劉師
6/254
劉經野（典）
10/247
22 劉崇
1/198　1/205
23 劉伏舉
8/62
24 劉德惠（典）
4/29

劉德□
  4/145
劉德□(作人)
  5/32
26 劉保歡
  3/90
劉鼻子
  8/390
劉和德
  9/23
27 劉欠欠
  8/393
劉總管
  10/103 10/213
28 劉僧遷
  4補/8
劉僧苟
  2/318
30 劉濟伯
  4/67 4/87 6/19
劉進貞(衛士)
  7/217
劉守懷
  7/174
劉客
  10/296
劉富多
  8/18

劉富塠
  8/440
劉容慶
  4/87
劉容兒
  4/190
劉定師
  8/255
34 劉法和
  3/34
劉漢伯
  4/129 4/189
劉洪頂(火內人)
  8/45
劉祐兒
  3/101 4/189 4/190
劉婆□
  3/40
37 劉洛相
  6/490
劉祀海
  4/39
劉初(鎮副)
  7/372 7/373 7/374
  7/375
38 劉海
  6/158
劉海願

7210。

  3/218 5/19   10/234 10/236
 劉海□   劉忠義
 6/438   8/390 8/391
40劉大面   劉奉仙(折衝)
 8/390   10/74
 劉大夫   劉春海
 10/92 10/93   6/488
 劉嘉福   53劉戌(大女)
 7/466   7/477
 劉杏子   劉威感(助教)
 4補/10   9/191
 劉校尉   劉感
 2/287   7/335
43劉娘   56劉操
 5/320   8/114
46劉相德   60劉黑相
 6/261   6/48
 劉相祐   劉圈□
 3/96   7/397
47劉奴奴   61劉顯志
 8/284   6/31
 劉胡奴(作人)   67劉明達
 2/333 2/334   4補/63
48劉敬元(左果毅都尉) 71劉阿衆
 9/59 9/69   3/217
50劉申海   劉阿留
 6/249   7/407
 劉惠振(坊官)   劉阿尊

4/67　4/87
劉阿父師
6/454
劉阿父□(鐵匠)
6/467
劉願仁
4/87
77劉尸褍
5/134
劉尸連
3/216
劉尸舉
6/547
劉隆伯(作人)
5/32
劉隆達
6/483　6/490
劉隆隆
8/159
78劉監軍
6/476
80劉八
5/277　5/278　5/281
5/283　5/285　5/286
5/292　5/302　5/304
5/306
劉念子
6/301

劉普
1/18　1/19　1/20
劉善慶
4/67
劉善願
4/222
劉善□
4/191
90劉懷琛(守令)
10/84　10/90
劉懷子
8/256
劉懷祐
3/216
劉懷相
3/217
劉懷智(火長)
8/41
劉常侍
10/190
92劉判官
10/98　10/194　10/213
10/214
劉□
7/337
劉□救
4補/6
劉□明

1/152
劉□願（作人）
　3/138
劉□
　3/98　3/99　3/216
　4/34　4/70　4/190
　4補/10　6/168　6/**277**
　10/266
劉□（作人）
　5/32
劉□（折衝）
　10/74

7210₁ 丘

26丘白頭
　4補/6
38丘海
　6/207
94丘忱（典）
　10/35　10/47

7220₀ 劌

72劌質
　8/17

7222₇ 鵬

44鵬荀
　2/364　2/365

7227₂ 朏

朏（尉）
　8/75　8/79　8/80
　8/81

7277₂ 岳

岳
　3/261
岳（僧）
　3/330

7280₆ 質

86質知□
　6/217

7321₁ 陀

85陀鉢大官
　3/256

7420₀ 尉

21尉師
　7/317
30尉安相
　4/216
37尉遲□□
　8/28
40尉大忠

8/434　9/24
尉嘉實
8/390
50尉乇爽（虞候）
7/175
60尉思（里正）
6/572
67尉明□（□女）
6/380　6/386

7421₂陁

陁
3/256　3/322
12陁延
2/292
85陁鉢大官
3/256

7421₄胜

47胜塠子
8/459

7422₇騰

44騰苟
2/292

7423₂隨

37隨深（主者）

1/166

7529₆陳

00陳文智（鎭人）
6/131
08陳詮（主事）
7/316
11陳玩（兵）
1/134
12陳瑤貞（馬子）
10/102
20陳重暉
10/99
25陳使彊
1/171
26陳臭子
3/98
27陳將軍
10/195　10/213
30陳憲（防人）
9/215
34陳滿
7/257
40陳希演（上柱國）
9/29　9/30
47陳都督
7/234　7/236
50陳忠賢

3/34
53陳成（火內人）
8/47
57陳抱一
8/441
60陳思香（大女）
7/469
陳思忠
8/19
陳景陽（健兒）
10/62
77陳隆緒
7/490
陳兒子
3/98
陳兒阿□
2/343
80陳金（健兒）
10/120　10/121　10/122
10/129　10/180　10/200
10/201　10/202　10/203
10/204　10/205　10/211
10/214　10/222
86陳智惠
8/390
90陳懷金（健兒）
10/113　10/199　10/200
10/201

92陳判官
10/213
陳□
6/554

7570₇肆

肆□（虎牙）
2/43

7621₃隗

11隗頭六奴（紙師）
4/188
12隗延懷
4/137
23隗參軍
1/76
24隗休
1/64
26隗保彊（步矟）
1/172
28隗儀容（宋泮故妻）
1/59
37隗逈（過犊水）
1/172
44隗蔟其
3/14
55隗典
2/247

67隗明願
5/261
71隗阿俗子
3/29
72隗氏（某人妻）
4/56
77隗居巷
4/137
隗巳隆
2/18
80隗益幼
1/172
隗□祐
3/218
隗□（兵）
1/134
隗□
3/4
隗□□
3/241

7622₇ 陽

陽
6/344　7/271
00陽亥亥
4/19
10陽元壽
3/220

12陽弘盖
7/135
26陽保相
3/217
陽保相（兵人）
4/188
陽保救
5/166
28陽收（中書舍人）
10/3
37陽資胡（木匠）
4/15
38陽海隆（木匠）
4/15
46陽相保
4/129
陽相祐
4/189
陽相祐子
4/190
47陽歡伯
3/218　5/44
71陽阿周
3/96　3/217　4/189
陽阿父師子
6/40
90陽糞得
4補/6

陽□
　2/342　3/98　3/100
陽□（殿中）
　3/171

7624_0 牌

17牌子
　7/419
22牌豐
　6/248
37牌洛相
　8/37
39牌娑（棧頭大官使）
　3/253
77牌賢弥胡
　4補/7

7636_0 駔

17駔子（奴）
　4/50
駔子
　4/106
21駔仁（奴）
　6/174
駔□（作人）
　3/217

7710_1 閆

00閆亥花（大女）
　4/257

7710_4 堅

堅（僧）
　2/224
11堅彊
　1/39

7710_7 閛

77閛兒
　1/18

7714_8 闞

闞
　7/132
00闞文爽（佐）
　4/272
闞文惷
　9/23
10闞二朗
　10/24
闞示□
　6/168
13闞武□
　8/147

17闞君念
8/256
21闞行忠(火長)
8/44　8/48
27闞紹業(捉館官)
10/206　10/217
30闞守弟
4/18
　闞安(僧)
3/332
　闞安斗侯(邐人)
2/331
　闞客子
8/391
　闞定喜
8/391
34闞祐洛
7/464
37闞洛□
6/486
38闞海隆
4/128
42闞狐易
5/206
44闞落堆
6/168
　闞孝順
8/257

46闞相平
1/65
　闞相相
3/218
47闞歡伯
3/100
　闞媚興
1/108　1/109
53闞感達(隊副)
9/6　9/12　9/14
9/15　9/16　9/18
60闞思順
8/390
　闞黑女
8/255
71闞阿意(寡妻)
4/87
　闞阿歡
4/129
　闞阿善
3/136
　闞長(火內人)
8/48
72闞氏(康鹿獨妻)
7/431
77闞隆堆
6/168
　闞隆隆

6/497
80 闞斂得
1/17
90 闞懷祐
3/219
闞☐（游民）
1/65

7720₇ 尸

10 尸不還没旱大官
4/133
60 尸羅（主簿）
3/55
79 尸勝（僧）
2/96

7721₀ 鳳

17 鳳翼（僧）
2/69
30 鳳宣（僧）
2/104
50 鳳由（僧）
2/77　2/92
60 鳳思（僧）
2/87
61 鳳顯（僧）
2/79
86 鳳智（僧）

2/68

7721₁ 尼

尼
3/345
22 尼利珂蜜（即泥利可汗）
3/328
47 尼歡
6/109
尼☐☐
3/329
尼☐
6/120

7721₄ 尾

20 尾香（婢）
6/402
21 尾仁
4/253
22 尾乳
6/434
37 尾洛
6/382
47 尾奴（奴）
8/25　8/26
77 尾尾
6/56
尾兒

3/300
尾兒（作人）
2/334
尾周
5/39

隆

隆
2/20　3/364　5/205
5/207　5/219　6/16
6/387
04隆護（官吏）
3/106
隆護
6/51
20隆住
9/21
隆信（參軍）
4/2
21隆虎塢
3/219
24隆仕
4/231
隆緒（鐵匠）
6/467
34隆達
6/132
40隆士

6/516　6/518
41隆甐（女）
4/53
47隆塸（衛士）
6/447
隆歡
4/118　6/438
隆隆
6/447
87隆叙
3/55
90隆懷（明威）
3/111
98隆悦
5/143　5/144

7721_7 肥

36肥還大官
4/134

兒

兒
2/293　2/302　2/366
3/6　3/48　3/57
3/98　3/99　3/129
3/212　3/220　4/67
4補/52
兒（吏）

3/107
兒(作人)
3/141
兒(主簿)
4/174
77兒兒
3/263

7722₀門

門
3/28

周

00周慶懷
7/383
周慶懹
4補/51
10周石奴(史)
9/97
11周彊
1/174
17周君貞
7/401
周君利
7/446
24周特進
10/120　10/121　10/203
10/221

周積
10/18
30周守洛
9/164
35周神力(火長)
8/40　8/46　8/49
37周次(幢)
1/140
38周海護
6/219
周海崇
4/137
周海保
6/240
周海願
6/47　6/273
39周沙
1/169
40周大誡
8/440
47周埻
6/121
周埻埻
6/48
52周靜
9/216
71周阿攬
5/102

周阿懷
3/241
周阿□子
4/137
77 周興
1/149
80 周養兒
3/159
86 周智達
7/51
90 周小胡
8/257
周懷滿
4/136
周□
9/177
周□崇
4/137
周□□
10/18
周☒
4/288　6/344
周☒（上柱國）
8/206

陶

陶
8/94

朋

79 朋勝（尉）
6/270

7722₇ 骨

骨
8/22
00 骨康□
4補/17
10 骨元順
8/390
骨万歲（火長）
8/43　8/47
17 骨君塊（衛士）
7/47
21 骨貞表
5/206
22 骨利幹
7/466
24 骨德嵩
4補/20
36 骨邏拂斯（遊弈首領）
9/104
37 骨祿子
10/122　10/204
42 骨桃仁
6/49

44骨苟子
  7/400
71骨阿持(邏人)
  2/332
72骨氏(張雛子妻)
  4/228
  骨☐
  4/89

屄

47屄歡子
  4/130

7724₇ 履

67履明
  10/223
  履☐(尉)
  7/95

7726₄ 居

  居(官吏)
  3/105
  居(作人)
  3/141
  居
  6/383
17居子(僧)
  2/92
  居子
  5/9 5/10
22居俧抴(即伽那設)
  4/135
23居織☐(鐵師)
  3/256 3/258
77居居
  4補/32

胳

47胳奴(作人)
  5/134

屠

77屠兒胡
  2/39

7727₂ 屈

24屈德
  7/492
60屈思賓
  8/434
77屈兒(作人)
  3/138
  屈闍栍殳浮鋉
  4/134
86屈知
  4/75

屈□子
4/190

7736₄ 駱

00 駱意
10/27
10 駱元亮
8/256
48 駱敬仙（作人）
9/56　9/57

7740₁ 聞

聞（尉）
7/397

7742₇ 舅

77 舅母
5/277　5/278　5/281
5/283　5/286　5/289
5/291　5/294　5/301

7744₀ 開

37 開通（僧）
2/220　2/221

7744₇ 段

24 段結（火內人）
8/40

30 段富
6/382　6/387
34 段洪（作人）
9/33
92 段判官
10/98　10/99　10/194

段□
4/27

7750₈ 舉

舉
4/18
舉（官吏）
6/559
21 舉仁
6/390　6/391　6/396
57 舉搥
4/18
71 舉阿婆
6/162
77 舉兒
2/219　6/393　6/394
6/397

皐
77 皐皐（小僧）
2/145

7760₂ 留

00 留牽（縣尉）
　10/23

7760₄ 闇

92 闇唖
　7/421

7771₇ 鼠

鼠
　6/384
鼠（木匠）
　6/466
17 鼠子
　4/35
40 鼠女
　8/98
鼠□史
　4/12

7777₇ 閻

00 閻庭
　10/49　10/243
21 閻價奴（馬子）
　10/213
39 閻淡交
　8/434

46 閻駕奴（驢子）
　10/58
閻駕奴（馬子）
　10/94
閻駕奴（槽頭）
　10/167　10/168
48 閻増
　1/169
55 閻典禳
　3/167
80 閻含
　1/170

7778₂ 歐

76 歐陽惠（守令）
　9/97

7780₁ 興

興（幢）
　1/140
興
　2/122
興（僧）
　3/330
44 興老（將）
　2/45

7780_6 賢

賢(僧尼)
　2/84　2/92
賢(僧)
　2/145
賢
　2/362　5/236　7/141
20 賢信(僧)
　2/143
24 賢德
　7/26
26 賢保
　3/29
30 賢遮(作人)
　3/135
40 賢坊(參軍)
　2/293
80 賢義(僧)
　2/223　2/238
賢首(僧)
　2/142

7790_4 桑

桑(字令葉)
　3/64
21 桑師祐
　3/134
30 桑遮(將)
　5/8
桑遮咘(將)
　5/51
44 桑苟(明威)
　4/167　4/169
47 桑奴(作人)
　3/135
60 桑思利(傔人)
　9/61　9/62　9/63

7821_2 陁

30 陁容(婢)
　7/460
75 陁肆
　6/366

7823_1 陰

00 陰文行
　7/446　8/315
04 陰護
　6/254
10 陰正(府)
　7/242
陰瓌
　10/30　10/32　10/44
12 陰延伯
　3/241　6/277

陰延歡	24陰仕信
3/36	3/136
陰延明(僧)	陰德伯
4/44	3/141
陰延憧	26陰伯
6/493	3/294
陰延□	陰保相(屯田吏)
6/278	5/4
13陰武仕	27陰名子(前官)
6/47	7/444
陰武達(衛士)	30陰永(里正)
7/216	6/573
17陰承保	陰永
8/392	6/575
20陰住海	陰守賀(倉督)
7/396	10/159
21陰行	陰安師
6/344	6/496
陰行感	陰安奴
8/26	6/329
陰師	32陰近伯
3/99	4/259
陰師子	36陰裨佳
8/25	4/137
22陰崇子	陰邐
4補/64	6/111
23陰伏波	38陰海(主帥)
3/138	6/199

39陰沙弥子
　3/216
　陰沙□
　6/105
40陰才感
　7/446
　陰女郎
　3/23
44陰苟子
　3/240
　陰世晈(酒泉令)
　3/291　3/292
46陰相
　6/343
　陰相願
　4/189
47陰歡龍
　7/384
　陰歡護
　3/286
　陰歡子
　4/129
　陰歡德
　6/415
　陰歡懷
　4/2
　陰胡奴
　5/44

50陰忠順
　8/388
53陰感子
　7/451
　陰感成
　7/176
55陰曹曹(里正)
　4/215
60陰黑兒
　2/283
　陰是蕁
　7/446
　陰景陽(鍊師)
　9/138
67陰嗣瓌
　10/13　10/22　10/23
　10/36
　陰照
　7/421
71陰阿康
　7/446
　陰阿孫(大女)
　7/474
　陰阿集
　4補/64
　陰阿保
　3/328
　陰辰保

8/395
陰匡
5/216
76陰駒居子
4/190
陰駒駒
4/189
77陰尼(僧)
2/323
陰隆會
4/258
80陰慈順
8/257
陰善(令)
7/79
陰善珍
7/104
陰善懷
4/136
陰倉子
7/446
86陰智五
7/446
90陰小義
8/511
陰惟良
8/390
陰憧祀

7/396
陰米□
4/89
97陰煥子(客曹參軍)
4/63
陰□(門下校郎)
2/209　2/212
陰□(作人)
3/138
陰□(官吏)
5/3
陰☒
2/286　3/159　3/168
3/293　4/191　4補/25
4補/37　5/197
陰☒(侍郎)
3/196
陰☒(酒泉令)
3/287　3/299
陰☒(隊正)
5/215

7922₇勝

勝
2/120
勝(女)
7/130
30勝安(主簿)

2/183
勝安(僧)
2/235
34勝達(僧)
4補/57
35勝連(小女)
6/101
37勝軍
5/91
44勝英(僧尼)
2/238
47勝妃
5/10
50勝惠(僧)
2/222

79勝勝(婢)
7/463
98勝悦(僧)
4/48
勝□(僧)
4/50

7923_2 滕

50滕惠(北僧)
2/148

7931_1 䟽

䟽(長史)
1/123　1/134　1/136

8010₁ 亼

亼□(僧)
2/141

8010₄ 全

28 全倫(僧)
2/69
67 全明(僧)
2/147

8010₇ 益

益
2/125
21 益順(僧)
2/74
27 益衆(僧)
2/69

8010₉ 金

22 金山
5/277　5/278　5/279
5/281　5/283　5/286
5/287　5/303　5/304
5/306　5/309
26 金皇(宋重英妻)
3/180
30 金寶

5/288　5/307　5/309

8020₇ 今

90 今光(尼)
2/165

8021₁ 羌

77 羌兒
1/78
羌兒母
1/78

8030₇ 令

令
2/133　8/5
00 令康
4/133
04 令護(諫議)
4/159　4/162　4/164
4/166　4/170
20 令住
8/6
令秀(主簿)
2/42
28 令倫(僧)
2/237
30 令富(僧)
4/45

34令達(校尉)	令狐玩
6/557	1/90
42令狐鹿尾(衞士)	令狐玩(步稍)
7/216	1/172　1/173
令狐高貞(佐史)	令狐蠶生
6/576	1/122
令狐慶	令狐延慶
8/438	3/41
令狐磨底	令狐延護
8/433	3/111
令狐磨塠	令狐延伯
7/444	4/19
令狐文歡	令狐延達
6/16	4/19
令狐亥達	令狐延海
6/550	6/364　6/378
令狐六郎	令狐延幢
8/390	4/169
令狐龍	令狐延相
8/404	4/18　4/19
令狐訽	令狐延明
1/149	4/87
令狐謙幼	令狐延□
3/34	3/35
令狐石	令狐建
7/400	6/16
令狐石智	令狐建行
7/403	8/256

令狐廻住
9/21
令狐醜
6/253
令狐醜仁
6/253　6/255　7/486
令狐君貞
7/396
令狐信(里正)
6/572　6/573
令狐受
1/197　1/198
令狐虔感
10/294
令狐處敬
8/441
令狐師
3/34
令狐貞信
8/34
令狐仙子(驢子)
10/183　10/184
令狐參軍
5/13
令狐伏護
7/450
令狐德守
2/342　2/344

令狐德養
3/32
令狐伯香(大女)
8/284
令狐伯意
4/19
令狐伯兒(北聽幹)
4/188
令狐衆賢
3/33
令狐僧海
4/239
令狐僧□
5/44
令狐守緒
6/454
令狐安定
7/174
令狐定忠(堰頭)
7/186
令狐宗
1/197
令狐婆
4/106
令狐洛塠
6/480
令狐資彌胡
4/133

令狐海行
7/356
令狐海幢
9/227
令狐海悦
4/87
令狐沙弥子
4/239
令狐太女（大女）
4/19
令狐才□（史）
7/291
令狐孝文
2/283
令狐孝忠（主簿）
2/35　2/37
令狐孝忠
8/391
令狐孝忠妻
2/35
令狐相伯
4/20
令狐相兒
4/129
令狐相□
5/111
令狐歡
8/294

令狐歡相
4/69　4/89
令狐歡悦
4/130
令狐泰女
4/19
令狐青□
2/323
令狐惠信
6/48
令狐忠
8/174
令狐奉先
8/391
令狐國
1/99　1/100　1/108
令狐顯仕
4補/63
令狐呼末
6/570
令狐阿部
5/17
令狐阿徼
4/130
令狐臣保
7/450
令狐氏（龍朱艮妻）
4/54

令狐氏(苟妻)
6/101
令狐翾
6/328
令狐隆仁
6/53
令狐隆貞
7/410　7/412
令狐隆明
4/54
令狐鼠鼻(武騎尉)
6/213
令狐萌□(史)
7/387
令狐慈敏(學生)
7/120　7/121
令狐善求
4補/20
令狐智達
4/106　6/213
令狐符利(匠人)
4/16
令狐小順
9/112
令狐惟孝
8/390
令狐懷意(前官)
5/114　5/140

令狐懷意
5/186　5/187　5/188
5/191　5/193　5/201
5/203
令狐□僧
3/250
令狐□達(前官)
5/114
令狐□
3/260　4/54　4/88
4/106　4/258　4補/32
6/254　6/439　7/183
9/111
令狐□(前官)
5/140
令狐□□
3/41　7/146　8/26
47令奴(作人)
3/144
50令忠(僧)
2/85
令□
8/457

8033₁無

27無怨
8/442
30無宜

8/442

8033₂ 念

17 念子
6/168
80 念念
8/317

煎

44 煎蘇獨
1/156

8033₃ 慈

慈(僧)
2/147
07 慈㫋□(里正)
6/573
21 慈仁(僧)
2/72
慈仁
7/179
50 慈惠(僧)
2/220
77 慈隆
9/210
80 慈善
9/208
90 慈憧

8/257
98 慈悦(道人)
4/182

8034₆ 尊

尊(僧)
2/235
尊
2/351　2/361
21 尊仁(僧)
2/95

8040₀ 父

21 父師
6/47　6/496　7/287

午

50 午忠(僧)
4補/10

8040₄ 姜

11 姜頭奴
7/327
26 姜儼(火內人)
8/48
27 姜將軍
6/137
30 姜富

1/172　1/173
38 姜海相（殺豬匠）
　　4/16
40 姜大
　　5/289　5/301
50 姜乇保（邐人）
　　2/331
　姜忠子
　　2/331　4補/20
71 姜阿尊
　　2/331
　姜阿父師
　　4/18
72 姜氏（令狐隆明妻）
　　4/54
　姜氏（万壽果母）
　　8/73
77 姜尾多
　　6/217
　姜尾□（殺豬匠）
　　4/16
　姜□
　　5/344

8041_3 毓

毓（功曹史）
　　1/66　1/67

8043_0 美

30 美容
　　6/387

8050_0 年

10 年五用（守捉押官）
　　9/41
　年□（子將）
　　8/416

8050_1 羊

10 羊天護
　　2/294
11 羊謩
　　10/14
17 羊疋
　　1/174
18 羊珍
　　6/46
40 羊希仲
　　10/315
　羊皮
　　3/29
　羊皮女
　　3/24　**3/25**
47 羊歡伯
　　3/44

8055₃ 義

義
2/42　2/124　2/129
2/131　5/308　8/393
9/220

義(僧)
2/88　2/142　2/229
2/235

00 義充(僧)
2/71　2/81

義文(僧)
2/70　2/145

義章(僧)
2/71

義辨(僧)
2/69　2/84　2/90
2/94

義辯(僧)
2/74

02 義訓(僧)
2/79

06 義親(僧)
2/76　2/82

17 義勇(小僧)
2/224

20 義秀(僧)
2/75　2/220　2/237

義雙(僧)
2/75

21 義仁(僧)
2/75

義行
7/348

22 義嵩(僧)
2/71

義仙(尼)
2/76

23 義峻(僧)
2/77　2/128

26 義保(僧)
2/226

27 義祭(僧)
2/222

28 義倫(僧)
2/72

30 義宣(參軍)
3/167

義安(北僧)
2/69

義安
2/286

義容(北僧)
2/141

義寶(僧)
2/80

31義遷(僧)
　　2/67　2/69
34義達
　　8/165
37義運(僧)
　　2/72
38義導(僧)
　　2/94
40義太(僧)
　　2/75
　義眞(僧)
　　2/76
46義相(僧)
　　4/44　4/48
47義起(僧)
　　2/67　2/74　2/85
　　2/219
　義超(僧)
　　2/69
50義惠(僧)
　　2/75
　義惠(小僧)
　　2/148
　義惠(僧尼)
　　2/158
　義忠(小僧)
　　2/221　2/224
　義奉(僧)

　　2/92
53義威
　　8/453
　義戒(僧)
　　2/69　2/150　2/235
60義曠(僧)
　　2/79
　義曠(尼)
　　2/79
　義思(僧)
　　2/142　2/150
61義顯(僧)
　　2/254
67義暎(僧)
　　2/124
71義願(僧)
　　2/79
　義願(尼)
　　2/100
77義賢(僧)
　　2/89
80義首(僧)
　　2/79　2/80
　義普(僧)
　　2/143
90義光(尼)
　　2/68
　義光(僧)

2/87
97義煥(大僧)
2/72
98義敵(僧)
2/83
義□(僧)
2/76　2/78　2/79
2/220　2/229　2/230
4/42　6/459
義□(小僧)
2/89

8060₁ 普

普(僧)
2/91
普(僧尼)
2/158
22普仙(僧)
2/73　2/80
23普綰(僧)
2/87
32普淨(僧)
2/149　2/222　2/229
37普潤(僧)
2/73　2/142
48普敬(尼)
8/73
50普惠(僧)

2/79　2/143　2/228
60普因(僧)
2/80
77普賢(僧)
2/237
80普首(僧)
2/79
普養(僧)
2/71　2/85　2/219
2/220
86普智(僧)
2/142
97普煥(僧)
2/80
普□(僧)
2/76　9/203
普□(尼)
2/114

首

首(僧尼)
2/238
44首英(小僧)
2/87　2/219　2/221
2/234
80首尊(僧)
2/75
首□(僧)

2/153

8060₅ 善

善
　3/101　3/137　5/93
善(僧)
　4/42
善
　4補/59
00善慶(僧)
　2/150
善慶
　3/48
04善護(僧)
　2/226　2/228
善護
　3/48
20善信(僧)
　4/44　4/48
善信(索師)
　4/52
善集(僧)
　2/71
21善順(録事參軍)
　4/272　4補/45　4補/47
善貞(僧)
　4補/54
25善佛保(邏人)

2/331
26善伯(吏)
　3/46　3/97
善伯(侍郎)
　3/105
善伯
　4/157　6/36
善得
　3/209
善保(禁防)
　3/107
善保
　4/175　5/181　8/395
34善祐(官吏)
　3/104
38善海(參軍)
　4/69
善海
　5/261
善道
　6/164
40善意(僧)
　2/142
善意(吏)
　3/102
善意(作人)
　3/136　3/138
善意

5/187
43善求(僧)
2/71
44善恭(僧)
2/85 2/224
　善英(僧)
2/143
46善相
2/292
47善歡
5/25 5/219 6/590
　善奴
3/216
　善好
3/49
48善敬(僧)
2/73
53善戒(僧)
2/72
55善豐(作人)
3/217
57善掃(參軍)
4補/54
60善思(尼)
2/224
　善因(僧)
2/148
71善願

3/54 3/220 5/137
　善願(僧)
4/48
77善覺(僧)
4/50
80善善(僧)
2/219
87善叙
3/49
90善懷
6/387
　善□(僧)
2/70 2/92 2/235
4/43 4/213
　善□(大僧)
2/92
　善□
3/48
　善□(主簿)
4/34

8060₆ 曾

曾
9/133
00曾立
10/42
30曾定德
8/256

46曾相元
　5/254
60曾思忠
　8/391
80曾金保
　8/391
　曾金寶
　8/435

會

會
　7/327

8060₇ 倉

42倉桃仁
　5/321

8071₇ 乞

24乞德
　4/94

8073₂ 公

公
　5/151
12公孫知基
　7/260
20公乘艾
　1/208

玆

20玆秀元(健兒)
　10/60　10/61
　玆秀□(馬子)
　10/60

養

養
　2/367　3/138　3/217
　3/218　6/373
25養生(侍郎)
　4/250　4/251
26養保(僧)
　4補/53
30養富(鐵匠)
　6/467
34養祐(僧)
　5/170
37養祖
　3/64
44養苟(將)
　3/103
47養胡
　2/363　2/364
50養申(作人)
　3/141
77養兒

3/36
養兒(參軍)
3/46
養兒(作人)
3/135
養□
3/264

8080₆ 貪

36 貪淂
    4補/31
貪淂珂寒(即貪汗可汗)
    3/259　3/260
貪淂提懃
    3/253　3/259
60 貪旱
    3/344
貪旱珂寒(即貪汗可汗)
    4補/25
貪□
    3/343

8091₇ 氣

40 氣力(婢)
    7/456

8211₄ 鍾

23 鍾俊(健兒)

    10/108　10/115　10/116
    10/177　10/178　10/200
90 鍾光俊(健兒)
    10/63　10/106　10/107
    10/108　10/109　10/110
    10/113　10/114　10/115
    10/116　10/200　10/220
鍾□(健兒)
    10/221

8242₂ 形

38 形海住
    4/133

8411₇ 銑

銑(字昌兒)
    3/182

8417₀ 鉗

10 鉗耳文表(衛士)
    6/42　6/43　6/44

8513₀ 鉢

鉢
    6/168　7/89

8640₀ 知

知(官吏)

5/220
知
6/383
21 知師
9/220
30 知富（部曲）
9/98
37 知過（官吏）
5/220
60 知是
6/464
73 知駿（道人）
1/181

8660₀ 智

智（僧尼）
2/85　2/159
智
3/98　4/294　6/219
7/300
00 智充（僧）
2/71
智度
1/193　1/194
智度（僧）
2/72　2/73　2/81
智度（尼）
2/114

智音（僧）
2/86
01 智顏（小僧）
2/222　2/232
02 智訓（僧）
2/73　2/76
04 智諱（僧）
2/90　2/235
08 智謙（小僧）
2/69
智謙（僧）
3/350
10 智玉（僧）
5/182
智元（僧）
2/75　2/78
智元（小僧）
2/92　2/155
智酉（僧）
2/92
智奇（師）
4補/6
智賈（道人）
5/154
12 智副（僧）
2/241
17 智瓊（僧）
2/72　2/258

智子(僧)	6/59
2/85　2/89	智寶(僧)
智勇(僧)	2/143
2/145　3/330	智宗(僧)
智勇(將)	2/69　2/90　2/156
3/102　4/160　4/164	2/222
4/170　4/173	33 智演(僧)
20 智秀(大僧)	2/246
2/71	智演(寺主)
智信(僧)	5/153　5/159
2/220	34 智達(衛士)
22 智仙(僧)	7/49
2/150	36 智暹(僧)
23 智俊(僧)	2/145
2/222　5/167　5/168	37 智通(僧)
24 智德(僧)	2/77　4/48
2/88	智通
27 智祭(僧)	8/493
2/262	智運(參軍)
智紹(僧)	2/46
2/71	智朗(僧)
28 智件(僧)	3/352
2/219	38 智海
30 智宣(僧)	4/266
2/220	智遵(僧)
智流(僧)	2/219　2/234
2/75	40 智太(僧)
智定	4/42　4/50

智才（寺主、僧）
　　8/487　8/488　8/490
智真（僧）
　　2/87　2/225
41 智甄（僧）
　　2/144
44 智藏（僧）
　　2/103　3/315
智甘（僧）
　　2/222
智林（僧）
　　2/95
46 智恕（僧）
　　2/92
智相（僧）
　　4/42　4/48
智相（師）
　　4/52
50 智惠（道人）
　　1/181
智惠（僧）
　　2/70　2/91
智忠（僧）
　　4補/10
51 智軒（道人）
　　2/281
53 智感（僧）
　　2/261

60 智最（僧）
　　8/486　8/487　8/488
　　8/490
智恩（僧）
　　2/222
智固（僧）
　　2/150
61 智顯（僧）
　　2/78　2/81
67 智明（僧）
　　2/75
71 智願（僧）
　　2/79
77 智隆（僧）
　　2/220
智周（僧）
　　2/72
智具（僧）
　　2/152
智賢（僧）
　　2/77　2/78
80 智人（匠人）
　　4/17
智全（僧）
　　2/70
智念（僧）
　　2/145
智慈（僧）

2/222　2/229
智會(僧)
2/85
88 智敏(僧)
2/77　2/136
97 智煥(僧)
2/79
98 智悦(僧)
2/221
智□(僧)
2/71　2/76　2/88
2/90　2/102　2/109
4補/59
智□(小僧)
2/153
智□(寺主)
3/215
智□(將)
4/166

8711₄ 鏗

鏗
6/470

8713₂ 錄

15 錄珠(婢)
9/33　9/34

8715₇ 錚

錚
9/128　9/129　9/130
9/131　9/132　9/133
9/134

8718₂ 欽

40 欽真(僧)
2/221　2/229

8742₇ 鄭

10 鄭旡忌
8/314
鄭旡念(鄭□女)
8/314
26 鄭伽子
3/257
28 鄭僧道(官吏)
3/74　3/75　3/82
3/85　3/87
34 鄭滿
7/334　7/339　7/341
7/342
38 鄭海石
6/387　6/417
鄭海仁
6/368　6/375　6/383

鄭海傳
3/280
鄭海兒
4/132
47 鄭歡進（衛士）
7/482
鄭歡臺
7/421
鄭歡柱
6/368　6/375
60 鄭思順
7/478
鄭是
8/308
71 鄭願海
6/49　6/368　6/375
7/421
鄭願柱
6/368　6/375
77 鄭隆護
7/44
鄭隆護（衛士）
7/482
鄭☒（史）
4/93
鄭☒
8/314
鄭☒☒

3/57

8762₇ 鄁

00 鄁慶崇
4/189
鄁玄嶷（健兒）
8/91
20 鄁住則（史）
7/328　7/335
24 鄁幼索
2/339
26 鄁臭兒
4/69
38 鄁海悅
4/67
40 鄁才☐
7/179
62 鄁則
7/334
鄁☐
3/239

8794₀ 叙

叙（典軍）
1/167
叙
6/171
叙☒（使）

4補/28

8810₁ 竺

00 竺玄忠
2/286　2/294
24 竺德安
3/37
　竺幼宣
4/168　4/170
25 竺佛圖
3/250　3/258
26 竺伯子(幹)
4/188
30 竺零兒
3/33
38 竺道□
4補/9
39 竺沙弥(畫師)
2/333
44 竺菌婢
2/284
　竺黃媚
1/172　1/173
46 竺相伯
4/160　4/166　4/169
50 竺惠兒
3/328　4/159　4/162
4/164　4/166　4/171

60 竺國雙
1/173
　竺園得
4/130
71 竺阿盧
5/115
　竺阿堆(畫師)
2/333
　竺□
3/216　3/220　3/324
3/325　4/162

8810₈ 笠

50 笠申祐
2/281

8812₁ 鎰

11 鎰頭
2/18

8822₀ 竹

00 竹玄過
10/284
　竹玄果
10/279
10 竹元易
8/438
　竹天養

8/436
　竹石住
　　7/174
　竹碓
　　5/275
13竹武秀
　　7/391
17竹承相
　　8/394
20竹住海
　　7/529　7/530
　竹住歡
　　7/492
　竹禿子
　　6/413
21竹仁嚴
　　8/391
　竹仁□(知踏官前成主)
　　10/157
　竹行
　　4補/43
　竹熊子
　　7/473　8/433
22竹仙童(錄事)
　　9/32
26竹伯良
　　9/152
27竹忽淹

　　6/50
28竹僧奴(衛士)
　　7/473
30竹守歡
　　7/490
　竹寶達
　　7/171
38竹海相
　　6/547
40竹士隆
　　6/570
　竹才通
　　8/252
　竹幢洛
　　5/211
　竹意相
　　6/536
　竹真楷(家令)
　　9/140
41竹甄連(大女)
　　7/508
　竹甄□(大女)
　　7/518
　竹楷
　　9/138　9/140
44竹茂林
　　8/433
　竹孝達

9/237

竹苟仁

6/256　6/420

47竹好

6/250

竹都柱

6/49

48竹故匿

6/48

50竹史才

7/327

竹奉琳(典)

10/228　10/229　10/231

10/240

56竹捉

6/244

60竹園德

6/262

61竹顯匊

8/97

63竹戰浩

7/396

69竹畔德(衛士)

7/473

71竹阿出

4/258

竹阿闍利

6/424

77竹尾

6/207

竹闍利

7/178

竹留師

8/23

80竹無冬(史)

9/28

竹慈心(竹伯良妻)

9/152

竹父師

7/171

竹善德

7/171

86竹知奴

6/169

90竹懷

6/344

竹炎子

7/274

竹□行(驛長)

4補/43

竹□

6/267

8822_7 第

88第第

4/12

8824₃ 符

10 符元祐（作人）
2/334
17 符孟忠
4/85
30 符憲（火內人）
8/41
90 符尚德
7/446

8834₁ 等

77 等覺（僧）
7/318

8854₀ 敏

敏（僧尼）
2/91
敏

2/120
2/122

8877₇ 管

55 管曹
8/318

8879₄ 餘

44 餘地（婢）
7/457

8880₆ 簣

簣□兒
2/316

8884₇ 簸

42 簸機（婢）
7/457

9000_0 小

17 小君
　5/161
20 小住
　9/21
21 小順
　9/150
22 小仙
　10/252
24 小德(尼)
　2/162
　小德(奴)
　6/120　8/77
　小德
　8/128　8/129
44 小葉(婢)
　7/462
45 小姊
　5/288　5/290　5/291
　5/293　5/297　5/301
　5/303　5/304　5/306
　5/309
47 小奴(奴)
　7/459
50 小忠
　8/391
53 小戒(大智妹)
　8/403
60 小圈(奴)
　8/311
　小□
　8/317

9001_4 憧

21 憧仁
　6/550
23 憧峻
　6/119
90 憧憧
　6/486
　憧□
　6/434

9003_2 懷

懷
　4/116　5/194
00 懷慶
　2/366
17 懷習(僧)
　9/203
18 懷珍(僧)
　2/251
　懷珍(官吏)
　3/105
20 懷信

7/9
　懷受(吏)
　　3/46　3/97
　　3/102
21懷順(參軍)
　　3/103
　懷儒
　　4補/50
　懷儒(僧)
　　4/166
22懷嵩(參軍)
　　4/180
26懷伯(侍郎)
　　3/89
28懷儉
　　7/80
34懷滿(明威)
　　4/160　4/164　4/167
　　4/170
　懷祐(吏)
　　3/102
　懷祐(將)
　　4補/60
38懷道(僧)
　　9/203
40懷真(僧)
　　2/90
46懷相

6/195
52懷哲(僧)
　　4/42　4/48
53懷感
　　6/568
67懷明
　　4/183
　懷明(虎牙)
　　4/192
71懷願
　　3/48
　懷願(諫議)
　　3/114
77懷隆
　　3/49
80懷養(明感)
　　4/184
　懷□(侍郎)
　　3/105

9021₁ 光

光(僧尼)
　2/86　2/87　2/160
　2/231
光(僧)
　2/91　2/154　2/157
光
　2/137　2/138

光（官吏）
　10/256
光（客僧）
　2/256
02光訓（僧）
　2/79
14光琦（參軍攝户曹）
　9/103　9/106
43光載
　9/120
44光英（小僧）
　2/79　2/141
47光妃
　2/63
53光輔
　10/244　10/256
60光思（僧）
　2/76
61光顯（僧）
　2/87
79光勝（僧）
　2/82
80光義（僧）
　2/88　2/125　2/132

9021_8 党

47党起（健兒）
　10/212　10/214　10/215

党超（押官）
　10/189　10/190　10/192
50党奉起（健兒）
　10/212　10/215

9022_7 尚

尚（尼）
　7/318
21尚仁藥
　8/435
40尚大賓（押官）
　10/59　10/60　10/212
50尚忠
　3/29
60尚思□
　7/53
72尚臘生
　1/203
尚□
　7/144

常

10常二
　5/277　5/278　5/281
　5/283　5/285　5/288
　5/292　5/302　5/304
　5/306　5/309　5/310
12常延珍

4/168
17 常子昂（馬子）
　　10/58
20 常住
　　10/42
　常秀期（馬子）
　　10/92　10/93　10/210
　　10/211　10/216
40 常大郎（槽頭）
　　10/59　10/60
47 常期
　　10/93

9033_1 黨

25 黨積善
　　5/106
72 黨氏（護母）
　　4/56
　黨氏（雙護妻）
　　4/56

9073_2 養

21 養師
　　2/286
47 養胡
　　2/290
　養☐
　　3/14

9060_6 當

　當（奴）
　　8/20

9080_1 糞

26 糞得
　　2/122
47 糞培（作人）
　　3/135
57 糞掃（僧）
　　2/69　2/72

9080_9 炎

69 炎畔陁（棧頭大官使）
　　3/253

9090_4 米

00 米文行（衛士）
　　6/574
23 米俊（使）
　　10/190
32 米巡職
　　7/8　7/9
34 米祫勿（火内人）
　　8/44
37 米禄山
　　9/27

40 米意
6/111
44 米薄鼻
8/438
60 米昇幹
10/100
71 米長史
10/60
72 米氏（高沙弥妻）
4/12
米氏（何七娘母）
5/318

9103₂ 悵

17 悵子
6/346
42 悵姚
4/38

9128₆ 頫

50 頫惠（僧）
2/143

9250₀ 判

30 判官
10/60

9306₀ 怡

30 怡寶

8/256

9406₅ 憎

憎
1/36

9408₁ 慎

慎（主簿）
7/87
28 慎微
10/225

9596₆ 糟

26 糟臭
4/238

9705₆ 惲

惲（火内人）
8/48

9721₄ 耀

01 耀頌（小僧）
2/147
21 耀仁（僧尼）
2/94
22 耀嵩（僧）
2/70   2/71
37 耀通（僧尼）

2/145
40耀真（僧）
2/98
44耀英（僧尼）
2/87
耀英（尼）
2/250
90耀光（僧）
2/136

9801₆ 悦

悦（功曹史）
1/124　1/135
悦（主簿）
1/132
悦（録事参軍）
1/138
悦
3/48　3/271　4/192
17悦子
5/61
20悦受
3/48
21悦佰
4/195
46悦相（虎牙）

4/173

9802₁ 愉

愉
7/80

9802₇ 悌

悌（主簿）
1/200

9910₃ 瑩

瑩（典軍主簿）
1/132

9950₂ 挙

挙
3/159

9990₄ 榮

18榮珍（吏）
3/97　3/107
24榮德
3/184
榮☐
10/239

地 名 索 引

0021₁ 鹿

77鹿門
　2/184　2/364　2/365
　2/366　2/367　3/26
　4/188

0021₄ 雍

32雍州
　6/38

0022₇ 方

00方亭戍
　7/183　8/219

高

11高頭(烽)
　8/202
30高寧
　3/29　3/57　3/91
　3/138　3/239　3/335
　4/153　4/187　4/193
　4補/10　4補/38　4補/52
　4補/60　4補/65　6/245
　6/258　6/259　6/260
　10/264
高寧鄉
　8/403　8/405　8/407
高寧渠
　6/244　6/265
高寧城
　5/2　10/264　10/294
　10/295　10/297
高寧縣
　1/142　1/165　2/13
　3/200
31高渠
　4補/64　6/246　9/154
40高寺
　4補/9　4補/55　4補/57
60高昌
　1/181　1/210　2/16
　2/24　2/35　3/364
　3/89　3/218　3/270
　3/271　3/272　3/273
　3/307　3/308　4/173
　4/193　4/266　4補/8
　4補/18　6/70　6/280

6/304　6/394　6/424
8/113

高昌郡
　1/14

高昌大城
　2/63

高昌城
　2/65　2/215　2/217

高昌縣
　1/14　1/131　4/253
　5/268　6/11　6/72
　6/79　6/132　6/193
　6/195　6/197　6/404
　6/410　6/426　6/525
　6/559　6/560　6/561
　6/587　7/17　7/37
　7/87　7/93　7/129
　7/142　7/165　7/224
　7/270　7/271　7/365
　7/379　7/392　7/394
　7/396　7/465　7/466
　7/468　7/484　7/486
　7/497　7/504　7/506
　7/507　7/524　7/530
　7/551　8/2　8/34
　8/110　8/144　8/165
　8/176　8/182　8/185
　8/186　8/238　8/239

8/337　8/341　8/357
8/414　8/433　8/436
8/448　8/495　8/500
9/27　9/28　9/51
9/56　9/57　9/70
9/106　9/107　9/109
9/118　9/125　9/190
9/214　10/124　10/231
10/281

育

80 育善府
　6/43

0023_2 康

40 康寺
　2/330　3/50　4/47
　4/159　4/164　4/168(?)
　4/170

60 康國
　7/389

0024_1 庭

32 庭州(鎮)
　6/548　6/553　6/576
　7/8　7/9　7/92
　7/171　7/172　7/174
　7/180　7/323　7/403

7/502　9/158

0024₇ 慶

32慶州營
　8/188

0024₇ 厚

77厚風里
　7/551

0025₆ 庫

庫
　8/441

0026₇ 唐

17唐司馬祠
　1/76
40唐寺
　4補/59
60唐昌觀
　9/144

0028₆ 廣

60廣昌寺
　2/323　4補/50

0040₁ 辛

31辛渠
6/250　6/251　6/252
48辛場
　2/243

0040₈ 交

31交河
　3/89　3/90　3/91
　3/92　3/93　4/180
　4補/64　7/270　7/272
　7/394　8/101　8/293
　8/385　8/387　8/423
　8/494　9/194　10/150
交河府
　5/142
交河郡
　2/28　3/89　3/132
　4/124　8/514
交河郡都督府
　10/55　10/76　10/86
　10/92　10/113　10/124
　10/189　10/208　10/229
交河城
　5/2　7/330
交河縣
　4/120　6/207　6/303
　6/560　7/1　7/6
　7/20　7/42　7/56
　7/270　7/271　7/395

7/408　7/417　7/421
7/504　8/10　8/73
8/176　8/178　8/179
8/180　8/274　8/414
8/419　8/422　9/52
9/118　9/251　10/56
10/165　10/234　10/235
10/243

交河倉
10/56　10/57　10/166

交河館
10/226　10/234　10/235
10/236

32交州都督府
8/137　8/138

0073₂ 玄

24玄德門
4/129　4/130

77玄覺寺
7/67　7/73　7/550
8/75

81玄領寺
2/184

0090₆ 京

32京兆府
8/416　9/27　9/60

9/61　9/64

0121₁ 龍

26龍泉縣
4/124

44龍勒府
10/2

77龍興寺
9/23

龍興觀
9/23

0261₈ 證

16證聖寺
6/587　9/23

0292₁ 新

77新興
4/74　4/115　6/244
7/406　7/415　7/417
8/193

新興谷
9/107　9/109

0464₇ 護

30護密
6/596

0466₀ 諸

53諸成
　3/138

0742₇ 郭

40郭寺
　2/148　4補/58

0762₇ 部

31部渠
　6/258

0844₀ 敦

96敦煌
　2/35
敦煌郡
　10/2
敦煌縣
　8/168

0864₀ 許

40許寺
　2/330　5/182

1010_1 三

27 三危
　7/239
64 三時府
　6/42　6/43

正

正
　8/34
10 正平府
　6/43

1010_3 玉

31 玉河軍
　6/476
77 玉門關
　9/26　9/33　9/35

1010_4 王

31 王渠
　4補/64　5/252　7/194
　7/512　7/522　8/407
37 王祁村
　5/320
40 王寺
　2/293　2/330　4/74
　4/159　4/163　4/169
　5/178　5/181　5/183
71 王阿勒寺
　5/176

㐷

26 㐷吳（即伊吾）
　2/283

1010_7 五

38 五道鄉
　6/410
44 五塔寺
　2/330　2/370

1010_8 豆

21 豆盧軍
　7/229　7/233　7/236
　7/240　7/243　7/244

靈

32 靈州都督府
　8/137

1011_3 疏

44 疏勒
　2/18　6/596　7/172
疏勒軍
　7/141

疏勒道
 7/174 7/175 8/280
 8/281 8/282
疏勒鎮
 7/224

1020_0 丁

80丁谷
 4/193
丁谷天
 2/39
丁谷寺
 4/159 4/163 4/164
 4/170 4/193 5/244

1021_1 元

40元寺
 3/332 9/24

1022_7 兩

60兩園谷
 7/360

1024_7 夏

20夏集府
 10/2 10/4

1032_7 焉

44焉耆
 1/212 7/171 7/403
 8/177 9/86 10/165
 10/290
焉耆軍
 10/67 10/68
焉耆都督府
 7/524

1040_0 于

77于闐鎮
 7/224

1041_0 无

90无半縣
 2/29

1043_0 天

22天山
 4/266 4/272 7/465
 8/146 8/164 8/176
 8/476 10/211 10/227
天山府
 6/564 7/42 7/47
 7/323 9/3 9/4
 9/5 9/6 9/7

9/16　9/18

天山軍
　8/441　10/59　10/68
天山坊
　9/77　10/209　10/210
　10/215
天山縣
　4/271　6/404　7/426
　7/516　8/17　8/147
　8/177　8/500　9/74
　9/75　9/76　9/77
　9/78　9/82　9/94
　9/95　9/96　9/135
　10/6　10/23　10/117
　10/119　10/234　10/235
天山縣倉
　10/227　10/235
天山倉
　10/226　10/227
天山館
　10/92　10/94　10/96
　10/97　10/98　10/100
　10/102　10/151　10/209
　10/210　10/211　10/212
　10/216　10/217
30天宮(寺)
　5/170
80天公園

　3/291　3/292

1060₀石

30石宕渠
　3/195　4/224　5/70
　5/85　5/87　6/263
　7/192　7/196　7/421
　7/430　7/432　7/439
　7/453　10/264　10/265
　10/296
60石國
　10/2
80石舍
　7/321　7/340　7/347
　10/60　10/63　10/65
　石舍館
　10/64　10/149　10/226
　10/235　10/236

西

00西主寺
　4/159　4/162　4/164
　4/170
西庭
　8/212
西京
　5/266
11西北坊

1060₀—1080₈

    3/164 4/67
17西郡
    3/64
27西崛寺
    9/172
30西窟
    3/195
  西窟寺
    8/79
32西州
    5/11 5/237 6/412
    6/414 6/470 7/8
    7/9 7/33 7/221
    7/224 7/389 7/395
    7/502 7/524 7/551
    8/236 8/296 9/5
    9/27 9/29 9/42
    9/48 9/49 9/50
    9/60 9/62 9/64
    9/126 9/152 10/6
    10/23 10/290
  西州都督府
    4補/40 6/499 6/502
    6/529 7/86 7/103
    7/126 7/142 7/316
    7/365 8/56 8/63
    8/70 8/82 8/86
    8/219 8/493 8/502

    9/27 9/51 9/71
    9/104 9/199 9/236
  西州營
    8/43 8/47
38西海縣
    9/126 9/152
40西南坊
    3/134 3/135 3/137
  西支渠
    7/258
43西域道
    6/412

1064₈ 碎

44碎葉鎮
    7/224

1073₁ 云

10云王寺
    4/260

雲

76雲陽縣
    6/38 9/61

1080₆ 賈

40賈寺
    4/168 4/170

1090₄ 粟

50 粟未義寺
  2/330

1111₀ 北

北
  8/34
00 北廳
  2/184 2/332 2/364
  2/365 2/367 4/188
北庭
  7/337 7/517 8/86
  8/198 8/212 9/59
  9/61 9/63 9/66
  9/67 9/135 10/60
  10/68 10/74 10/94
  10/165 10/168 10/183
北庭府
  7/513 7/523 8/179
北庭都護府
  7/324
07 北部
  4/224
北部渠
  6/256 6/259 6/260
  6/265
08 北許寺
  4/159 4/162(？)
  4/166 4/169 4/188
31 北渠
  5/117 6/120 6/121
40 北寺
  2/330
72 北劉都寺
  4/165 4/168 4/170
  5/182
83 北館坊
  8/182

1112₀ 珂

30 珂寒浮圖
  3/289
珂寒寺
  4補/27

1123₂ 張

00 張玄隆寺
  5/177
13 張武儹寺
  4補/64
17 張孟典寺
  4/170
31 張渠
  6/406 6/426 6/428
  7/279 7/407 7/426

7/430　7/434　10/296
34張法開寺
　5/178
40張寺
　2/143　2/330　3/2
　3/205　3/207　3/333
　4/159　4/162　4/165
　4/166　4/170　4/212
　4/259　4/263　4補/10
　4補/20　4補/53　5/167
　5/168　5/181　5/182
　5/183
　張寺潢
　7/406
50張掖縣
　9/35
71張阿忠寺
　5/176　5/178
　張辰師寺
　5/182
80張令寺
　4補/58
　張□舉寺
　4/145

1133₁ 悲

60悲田寺
　7/67

1166₁ 磧

10磧石
　9/12　10/199　10/200
　10/201　10/204　10/205
　10/210　10/211　10/214
　10/215　10/216　10/223
　10/227
磧石戍
　8/221
磧石館
　10/92　10/94　10/95
　10/97　10/100　10/101
　10/113　10/119　10/120
　10/121　10/122　10/151
　10/226　10/227　10/235

1173₂ 裴

40裴寺
　5/177

1219₄ 璟

璟
　4/115
31璟渠
　6/247　6/248　6/249
　6/257　6/261　6/266
　6/267　6/268

1223₀水

49水帮寺
  4/164

弘

00弘文館
  5/267
30弘寶寺
  4/40 4/42 4/44
  4/46 4/48 4/50
  4/52
48弘教里
  7/117
90弘光寺
  4/164 4/166 4/170

1240₁延

40延壽里
  1/59 1/176
77延興門
  5/320

1241₀孔

30孔進渠
  2/326 3/71 3/195
  4/222 4/226 5/18
  5/76 5/78 6/267
  7/426 7/432 8/237
  8/315 8/317
40孔寺
  5/183

1249₃孫

40孫寺
  4/213

1314₀武

21武衛寺
  4/159 4/169 5/181
43武城
  3/216 4/147 5/155
  6/165 8/17
  武城鄉
  4/215 4/238 4/244
  5/35 5/57 5/59
  5/76 5/80 5/84
  5/87 5/92 5/113
  5/114 5/117 5/122
  5/140 5/145 5/164
  6/16 6/172 6/193
  6/201 6/270 6/422
  6/427 6/430 6/444
  7/370 7/400 8/252
  8/431 8/441 8/442
  8/454

武城渠
 3/310 7/407 7/423
武城門
 4/130
53武威
 8/501
武威郡
 3/64
60武昌府
 7/334

1315₀ 職

43職城
 6/434

1364₇ 酸

50酸棗
 7/342
酸棗戍
 7/323 7/324 8/219
 9/59 9/60 9/61
 9/64 9/65
酸棗館
 10/61 10/63 10/64
 10/65 10/73 10/227

1540₀ 建

76建陽門

 4/129 4/130

1568₈ 磧

40磧內鎮(?)
 7/346 8/427

1610₄ 聖

08聖議寺
 4/168 4/171
28聖儀寺
 4/166
80聖義寺
 4/165

1664₀ 碑

90碑堂
 2/362 2/363 2/364

1710₇ 孟

90孟常書寺
 5/181

1712₇ 耶

44耶勒烽
 8/222

1714₀ 珊

77珊丹縣

9/75

1720₇ 弓

77 弓月城
 6/471 6/472 6/473
 6/474 6/475 6/476
 6/477

1723₂ 承

35 承禮鄉
 7/117 8/284

1750₈ 鞏

20 鞏統寺
 4/168

1762₀ 司

71 司馬寺

3/332

1766₂ 磂

10 磂石
 10/208

1771₀ 乙

10 乙耳烽
 8/209

1790₄ 柔

34 柔遠里
 8/113

1814₀ 政

67 政明寺
 3/328 4/159 4/164
 4/170 5/183

2023₂ 依

77 依賢里
  8/284

2026₁ 信

46 信相寺
  3/330

2033₁ 焦

37 焦郎中寺
  5/181

2091₄ 維

00 維摩
  10/253
  維摩戌
  8/128 8/219

2108₆ 順

80 順義鄉
  4/21 4/83 5/87
  6/271 6/272 6/389
  6/424 6/432 6/513
  6/572 6/591 7/192
  7/196 7/276 7/277
  7/453 8/34 8/252
  8/261 8/438 8/440
  8/441 8/442 8/453
  9/179 10/286
  順義里
  4/83

2121₇ 伍

44 伍塔寺
  3/328 4/166

虎

53 虎威玉寺
  4補/57

2122₀ 何

60 何國
  2/283

2122₁ 衛

40 衛寺
  4/212

2124₁ 處

77 處月
  6/187

2191₁ 紀

21 紀行馬寺
  3/370 3/371

2198₆ 纘

22纘嶺
  6/504

2213₂ 棃

00棃府
  7/105

2221₄ 崔

40崔寺
  5/7

2222₇ 岗

40岗寺
  8/101

2224₁ 岸

11岸頭府
  6/329 6/354 6/446
  6/447 7/26   7/58
  8/289 9/12   9/58
  9/63   9/68

2271₁ 崑

72崑丘道
  6/213 7/174

2290₁ 崇

16崇聖寺
  9/24   9/25
20崇信府
  8/198
24崇化鄉
  4/228 6/17   6/404
  6/406 6/408 6/410
  6/416 6/417 6/418
  6/421 6/422 6/424
  6/432 6/520 6/572
  6/587 7/370 7/388
  7/400 7/468 7/484
  8/440 8/441 8/453
  8/454 8/455
30崇寶寺
  8/81   9/23
31崇福寺
  8/171 8/489 8/496
  8/497 10/264 10/267
  10/296
48崇教坊
  7/380
77崇賢館
  7/551

2290_3 紫

47 紫極宮
　　10/283

2294_4 綏

53 綏戎
　　3/64

2300_0 卜

40 卜寺
　　4/159　4/162　4/167
　　4/169

2320_0 外

21 外伍塔寺
　　4/160　4/162　4/170
30 外窟
　　3/195　4/159　4/170

2397_7 綰

55 綰曹寺
　　4/169　4補/55

2474_7 岐

岐囗
　　7/113

2500_0 牛

40 牛寺
　　4補/9　5/170　5/171
　　5/182

2522_7 佛

60 佛圖渠
　　4補/64

2590_0 朱

40 朱寺
　　4補/55

2600_0 白

12 白水
　　9/68
白水屯
　　7/345
白水鎮
　　7/42　8/219
31 白渠
　　6/253　6/255　10/297
37 白澗屯
　　7/372
40 白寺
　　2/330　3/53　3/331
　　4/74

43 白城
　　8/93
44 白地渠
　　6/243　6/246　6/251
　　6/255　6/259　6/260
　白芳
　　1/65　1/86　1/142
　　1/144　1/151　1/153
　　2/14　3/95　4/187

2623₂ 泉

80 泉谷
　　8/128

2633₀ 息

47 息塢
　　3/195

2641₃ 魏

67 魏略渠
　　8/240

2643₀ 吳

40 吳寺
　　4補/57

2690₀ 和

　和
　　8/442
10 和平里
　　4/83　6/348
17 和子落寺
　　5/183
18 和政府
　　8/198
20 和信鎮
　　8/176
21 和虎威寺
　　3/30
37 和郎中寺
　　4/168　4/169

2691₄ 程

40 程寺
　　5/183

2711₇ 龜

80 龜茲
　　1/181　1/187　4/294
　　6/471　7/173

2712₇ 歸

18 歸政府
　　6/42　6/43　6/44
24 歸德鄉
　　8/438　8/441　8/442

歸□里
　8/284

2723₄ 侯

40 侯寺
　2/330

2725₂ 解

40 解寺
　5/183

2725₇ 伊

10 伊吾軍
　8/194　8/195　8/199
　8/205　8/206　8/209
　8/212　8/213　8/217
　8/218　10/21　10/23
　10/26
32 伊州
　5/17　6/78(?)　6/81
　6/156　7/92　7/323
　8/186　8/212　8/493
　9/40　9/42　9/45
　9/47　9/62　9/63
　9/217
40 伊坊
　8/178　8/179
44 伊地具烽

　8/213　8/217

2728₁ 俱

00 俱六守捉
　8/197
　俱六鎮
　10/34

2730₃ 冬

31 冬渠
　6/172

2732₇ 烏

44 烏蘭關
　9/33
80 烏谷鋪
　8/210

2748₂ 歘

40 歘坊
　7/380

2762₀ 句

36 句汩城
　7/221

2792₇ 移

32 移浮瓠門頭(即嚩囐)

2/294

2795₄ 絳

17絳郡
　10/2

2826₆ 僧

32僧祈寺
　4補/57
40僧寺

2/143

2829₄ 徐

32徐州
　9/195

2871₁ 嵯

23嵯峨鄉
　9/61

3010₁ 空

80 空谷
　7/243

3011₄ 潼

77 潼關
　9/33

3012₃ 濟

31 濟源縣
　4/271

3019₆ 涼

00 涼府
　8/138　9/61
32 涼州
　1/116　6/84　7/267
　9/233

3020₁ 寧

40 寧大鄉
　5/107　6/16　6/418
　6/522　6/568　6/570
　6/573　6/590　6/591
　7/358　7/400　8/442
53 寧戎
　3/92　4/180

寧戎鄉
　4/115　4/220　4/221
　5/57　6/16　6/195
　6/573　7/400　7/406
　8/252　8/439　8/453
寧戎寺
　7/550
寧戎驛
　6/570　7/97
60 寧昌鄉
　5/85　5/92　5/111
　6/16　6/197　6/568
　6/570　6/572　6/573
　7/194　7/385　7/396
　7/400　7/508　7/514
　7/516　7/518　7/520
　7/526　7/528　7/529
　7/530　7/551　8/34
　8/438　8/441　8/442
　8/453　8/457
寧□鄉
　5/252

3022₇ 廨

22 廨崇寺
　2/294

3023₂ 永

10 永平府
 7/259
26 永和坊
 7/380
30 永安
 2/361　7/337
　永安縣
　　3/26　3/28　3/29
　　3/92　3/95　3/138
　　3/291　3/335　4/124
　　4/180　4補/6　4補/18
　　4補/19　4補/22　4補/64
　永安倉
　　10/56
　永安公主寺
　　4/159　4/164　4/167
　　5/181
60 永昌
　4/296
　永昌縣
　　3/91　3/92　3/93
　　3/159　3/208　4/180
　永昌谷
　　4/129　4/130
77 永隆寺
　　4/20　4/168　4/170

7/320

3026₁ 宿

21 宿衛寺
　2/294　2/296

3040₄ 安

10 安平鄉
　7/259
　安西
　　6/412　6/434　6/437
　　6/472　6/473　6/474
　　6/475　6/476　6/479(?)
　　7/67　7/362　9/40
　　9/60　9/63　9/64
　　9/101　9/135　10/74
　安西鄉
　　4/116　6/17　6/270
　　6/408　6/572　7/194
　　7/197　7/400　7/524
　　8/34　8/314　8/359
　　8/361　8/362　8/364
　　8/438　8/454
　安西大都護府
　　7/323　7/324　7/499
　　9/64
　安西坊
　　8/74

安西都護府
  6/6 6/11 6/66
  6/78 6/84 6/470
  7/5 7/20
安西鎮
  6/546 6/547 6/549
  6/550 6/551 7/174
  7/176 7/224(?)
  9/52 9/54 9/59
11安北都護府
  8/137
22安樂鄉
  8/34
安樂坊
  7/380 7/509
安樂城
  5/2 7/504 8/73
  8/285
安樂里
  7/470 8/314 8/359
  8/362 8/364
安樂縣
  3/27 3/28 3/91
  3/92 3/127 3/138
  3/291 4/124 4/153
  4補/6 4補/14 4補/19
  4補/22
38安海
  8/138
40安寺
  4補/6 5/183
53安戎
  3/64
60安昌
  8/26 8/147 8/157
安昌城
  8/152 8/153 9/13
  9/65
安昌縣
  3/131 4/124
安昌館
  8/507

3043₀ 突

52突播山
  8/128
71突厥
  5/39 6/465 6/476
  8/293(?) 9/104
74突騎施
  8/86 8/87 10/2

3060₅ 宙

40宙寺
  2/142 2/149

3090₄ 宋

31 宋渠
　　4補/65　6/245　6/258
　　8/168
40 宋寺
　　4補/53　4補/55　4補/56
　　4補/59
71 宋阿□寺
　　5/182

3112₀ 河

11 河頭
　　5/57　6/434　6/436
40 河南縣
　　4/269
71 河陌里
　　1/186

3112₇ 馮

28 馮僧保寺
　　3/195
40 馮寺
　　2/330　2/337　5/170
　　5/175

3116₀ 酒

26 酒泉
　　6/244　6/246　6/247
　　6/248　6/249　6/250
　　6/251　6/252　6/257
　　6/258　6/259　6/266
　　6/267　10/250　10/297
酒泉郡
　　3/64
酒泉城
　　6/525　6/527　10/264
　　10/296　10/303
酒泉縣
　　3/287　3/291　3/292
　　3/299

3126₆ 福

32 福州
　　9/31　9/33　9/34
　　9/36　9/37　9/38
福州都督府
　　9/33
40 福寺
　　3/372

3133₂ 憑

37 憑洛守捉
　　8/197

3214₇ 浮

42浮桃寺
　4補/12

3412₇ 滿

12滿水渠
　8/318

洿

44洿林城
　3/91　3/92　3/93
　3/95　3/146　4/187
　4補/15　4補/17　4補/22
　4補/64　5/2　7/318
　洿林縣
　3/291　3/327　4/124
　5/8　5/103

3413₄ 漢

53漢戌
　10/73

3414₇ 波

27波色多烽
　8/213
33波演寺
　3/328　4/167　4/169

42波斯
　2/24　2/60　3/267
　4/32　6/547　6/553
　6/555
波斯道
　7/394　7/395

3418₆ 潰

31潰渠
　6/105　6/106　6/107
　6/119　6/120　6/121

3430₄ 達

71達匪驛
　4補/45　7/96
達匪館
　10/83　10/86　10/90
　10/149(?)　10/227
　10/238

3490₄ 柴

21柴頂碑
　4/47

3512₇ 清

22清山
　2/39

3520₆ 神

08 神謙寺
　5/178
10 神石渠
　6/243　6/245　6/246
　6/251　6/258　6/260
22 神山守捉
　8/197
　神山烽
　7/271
23 神狀
　8/206
26 神泉館
　10/228　10/238　10/239
30 神安里
　7/259

3521₈ 禮

00 禮讓里
　4/84

3530₉ 速

46 速獨烽
　8/202　8/203

3612₇ 渭

31 渭源府
　6/504

3711₁ 泥

04 泥熟烽
　8/202

3711₂ 汜

40 汜寺
　3/71　4補/65　5/176
47 汜都寺
　4/160　4/166　4/169
　5/182

3712₀ 澗

10 澗下
　4補/54

3715₆ 渾

　渾
　2/285

3716₄ 洛

32 洛州
　4/269　5/11　6/394
　6/399
76 洛陽縣
　9/197

3721₄ 冠

55 冠曹塢
　3/41

3730₇ 追

24 追犉寺
　4/167
31 追福寺
　8/318
34 追遠寺
　5/183
44 追世寺
　4/159　4/165　4/170

3772₇ 郎

50 郎中寺
　4/69　4補/20　4補/56
　8/405

3812₇ 汾

78 汾陰縣
　5/105

瀚

38 瀚海
　7/502
　瀚海軍
　　9/5　9/30　10/57
　　10/168

3815₇ 海

海
　1/131　1/146

3830₄ 遵

53 遵戒寺
　9/23

3830₆ 道

00 道府
　6/43
40 道坊
　5/331
60 道口寺
　5/178

3912₀ 沙

32 沙州
　4/289　7/267　7/524
　9/26　9/40　9/41
36 沙澤
　6/504
41 沙堰渠
　7/415　7/432　10/281
　10/282　10/284　10/286

3912。

10/311
47沙坞渠
6/261

78沙陁
8/494

4000₀ 十

十
6/568

4001₁ 左

07左部
6/158　10/297

左部渠
5/80　6/243　6/244
6/245　6/246　6/250
6/251　6/253　6/254
6/255　6/259　6/260
6/261　7/418　7/428
7/514

21左衛寺
4/162　4/165　4/166
4/171

30左官渠
4補/65　7/433

40左寺
4/160　4/162　4/170
4補/53　10/295

4002₇ 力

31力渠
5/159

4003₀ 大

10大王渠
5/248

大震關
9/33

11大張寺
2/142　4/164　4/169(?)

17大司馬寺
4/160　4/169　5/175

21大順府
6/43

大順坊
7/380

27大候府
6/43

34大池府
6/42　6/43

44大韓寺
3/372　4/168　4/169
5/175

47大塢
1/65　2/39

76大陽津
5/267

太

10太夏郡

3/64
太平鄉
6/568　6/573　7/192
7/392　7/394　7/508
8/438　8/440　8/457
35 太清府
7/221
72 太后寺
5/183

4010₀ 土

77 土門谷渠
6/107

4012₇ 坊

32 坊州
7/259　9/52　9/55
9/56

4022₇ 南

10 南平
6/305　6/500　7/107
8/156　10/275
南平郡
4/124
南平鄉
6/404　7/298
南平城

7/107
南平縣
2/37
26 南伯塔☐
4補/57
27 南魯塢
8/315
31 南渠
4/59　5/154　6/119
6/170　6/444
67 南路塢
7/418　8/175
72 南劉都寺
4/197　5/175
76 南陽
9/255
10/6
77 南門帝
3/216

4033₁ 赤

00 赤亭
5/145
赤亭坊
8/182　8/183　10/83
赤亭館
10/151　10/228　10/238
赤亭鎮

8/219　9/60　9/64
9/65　9/101
赤亭烽
　4/94　4/95　4/96
　4/97　4/98　4/100
　4/101　4/102　4/103
　4/104
22赤山(烽)
　7/330
80赤谷
　4/129

4040₇ 支

40支寺
　4補/10

李

40李寺
　4補/60

孛

22孛山頭
　5/319　5/327

4060₀ 右

21右衛寺
　3/195　4/159

4064₁ 壽

60壽昌縣
　7/524

4071₀ 七

24七德寺
　9/152

4090₃ 索

31索渠
　7/430　8/317
37索郎中寺
　5/183
40索寺
　3/53　3/199　4/213
　4補/64

4094₁ 梓

22梓嶺
　9/194

4191₀ 桓

10桓王寺
　2/143　2/144　2/148

4196₀ 栖

10栖靈寺

3/241

4198_6 槙

80槙谷
　4/129

4252_1 斬

40斬寺
　4補/53

4292_7 橋

40橋寺
　3/301　5/177

4299_4 櫟

76櫟陽縣
　6/38

4323_2 狼

17狼子城
　7/174
26狼泉驛
　4補/43　7/96
55狼井
　8/219

4346_0 始

60始昌城

5/2
始昌縣
　2/29　3/290

4410_4 董

40董寺
　3/328
80董令寺
　5/183

4410_7 藍

60藍田
　9/195

4411_2 范

40范寺
　3/328　4/159　4/162
　4/169
76范陽郡
　8/438

4412_7 蒲

22蒲川
　9/194
32蒲州
　5/105
35蒲津關
　9/33

52蒲刺海
　9/194
60蒲昌
　7/157　7/394　8/186
　8/430　8/431　8/432
　9/65
蒲昌府
　5/251　6/410　7/58
蒲昌城
　8/431
蒲昌縣
　4/91　4/92　4/93
　4/94　4/95　4/96
　4/97　4/98　4/100
　4補/40　4補/43　7/95
　7/301　7/530　8/59
　8/284　8/409　9/97
　9/98　9/100　9/101
　9/116　9/117　10/252
蒲昌縣槽
　10/150
蒲昌縣倉
　10/226
蒲昌館
　10/82　10/226　10/228

4412_9 莎

43莎城部

　6/258　6/259

4416_1 塔

40塔(寺?)
　4補/57

4421_4 花

26花泉烽
　8/203

4439_4 蘇

40蘇寺
　2/330

4440_6 草

36草澤
　8/128
草澤堤堰
　9/107
47草塠館
　10/83　10/150　10/227

4440_7 孝

48孝敬里
　1/14

4442_7 萬

40萬壽寺

8/72

4443₀ 樊

31 樊渠
2/336　4/249　7/522
8/2　8/34　10/266
10/275　10/296

40 樊寺
2/141　3/33　5/175

4445₆ 韓

20 韓統寺
4/159　4/162　4/164
4/167　4/170

30 韓安孫寺
5/182

40 韓寺
2/330　4/263　5/182

韓□寺
5/183

4450₄ 華

31 華源縣
9/60　9/64

32 華州
7/81

4460₄ 苦

12 苦水
9/41

苦水戍
8/221

苦□（渠）
6/105

4462₇ 苟

30 苟家觜
5/328

4477₀ 甘

26 甘泉
10/192

32 甘州
9/35　9/37　9/38
9/75

4480₆ 黃

40 黃寺
3/333

4490₀ 樹

10 樹石
6/283

40 樹支寺

5/181
樹□（渠？）
8/2

4491₀ 杜

31 杜渠
　6/246　7/417　7/512
　7/522　8/34　8/241
　10/262　10/264　10/265
　10/296
30 杜進寺
　4補/57

4491₄ 桂

00 桂府
　8/138

4498₆ 橫

43 橫城門
　4/129
　橫截
　　3/91　3/92　3/93
　　3/95　10/252
　橫截城
　　5/2
　橫截縣
　　1/131　1/142　1/198
　　4/180

4499₀ 林

22 林川縣
　4/180

4621₀ 觀

　觀
　　8/34
00 觀音寺
　5/318

4691₄ 椑

44 椑林烽
　8/222
47 椑塌烽
　8/203　8/209

4692₇ 楊

00 楊府
　8/139
40 楊寺
　2/330　4補/56

4712₇ 塢

44 塢者（即焉者）
　3/291　4/133　4/134
　4/135　7/93

4713₇ 塠

97 塠烽
　　7/51

4718₂ 坎

43 坎城
　　7/328

4742₇ 麴

40 麴寺
　　2/147　3/53　3/328

4762₀ 胡

00 胡麻井
　　6/420　7/370
　　胡麻井渠
　　6/253　6/254(?)
　　6/255　7/415　7/432
10 胡天
　　2/184　3/57
21 胡虜渠
　　10/297
38 胡道
　　4/222　4/224　4/225
　　胡道渠
　　7/418　8/318
43 胡城
　　7/466
80 胡乍城
　　6/434
　　胡☐
　　8/2

4762₇ 都

27 都鄉
　　1/14　1/89
37 都郎中寺
　　5/181
71 都歷嶺
　　7/224

4792₀ 柳

11 柳頭烽
　　8/217
34 柳婆縣
　　2/29
50 柳中屯
　　8/258
　　柳中縣
　　4補/43　4補/45　5/164
　　5/251　6/66　6/67
　　6/411　7/98　7/117
　　7/218　7/394　7/419
　　7/506　8/112　8/117
　　8/176　8/179　8/240

8/241　8/242　8/294
8/312　8/403　8/405
8/407　9/12　9/52
9/54　9/110　9/216
10/76　10/86　10/248
10/250　10/294
　柳中倉
　　10/152
　柳中館
　　10/149　10/226
80柳谷
　　7/465　7/466
　柳谷館
　　10/64　10/68　10/70
　　10/148　10/168　10/186
　　10/226　10/234　10/235
　　10/236
　柳谷鎮
　　7/345　8/219　8/221

4841_7 乾

40乾坑戍
　9/135
　乾坑烽
　　8/222

4844_0 教

教

8/34

4864_0 故

00故亭烽
　8/203　8/213　8/214

4892_0 枌

31枌渠
　10/303

4892_1 榆

44榆樹渠
　4/222　4/224　4/225
　4/253　8/318　9/172

4893_2 松

28松齡寺
　2/197

4942_0 妙

24妙德寺
　5/183

4980_2 趙

10趙元夏寺
　5/178
17趙孟季寺
　5/168

32趙浮桃寺				4補/54	5/8	5/168
3/331				5/181	5/182	
40趙寺				60趙里賢寺		
2/312	2/330	3/307		5/176		
3/308	3/309	3/310		71趙厠之寺		
3/331	3/333	4/160		3/195		
4/164	4/166	4/168		90趙光義寺		
4/170	4/195	4補/36		5/177		

5000_6 中

00 中主寺
 4/165 4/168 4/170
 5/183
07 中部縣
 7/259
31 中渠
 5/157

史

40 史寺
 2/323 3/51 3/331
 5/25 5/172
80 史令寺
 4/159 4/166 4/169

申

10 申石渠
 10/297
77 申屠祀
 9/154

串

40 串寺
 4補/55

車

40 車寺
 4補/58

5010_6 畫

40 畫寺
 3/195 5/182

5022_7 青

22 青山烽
 8/203
76 青陽門
 4/128

肅

32 肅州
 6/131

5033_6 忠

40 忠寺
 5/173

5071_7 屯

00 屯亭渠
 6/120
11 屯頭渠
 7/418 7/428 8/318

5090₂ 棗

44 棗樹渠
  4/253 7/421 7/443
  10/297

5090₄ 秦

00 秦府
  7/102 8/138
32 秦州
  9/233
43 秦城府
  6/43 6/44

5090₆ 東

00 東高渠
  4補/65
08 東許寺
  4/159 4/162 4/164
  4/170
11 東北坊
  5/70 5/74
15 東礦館
  10/77
21 東熊陸嶺
  6/504
30 東塞
  4/109
31 東渠
  3/280 4/225
40 東南坊
  3/133
東寺
  3/291
東支渠
  8/168
47 東都
  7/316 8/138 8/140

5103₂ 據

50 據史德城
  6/434

5204₇ 撥

57 撥換城
  6/434

5225₇ 靜

21 靜慮寺
  7/550 9/24
31 靜福府
  6/127

5320₀ 威

35 威神
  3/91 3/93 3/238

4/180
威神城
5/262
威神縣
2/13

5560_0 曲

77曲尺
 4/188 4補/37

5560_6 曹

40曹寺
 4/170 4補/59 5/169
 6/107
80曹令寺
 3/71

5608_1 提

44提懃寺
 3/51

5703_2 揔

00揔玄觀
 8/287

5802_7 輪

40輪臺
 9/36 9/38
 輪臺縣
 10/127 10/143 10/155
 10/158 10/160

5803_1 撫

37撫軍寺
 3/54

6010₄ 里

44 里蒿渠
7/428

墨

00 墨離川
7/234　7/235

墨離軍
7/253　7/254

6010₇ 疊

00 疊底渠
7/417

6021₀ 四

27 四角
7/444　7/448　7/450

6033₀ 思

45 思魗□寺
4/69

6040₀ 田

40 田寺
3/330　4補/9　4補/53
5/170　5/173　5/181
5/183

44 田地
1/53　2/184　3/27
3/29　3/30　3/89
3/138　4/179

田地縣
1/87　1/131　1/132
1/146　1/155　2/13
4/180　4/193　4補/8
4補/9　4補/10　4補/17
4補/20　4補/22　4補/64
5/242

田地公寺
4/159　4/162　4/164
4/170

6060₀ 呂

90 呂光（館）
10/200　10/201

昌

60 昌邑
6/522

62 昌縣
3/218　3/287

6072₇ 曷

69 曷畔戍
8/219

6073_1 曇

56 曇暢寺
　　5/183

6080_6 員

40 員寺
　　4/160　4/162　4/164
　　4/166　4/170　5/171

6091_4 羅

04 羅護坊
　　10/81　10/83
　　羅護館
　　10/149　10/228　10/238
40 羅寺
　　3/290

6212_1 跰

67 跰躍寺
　　8/242

6233_9 懸

26 懸泉
　　7/243　9/41

懸泉鄉
　　7/230

6401_0 吐

80 吐谷渾
　　7/233　7/234　7/239

6624_8 嚴

40 嚴寺
　　4/168
71 嚴馬寺
　　4/160　4/164　4/167
　　4/170　5/182

6650_6 單

10 單于大都護府
　　8/137

6702_0 明

97 明烽
　　8/213　8/217

6706_2 昭

31 昭福寺
　　7/147

7034₁ 驛

71 驛馬縣
　3/64

7121₁ 隴

10 隴西縣
　8/42
40 隴右
　9/56　9/57　9/58
　10/13　10/24　10/40

7122₀ 阿

10 阿西王寺
　4補/58
40 阿查勒
　8/202

7129₆ 原

32 原州
　9/234

7132₇ 馬

馬
　6/568　8/34
11 馬頭堆
　1/54
40 馬寺

　2/296　3/328　4補/57
　4補/59　10/8　10/258
　10/290　10/295　10/300
　10/301　10/305　10/309
　10/314
41 馬帳史潢
　6/244
47 馬埓
　7/370
　馬埓渠
　7/415　7/418　7/421
　7/432　8/171
50 馬忠遏寺
　2/330

7171₁ 匡

31 匡渠
　4/40　7/428　7/512
　10/303

7173₂ 長

30 長安
　8/496　9/197
38 長祚府
　10/2

7210₀ 劉

40 劉寺

2/149　4補/10　4補/53
4補/56　5/172　5/182
77劉居渠
　4補/64

7223₀ 瓜

32瓜州
　6/127　7/233　7/236
　7/247　9/42
瓜州都督府
　9/40

7240₀ 删

77删丹縣
　3/64

7274₀ 氐

38氐道
　3/180

7422₇ 脇

30脇空亭澤
　4補/65

7529₆ 陳

40陳寺
　3/195　6/246

7621₀ 颶

38颶海道
　6/504

7621₃ 隗

40隗寺
　4補/17　5/182
67隗略渠
　4補/64

7622₇ 陽

62陽懸
　8/146

7714₈ 闢

40闢寺
　3/195　3/280　3/331
　5/181

7721₄ 隆

40隆寺
　5/168

7722₀ 同

80同谷郡
　10/2　10/4

周

40周寺
　5/182

門

00門帝
　3/217　5/115

7722₇ 骨

62骨咄祿鋪
　8/210

7744₁ 開

77開覺寺
　7/550　9/23

7780₆ 賢

30賢遮塢
　3/195

7810₇ 鹽

32鹽州
　8/176　9/234
34鹽池戍
　9/41

36鹽澤鄉
　8/284
43鹽城
　3/27　5/196　5/197
　5/199
　鹽城縣
　2/29　3/91　3/93
　4/153　4/187

7823₁ 陰

40陰寺
　2/323　5/171　5/181
　5/183

7831₂ 馳

22馳嶺
　8/129

7876₆ 臨

22臨川
　3/91　3/92　3/93
　臨川城
　7/517
32臨洮軍
　9/57　9/58

8000₀ 八

77 八尺渠
 7/258

8010₉ 金

00 金章門
 4/128　4/130
22 金山道
 7/173　8/281
31 金福門
 4/129
34 金滿縣
 9/62　9/66
39 金娑縣
 10/68　10/167
43 金城縣
 9/27
　金城關
 9/33
71 金牙軍
 7/224
　金牙道
 7/175

8022₁ 前

00 前庭府
 5/142　6/213　6/225
 6/410　6/414　6/560
 7/28　7/29　7/45
 7/48　7/58　7/389
 8/376
　前庭縣
 10/6　10/258　10/261

8030₇ 令

42 令狐寺
 3/314　3/332　4補/58

8055₃ 義

　義
 7/400

8060₁ 普

30 普濟張寺
 2/330
67 普昭寺
 9/24

8060₅ 善

26 善和寺
 5/172
40 善寺
 2/330

8060₈ 谷

53 谷戍
　　8/219
60 谷里
　　2/39

8073₂ 公

00 公主寺
　　2/143　3/195　4/260
　　7/443

8315₀ 鐵

77 鐵門關
　　9/40

8418₁ 鎮

43 鎮城
　　7/221

8660₀ 智

17 智勇寺
　　3/331

8713₂ 銀

22 銀山
　　10/203　10/209　10/210
　　10/211　10/212　10/214
　　10/215　10/216　10/217
　　10/223

銀山戍
　　8/219　8/221

銀山館
　　10/93　10/94　10/95
　　10/96　10/97　10/99
　　10/100　10/101　10/102
　　10/107　10/113　10/119
　　10/120　10/121　1//151
　　10/210

8718₂ 欽

32 欽州
　　8/138
欽□
　　8/138

8742₀ 朔

32 朔州
　　8/137

8742₇ 鄭

40 鄭寺
　　5/183

8762₇ 鄯

32 鄯州

7/101
80鄯善
　1/212

8810_1 竺

40竺寺
　3/333

8822_1 箭

48箭幹渠
　9/107

8822_7 簫

27簫鄉軍
　6/476

8834_1 等

20等愛寺
　8/101

8872_7 節

80節義坊
　6/5

9000₀ 小

00 小康寺
  4/47
10 小王村
  5/328
11 小張寺
  2/142 2/147
12 小水渠
  4補/64
22 小嶺谷
  8/128 8/129
36 小澤渠
  4補/64

9003₂ 懷

44 懷舊府
  6/138

9022₇ 尚

22 尚樂寺
  3/328
40 尚寺
  4補/59
77 尚賢鄉
  7/194 8/34   8/430
  8/438 8/441 8/443
  8/455 8/457

常

22 常樂
  9/41

人名地名筆畫索引

一畫

乙 1771₀ 432

二畫

丁 1020₀ 54
七 4071₇ 242 449
九 4001₇ 227
二 1010₀ 41
八 8000₀ 465
刀 1722₀ 114
力 4002₇ 227 447
十 4000₀ 447
卜 2300₀ 136 435

三畫

万 1022₇ 57
三 1010₁ 41 424
丈 5000₀ 309
上 2110₀ 126
于 1040₀ 58 425
千 2040₀ 123
乞 8071₇ 402
士 4010₀ 448

士 4010₀ 228
夕 2720₀ 162
大 4003₀ 227 447
女 4040₀ 233
子 1740₇ 115
小 9000₀ 413 468
尸 7720₇ 378
工 1010₂ 41
已 1771₇ 119
弓 1720₇ 111 432
才 4020₀ 231
戈 5000₇ 315

四畫

不 1090₀ 64
与 2112₇ 126
丑 1710₅ 106
中 5000₆ 457
之 3030₇ 178
云 1073₁ 62 427
五 1010₇ 424
互 1010₇ 53
亓 1022₁ 57
什 2420₀ 138

仁 2121₀ 126
仇 2421₇ 139
化 2421₀ 139
今 8020₇ 390
允 2321₀ 137
元 1021₁ 54 425
公 8073₂ 402 466
六 0080₀ 31
午 8040₀ 395
友 4040₇ 234
天 1043₀ 59 425
太 4003₀ 228 447
孔 1241₀ 99 430
尹 1750₇ 117
屯 5071₇ 322 457
戈 5300₀ 324
支 4040₇ 234 449
文 0040₀ 25
方 0022₇ 2 419
无 1041₀ 59 425
毛 2071₄ 125
水 1223₀ 430
父 8040₀ 395
牛 2500₀ 143 435

四畫—六畫

王	1010₄	41	424	宄	3041₇		183	亥	0080₂		31
戋	5000₀		309	尼	7721₁		378	仲	2520₆		144
亼	8010₁		390	左	4010₁	228	447	任	2221₄		133
				平	1040₉		58	伊	2725₇	166	437
				幼	2472₇		142	伍	2121₇	127	433

五　畫

世	4471₇		270	弘	1223₀	96	430	伏	2323₄		137
丘	7210₁		372	未	5090₀		322	休	2429₀		142
主	0010₄		1	正	1010₁		424	优	2021₇		121
丼	5500₀		327	氐	7274₀		463	兆	3211₃		196
仙	2227₀		134	永	3023₂	176	440	先	2421₁		139
仕	2421₀		139	氾	3711₂	211	444	光	9021₁		414
令	8030₇	390	465	玄	0073₂	29	422	全	8010₄		390
冬	2730₃	166	437	玉	1010₃		424	匡	7171₁	367	462
兄	6021₀		336	瓜	7223₀		463	同	7722₀		463
功	1412₇		104	瓦	1071₇		62	吕	6060₀	342	460
北	1111₀	64	428	甘	4477₀	270	452	吐	6401₀	348	461
去	4073₁		242	生	2510₀		144	各	2760₄		168
古	4060₀		242	田	6040₀	337	460	向	2722₀		163
句	2762₀		437	由	5060₀		321	因	6043₀		341
可	1062₀		62	申	5000₆	313	457	在	4021₄		232
叱	6401₀		348	白	2600₀	147	435	多	2720₇		162
史	5000₆	309	457	皮	4024₇		232	夷	5003₂		315
右	4060₀		449	目	6010₁		335	好	4744₇		291
司	1762₀	118	432	石	1060₀	59	426	守	3034₂		178
四	6021₀	335	460	纰	2271₀		135	安	3040₄	179	440
外	2320₀	137	435					年	8050₀		396
失	2503₀		144	**六　畫**				式	4310₀		250
奴	4744₀		291	交	0040₈		421	成	5320₀		324

扣	5600₀		334	佐	2421₁		139	形	1242₂		99
曲	5560₀	327	459	伯	2620₀		152	志	4033₁		232
有	4022₇		232	伽	2620₀		152	忍	1733₂		115
朱	2590₀	146	435	住	2021₄		121	戒	5340₀		325
次	3718₂		217	作	2821₁		169	李	4040₇	234	449
江	3111₀		192	何	2122₁	127	433	杜	4491₁	271	453
污	3112₇		195	佛	2522₇	145	435	杏	4060₉		242
百	1060₀		61	克	4021₆		232	步	2120₁		126
礼	3221₀		197	初	3722₀		217	汾	3812₇		445
竹	8822₀		409	利	2290₀		135	沈	3411₂		199
米	9090₄		416	删	7240₀		463	沉	3711₇		199
羊	8050₁		396	判	9250₀		417	沙	3912₀	225	445
老	4471₁		269	吴	2643₀	157	436	男	6042₇		341
耒	5090₀		322	君	1760₇		118	禿	2021₇		121
自	2600₀		152	坊	4012₇		448	究	3041₇		183
舌	2060₄		124	坎	4718₂		454	系	2090₂		125
行	2122₁		130	妙	4942₀	294	455	良	3073₂		185
西	1060₀	61	426	妨	4042₇		241	谷	8060₈		466
阢	1421₂		373	孝	4440₇	262	451	豆	1010₈	53	424
尧	5021₁		316	孛	4040₇		449	赤	4033₁	233	448
沆	3311₀		198	宋	3090₄	189	442	足	6080₁		344
丞	1790₂		119	宏	3043₂		183	車	5000₆	314	457
矛	1724₂		115	尾	7721₄		378	辛	0040₁	26	421
屹	2871₇		174	岐	2474₇		435	辰	7123₂		361
				岑	2220₇		133	酉	1060₀		61
七 畫				希	4022₇		232	里	6010₄	335	460
串	5000₆	314	457	延	1240₁	98	430	那	1752₇		117
亨	0020₇		1	廷	1240₁		99	邢	1742₇		116

阮	7121₁	356	奉	5050₃	321	易	6022₇		336
麦	5024₇	316	始	4346₀	250 450	昌	6060₀	343	460
壶	1010₈	53	姊	4542₇	275	朋	7722₀		381
妆	3414₇	206	孟	1710₇	106 431	肯	2122₇		131
囷	6073₈	344	季	2040₇	124	東	5090₈	323	458
庐	0025₇	23	孤	1243₀	100	林	4499₀	274	453
肥	7721₇	379	宗	3090₁	188	枝	4494₇		274
良	2680₀	158	定	3080₁	186	松	4893₂	294	455
			宜	3010₇	175	枌	4892₀		455
八畫			宙	3060₅	441	果	6090₄		345
事	5000₇	315	尚	9022₇	415 468	武	1314₀	103	430
京	0090₆	422	居	7726₄	382	沮	3711₂		210
佳	2421₄	139	屈	7727₂	382	河	3112₀	192	442
供	2428₁	142	岸	2224₁	434	波	3414₇	206	443
佺	2821₄	169	岳	7277₂	372	泥	3711₁	210	444
依	2023₂	122 433	岗	2222₇	434	法	3413₁		199
來	4090₈	248	帛	2622₇	153	治	3316₀		198
兒	7721₇	379	床	0029₄	25	泮	3915₀		226
兩	1022₇	425	弥	1729₀	115	炎	9080₉		416
典	5580₁	334	忠	5033₀	320 457	玢	1812₇		119
刮	2260₀	135	念	8033₂	395	盲	0060₁		29
卑	2640₀	155	怡	9306₀	417	知	8640₀		403
叔	2794₀	168	房	3022₇	176	祁	3722₇		218
受	2040₇	123	承	1723₂	114 432	祀	3721₇		217
周	7722₀	380 464	拔	5304₇	324	空	3010₁		439
和	2690₀	158 436	明	6702₀	353 461	竺	8810₁	409	467
呼	6204₉	348	旺	6101₄	347	羌	8021₀		390
奇	4062₁	242	者	4460₀	268	育	0022₇		420

花	4421₄	258 451	勇	1742₇	116	柱	4091₄	248
芳	4422₇	258	南	4022₇	232 448	柔	1790₄	432
虎	2121₇	433	叙	8794₀	408	柒	3490₄	443
表	5073₂	322	叚	1010₄	424	染	3490₄	208
近	3230₂	197	姜	8040₄	395	段	7744₇	383
邵	1762₇	118	姚	4241₃	249	毗	6101₀	347
金	8010₉	390 465	姿	3740₄	218	泉	2623₂	153 436
長	7173₂	368 462	威	5320₀	324 458	洪	3418₁	206
門	7722₀	380 464	客	3060₄	184	洿	3412₇	199 443
阿	7122₀	356 462	宣	3010₈	175	洛	3716₄	216 444
陀	7321₁	372	封	4410₀	251	敌	4864₀	455
陋	7821₂	385	峙	2474₁	142	政	1814₀	119 432
青	5022₇	316 457	巷	4471₇	270	珂	1112₀	64 428
盃	2710₇	162	帝	0022₇	8	珍	1812₂	119
咎	2760₄	168	度	0024₇	21	珊	1714₀	431
咻	6002₇	335	建	1540₀	105 431	皇	2610₄	152
屌	7722₇	439	廻	1640₀	105	相	4690₀	276
志	5033₀	316	彦	0022₂	1	衩	3724₇	218
			待	2424₁	142	祇	3224₀	197
九　畫			律	2520₇	145	秋	2998₀	174
亮	0021₇	1	思	6033₀	336 460	突	3043₀	183 441
信	2026₁	122 433	持	5404₁	326	紉	2792₀	168
侯	2723₄	164 437	昭	6706₂	355 461	美	8043₀	396
保	2629₄	154	春	5060₃	321	耶	1712₇	110 431
首	8060₁	399	昝	2360₀	138	胡	4762₀	292 454
冠	3721₄	217 445	曷	6072₇	460	胥	1722₇	114
前	8022₁	465	胐	7227₂	372	胤	2201₀	132
則	6280₀	348	柳	4792₀	293 454	苑	4421₂	257

苗	4460₀	268	俾	2624₀	153	恕	4633₀		275
若	4460₄	269	借	2426₁	142	息	2633₀	155	436
英	4453₀	268	党	9021₆	415	悦	9801₆		418
苟	4424₀	259	倉	8060₇	402	悌	9802₇		418
茂	4425₃	260	冥	3780₀	219	振	5103₂		323
范	4411₂	252 450	凌	3414₇	206	晁	6011₃		335
苦	4460₄	269 452	原	7129₆	462	時	6404₁		349
苟	4462₇	269 452	員	6080₈	345 461	晉	1060₁		61
旬	2762₀	168	哲	5260₂	324	晏	6040₄		341
貞	2180₆	132	哥	1062₁	62	朔	8742₀		466
迦	3630₀	210	唐	0026₇	23 421	朗	3772₀		219
郎	3772₇	219 445	夏	1024₇	57 425	柴	2190₄		132
韋	4050₆	242	奚	2043₀	124	案	3090₄		192
香	2060₀	124	娑	3940₄	226	桃	4291₃		250
枲	2790₄	168	娘	4343₂	250	栖	4196₀		449
泙	3712₇	216	姬	4141₆	248	桂	4491₄		453
柔	1723₂	115	孫	1249₃	100 430	桓	4191₆	248	449
厗	7126₇	361	家	3023₂	177	桑	7790₄		385
客	3060₁	184	容	3060₈	185	殊	1529₀		105
屌	0026₄	23	射	2420₀	138	氣	8091₇		403
彭	8242₂	403	峻	2374₇	138	泰	5013₂		316
眡	6404₇	349	師	2172₇	132	涉	3112₁		192
宙	3060₅	184	席	0022₇	8	浮	3214₇	196	443
			庫	0025₆	421	海	3815₇	219	445
十 畫			庭	0024₁	21 420	烏	2732₇	166	437
乘	2090₁	125	徐	2829₄	173 438	狼	4323₂		450
倫	2822₇	169	恩	6033₀	337	珪	1411₄		104
俱	2728₁	437	恭	4433₈	260	畔	6905₀		355

留	7760$_2$		384	軒	5104$_0$		323	啟	3864$_0$		225
益	8010$_7$		390	追	3730$_7$		445	圈	6071$_2$		343
真	4080$_1$		243	郝	4732$_7$		284	國	6015$_3$		335
破	1464$_7$		105	酒	3116$_0$		442	堅	7710$_4$		376
神	3520$_6$	208	444	馬	7132$_7$	363	462	堆	4011$_4$		231
祐	3426$_0$		206	骨	7722$_7$	381	464	埮	4717$_7$		282
祖	3721$_0$		217	高	0022$_7$	2	419	基	4410$_4$		251
祝	3621$_0$		209	厚	0024$_7$		421	婆	3440$_4$		207
秦	5090$_4$	322	458	痕	0015$_5$		1	寅	3080$_6$		188
純	2591$_7$		147	悁	2307$_7$		137	宿	3026$_1$		440
素	5090$_3$		322	赌	2406$_0$		138	尉	7420$_0$		372
索	4090$_3$	244	449	勖	0472$_7$		35	屠	7726$_4$		382
耆	4460$_1$		268	茞	4440$_0$		264	崇	2290$_1$	135	434
耿	1918$_0$		120	埨	4716$_0$		282	崔	2221$_4$	133	434
能	2121$_1$		127	富	3760$_6$		219	崑	2271$_1$		434
脍	7726$_4$		382	淨	3614$_1$		209	常	9022$_7$	415	468
胜	7421$_4$		373	晒	6102$_0$		347	庶	0023$_7$		21
脇	7422$_7$		463	粒	2091$_8$		126	康	0023$_2$	8	420
臭	2643$_0$		158	笭	3030$_7$		178	鹿	0021$_1$		419
致	1814$_0$		119	絃	2191$_1$		433	張	1123$_2$	65	428
草	4440$_6$		451	迪	3530$_6$		209	彪	2221$_2$		133
荊	4240$_0$		249					得	2624$_1$		15
茲	4473$_2$		270		**十一畫**			從	2828$_1$		173
虙	2124$_0$		131	乾	4841$_7$	293	455	御	2722$_0$		163
袁	4073$_2$		242	偘	2626$_0$		154	患	5033$_6$		321
訓	0260$_0$		34	勒	4452$_0$		268	悵	9103$_2$		417
財	6480$_0$		349	匐	2762$_0$		168	捻	5409$_1$		327
起	4780$_1$		293	厠	7122$_0$		361	採	5209$_4$		323

十一畫－十二畫

捧	5505$_3$		327	琟	1214$_1$		96	陳	7529$_6$	373 463
掬	5702$_0$		334	畦	6401$_4$		349	陶	7722$_0$	381
推	5001$_4$		315	祥	3825$_1$		221	魚	2733$_8$	167
救	4814$_0$		293	祭	2790$_4$		168	麥	4040$_7$	234
教	4844$_0$	293	455	移	2792$_7$	168	437	皱	1414$_7$	104
敏	8854$_0$		412	符	8824$_0$		412	莫	2343$_0$	135
斌	0344$_0$		34	第	2222$_7$		411	躭	2423$_0$	139
斛	2420$_0$		139	笠	8810$_8$		409	醫	2760$_1$	167
斬	5202$_1$		323	紹	2796$_2$		169	皋	7750$_8$	383
晚	6703$_4$		354	脩	2722$_7$		163	剧	7220$_0$	372
晴	6402$_7$		349	荷	4422$_1$		258	啣	6600$_0$	124
曹	5560$_6$	327	459	莊	4421$_4$		258	集	2043$_0$	350
望	0710$_4$		35	莫	4443$_0$		266	悉	5233$_2$	323
梁	3390$_4$		198	莎	4412$_9$		451	欷	2748$_2$	437
梓	4094$_1$		449	處	2124$_1$	131	433	袳	3722$_7$	218
梅	4895$_7$		294	袍	3721$_2$		217	跰	6212$_1$	461
梨	2290$_4$		136	許	0864$_0$	40	423			
淳	3014$_7$		176	貪	8080$_6$		403	## 十二畫		
淮	3011$_4$		176	速	3530$_9$		444	備	2422$_7$	139
淵	3210$_0$		196	逋	3330$_2$		198	傑	2529$_4$	146
淨	3215$_7$		196	連	3530$_0$		209	傅	2324$_2$	137
混	3611$_1$		209	通	3730$_2$		218	凱	2711$_0$	162
深	3719$_4$		217	逞	3630$_1$		210	割	3260$_0$	197
淊	3717$_7$		217	逐	3130$_3$		196	勝	7922$_7$	388
清	3512$_7$	208	443	郭	0742$_7$	35	423	善	8060$_5$	400 465
涼	3019$_6$		439	部	0762$_7$		423	單	6650$_6$	461
焉	1032$_7$		425	都	4762$_7$	292	454	喬	2022$_7$	121
現	1611$_0$		105	閆	7710$_1$		376	喚	6703$_4$	354

十二畫－十三畫

喜	4060₅	242	湯	3612₇	209	跋	6314₇		348
媚	4746₇	291	渠	3190₄	196	進	3030₁		177
富	3060₆	184	無	8033₁	394	逸	3730₁		218
寒	3030₃	177	焦	2033₁	122 433	開	7744₀	383	464
尊	8034₆	395	然	2333₃	138	陽	7622₇	375	463
彭	4212₂	249	猫	4426₀	260	隆	7721₄	379	463
惠	5033₃	316	琳	1419₀	104	雅	7021₄		356
惡	1033₁	58	琛	1719₄	110	雲	1073₁	62	427
悲	1133₁	429	甯	3044₇	183	順	2108₆	126	433
惲	9705₆	417	畫	5010₆	315 457	馮	3112₇	192	442
愉	9802₁	418	疏	1011₃	424	黃	4480₆	271	452
提	5608₁	334 459	程	2691₄	161 436	黑	6033₁		337
握	5701₄	334	等	8834₁	412 467	索	4090₃		248
揫	5703₂	459	粟	1090₄	64 428	躰	2424₃		142
敦	0844₀	39 423	粵	2620₇	153	需	1022₇		57
斯	4282₁	249	紫	2190₃	435	晉	1160₁		96
普	8060₁	399 465	結	2496₁	143	剴	6012₇		335
曾	8060₆	401	統	2091₃	125	鈗	8411₇		403
景	6090₆	346	絓	2491₄	143	鈗	8041₃		396
智	8660₀	404 466	菩	4460₁	268	傲	2824₀		169
期	4782₀	293	華	4450₄	268 452	惠	5033₆		321
棗	5090₂	458	衆	2723₂	163				
棧	4395₃	250	覃	1040₆	58	**十三畫**			
欽	8718₂	407 406	訶	0162₀	33	亶	0010₆		1
温	3611₇	209	訣	0563₀	35	傳	2524₃		146
渭	3612₇	444	買	6080₆	344	勤	4412₇		257
游	3814₇	219	賀	4680₆	275	園	6073₂		344
渾	3715₆	216 444	超	4780₆	293	塞	3010₄		175

塤	4713₇	282	454	照	6733₆		355	賈	1080₆	62 427
塢	4712₇		453	煎	8033₂		395	載	4355₀	250
塔	4416₁	257	451	瑒	1612₇		105	達	3430₄	207 443
嵩	2222₇		134	瑛	1713₄		110	遇	3630₂	210
嵯	2871₂		438	琿	1715₃		110	運	3730₅	218
幹	4844₁		294	當	9060₆		416	道	3830₆	221 445
廉	0023₇		21	碎	1064₈		427	鄒	2742₇	167
愛	2024₇		122	碑	1664₆	106	431	鉗	8417₀	403
感	5333₀		325	禄	3723₂		218	鉢	8513₀	403
意	0033₆		25	裓	3021₄		176	隗	7621₃	374 463
慎	9408₁		417	綏	2294₄		435	雍	0021₄	1 419
慈	8033₃		395	絲	2795₄		438	零	1030₇	58
敬	4864₀		294	群	1865₁		120	雷	1060₃	61
新	0292₁		422	義	8055₃	397	465	靳	4252₁	249 450
暉	6705₆		355	聖	1610₄		431	顧	7128₆	363
會	8060₆		402	肆	7570₇		374	鼠	7771₇	384
暖	6204₇		348	肅	5022₇		457	瑋	1414₁	104
暈	6050₆		342	腭	7624₀		376	筌	2751₄	167
楊	4692₇	277	453	舅	7742₇		383	颶	7621₀	463
楚	4480₁		271	萬	4442₇	264	452	養	9073₂	416
楨	4198₆		450	葛	4472₇		270			
榆	4892₁		455	葉	4490₄		271	## 十四畫		
楷	4196₁		248	葙	4496₀		274	僚	2429₆	142
業	3290₄		198	董	4410₄	251	450	僧	2826₆	169 438
歆	0768₂		39	解	2725₂	166	437	嘉	4046₅	241
源	3119₆		195	諛	0563₀		35	壽	4064₁	242 449
滔	3217₇		197	豊	5510₈		327	夤	2780₆	168
煞	2833₄		174	資	3780₆		219	實	3080₆	188

寧	3020₁	176	439	輔	5302₇		324	摩	0025₂		23
攜	5002₇		315	遠	3430₃		207	撥	5204₇	323	458
暢	5602₇		334	酸	1364₇		431	播	5206₉		323
榮	9990₄		418	錚	8715₇		407	撫	5803₁		459
歌	1768₂		119	銀	8713₂		466	樂	2290₄		136
滿	3412₇	199	443	需	1022₇		57	樊	4443₀	264	452
漢	3413₄	206	443	鞅	4553₀		275	標	4199₁		248
演	3318₆		198	韶	0766₂		39	模	4493₄		274
犖	9950₂		418	鳳	7721₀		378	歐	7778₂		384
瑱	1418₁		104	鼻	2622₁		153	滕	7923₂		389
福	3126₆	195	442	齊	0022₃		2	潘	3216₉		197
褆	3628₁		210	蒍	4432₇		260	潤	3712₂		216
端	0212₇		34	蒥	4462₇		269	潛	3116₁		195
管	8877₇		412					潢	3418₆		443
節	8872₇		467	**十五畫**				澗	3712₀		444
維	2091₄	126	433	僬	2022₇		121	潼	2021₄		439
綦	4490₃		271	僸	2828₆		173	璋	1014₆		54
綰	2397₇		435	價	2128₆		132	瑾	1411₄		104
緒	2496₀		143	劉	7210₀	368	462	璜	1219₄		429
翟	1721₄		111	嘿	6603₁		350	瑩	9910₃		418
聞	7740₁		383	墨	6010₄		460	磠	1766₂		432
臺	4010₄		231	履	7724₇		382	鳿	0712₇		35
蒙	4423₂		259	幢	4021₅		232	箭	8822₁		467
蒲	4412₇	257	450	廣	0028₆	24	421	綠	2793₂		168
蠅	5611₆		334	德	2423₁		139	練	2599₆		147
裴	1173₂	46	429	慶	0024₇	22	421	緝	2694₁		162
誠	0365₀		34	憘	9406₅		417	興	7780₁		**384**
趙	4980₂	296	455	憧	9001₄		413	舉	7750₈		**383**

蔣	4424₇	259	懋	4033₆	233	霍	1021₄		56
蔡	4490₁	271	戰	6355₀	348	靜	5225₇	323	458
蕁	4434₃	260	操	5609₄	334	頭	1118₆		65
褒	0073₂	31	據	5103₂	458	餘	8879₄		412
諸	0466₀	35 423	擅	5001₆	315	駱	7736₄		383
談	0968₉	40	曇	6073₁	343 461	駰	7636₂		376
賢	7780₆	385 464	橋	4292₇	450	駓	7931₁		389
質	7280₆	372	橫	4498₆	453	默	6333₄		348
踏	6216₃	348	樹	4490₀	271 452	龍	0121₁	31	422
輪	5802₇	459	獨	4622₇	275	龜	2711₇		436
遮	3030₃	177	獪	4826₆	293	篔	8880₆		412
鄧	1712₇	109	磧	1568₆	431	澗	3712₀		216
鄭	8742₇	407 466	盧	2121₇	127				
鄱	8762₇	408 466	磨	0026₁	23	**十七畫**			
鞏	1750₆	432	穆	2692₂	162	懃	4433₂		260
頡	4168₆	248	穎	2198₆	132	檜	4896₆		294
養	8073₂	402	衛	2122₁	130 433	檉	4691₄		453
駝	7831₂	464	親	0691₀	35	濟	3012₃	176	439
魯	2760₃	167	諸	0766₈	39	禪	3625₆		209
黎	2713₂	162	辨	0044₁	29	糟	9596₆		417
類	9128₆	417	璠	1216₉	96	糞	9080₁		416
瞀	1132₇	96	環	1619₆	105	績	2598₆		147
			遵	3830₄	221 445	縊	2792₀		161
十六畫			遺	3530₂	209	翼	1780₁		119
儒	2122₇	131	錄	8713₂	407	騰	7422₇		373
彊	1121₆	65	閻	7777₇	384	臨	7876₆		464
導	3834₃	225	閹	7760₄	384	薛	4474₁		270
憑	3133₂	196 442	隨	7423₂	373	襄	0073₂		31

謝	0460₀	34	弊	4444₄	266	譚	0164₈	33	
謙	0863₇	39	藉	4496₁	274	證	0261₈	422	
還	3630₃	210	薩	4421₄	258	贇	0380₆	34	
醜	1661₃	106	豐	2210₈	133	鏗	8711₄	407	
鍾	8211₄	403	轉	5504₃	327	隴	7121₁	462	
鎦	8812₁	409	鎮	8418₁	466	難	4051₄	242	
騎	4452₁	268	雙	2040₇	123	離	0041₄	29	
韓	4445₆	266 452	雞	2041₄	124	願	7128₆	362	
驛	7034₁	462	顏	0128₆	33	麴	4742₇	284 454	
鴻	3712₇	216	魏	2641₃	155 436				
齋	0022₃	2	檮	4494₂	274	**二十畫**			
襄	0073₂	31	儴	2023₂	122				
夒	1040₇	58				蘋	4488₁	271	
孼	3044₄	183	**十九畫**			嚴	6624₈	350 461	
臏	7222₇	372				懸	6233₉	461	
薁	3890₄	225	寶	3080₆	186	瀁	3918₁	226	
闒	7710₇	376	廬	0021₇	1	瓊	1013₂	53	
			龐	0021₁	1	寶	3080₆	186	
十八畫			懷	9003₂	413 468	簫	8822₇	467	
			櫝	4498₆	274	耀	9721₄	417	
戴	4385₀	250	櫟	4299₄	450	蘇	4439₄	261 451	
歸	2712₇	162 436	瀚	3812₇	445	蘭	4422₇	259	
瞻	6706₁	355	犢	2458₆	142	闞	7714₈	376 463	
磾	1166₁	429	璚	1714₇	110	黨	9033₁	416	
禮	3521₈	209 444	羅	6091₄	346 461				
職	1315₀	431	簸	8884₇	412	**二十一畫**			
藍	4410₇	450	藥	4490₄	271				
蕭	4422₇	258	藝	4473₁	270	巍	2241₃	135	
藏	4425₃	260	識	0365₀	34	纈	2198₆	434	
						護	0464₇	35 422	

二十一畫 — 二十五畫		
鐵 8315₀ 466	二十三畫	靈 1010₈ 53 424
雞 2742₇ 167	嚴 2224₈ 134	鹽 7810₇ 464
二十二畫	樂 2290₄ 136	二十五畫
權 4491₄ 273	顯 6138₆ 347	觀 4621₀ 275 453
歡 4728₂ 282	二十四畫	
疊 6010₇ 335 460	鼉 1113₆ 65	

唐西州高昌縣鄉里表

省稱	全稱	省稱	全稱	省稱	全稱	省稱	全稱
順	順義鄉	義			昌邑里		慕義里
歸	歸德鄉	庫			厚鳳里		永善里
大	寧大鄉	十			長善里		成化里
昌	寧昌鄉	馬			安樂里		德義里
西	安西鄉	教			淨泰里		仁義里
尚	尚賢鄉	正			六樂里		歸政里
化	崇化鄉	觀			忠誠里		尚賢里
城	武城鄉	和			長垣里		淨化里
平	太平鄉		順義里		高泉里		善積里
戎	寧戎鄉		和平里		安義里		歸化里
樂	安樂鄉		禮讓里		投化里		高昌里

備注：表內共有省稱十九個，其中十一個已知是鄉名省稱，剩下八個不清楚。據《元和郡縣志》卷四〇，唐西州五縣有"鄉二十四"。確知的高昌縣鄉名已有十一個，如果這八個也是鄉名省稱，那麼僅高昌一縣就有鄉十九個，這顯然是不可能的。因此，我們以爲這剩下八個中，有的可能是里名省稱。特列此表，請讀者自己判斷。

俗體、異體字表

毛	毛	肎	肯	荘	莊	渊	淵	憧	憧	薛	薩
乇	屯	乕	虎	注	荘	鴈	雁	橦	橋	腾	臘
斦	斗	席	虎	彘	臭	冣	最	穟	穆	嚴	嚴
且	氏	庯	虎	乹	乾	喢	窟	襦	儒	庁	歓
弘	弘	廢	廣	愿	望	圀	園	曇	曇	欤	歡
仚	仙	勐	勃	婢	婢	麥	愛	澊	濟	顯	顯
礼	礼	耴	耶	曹	曹	甴	圖	螢	糞	顕	顯
曰	因	珎	珍	屉	屉	鼡	鼠	韮	糞	盐	鹽
仏	佛	珎	珍	恶	惡	鼡	鼠	鬍	願	蚕	蠶
戎	戒	徆	胤	達	達	欮	臺	彰	願		
戒	戒	瓶	瓶	達	達	夆	齊	彰	願		
戒	戒	貟	員	迖	達	樹	標	頱	頭		
郍	那	肯	骨	荵	蕊	衛	衛	豊	豊		

備註：本表根據正體字筆畫排列。乇字在人名張阿毛條中是毛，在地名屯頭渠
條中是屯，故重複排列，以便比較。豊音 lǐ，本非豐字，表中如此排列，是因爲文
書 2 册 220 頁道豐之豐旁注作豊字。在其他場合，以豊爲人名，只要旁邊不注豊
字，均仍其舊，不改作豐字。

後 記

　　爲《吐魯番出土文書》編製索引是整理組的一個既定項目。除人名、地名索引外，還打算編分類索引。原計劃等圖文對照本出版後一起編，因爲圖文對照本的釋文重新作了修訂，較平裝本的釋文有明顯的進步。但後來情況發生了變化。主要因爲圖文對照本的出版推遲，而平裝本(全10册)即將出齊。在這種情況下，爲了滿足學術界研究工作的需要，整理組就祇好先編平裝本的索引了。

　　經主編唐長孺先生同意，由我來編平裝本人名、地名的索引。其實，這項工作對我來説也許不太適合。原因是：我雖然從1981年來到古文獻研究室，迄今一直參加《吐魯番出土文書》的整理工作，但接觸和研究文書的時間畢竟不如同整理組的各位先生長，功底和經驗也畢竟不如同整理組的各位先生深厚和豐富。我不如同整理組的各位先生那樣能夠勝任這項工作。我之所以最終勉爲其難，承擔了這項工作，原因則是：文書整理工作近十年來一直在古文獻研究室進行。1988年，文書釋文審訂工作告了一個段落，整理組的各位先生都回到各自的單位，很少有機會再來古文獻研究室了。而我作爲古文獻研究室的研究人員，仍承擔着文書平裝本後幾册的校對等善後工作，以及圖文對照本的編輯工作。由於編製人名、地名索引所需要的資料很多都在古文獻研究室，似乎祇有我有條件承擔這項工作。

然而事實上，這項工作並非我一個人能夠完成的。承擔這項工作後，我用了兩個月，將文書1—5册的人名、地名作了卡片。當我正準備將文書6—10册的人名、地名也作卡片時，突然接到一項新的撰稿任務。這項任務要求盡快完成，使我不得不暫停編製索引的工作。爲了不耽誤這項工作，我想起了本室李方女士。她曾協助周紹良先生整理唐代墓誌，並負責編製過唐代墓誌人名索引，在編製索引方面可以説比我有經驗。後來她又從事敦煌、吐魯番文書的研究，並發表過有關論文，對吐魯番文書也比較熟悉。於是，我邀請她協助我做編製索引的工作。結果，她不僅作了文書6—10册的人名、地名卡片，還獨立完成了全部分類、編排工作。我想，這項工作不管由誰來做，都無關緊要，祇要做得好，都是爲學術界造福的事。從我個人來説，在我感到困難的時候，她竭力幫助了我，我要向她表示感謝。

　　至於這部索引，編製是否盡如人意，我們實際上没有自信。這主要是因爲，給出土文獻編製索引，遠比給傳世的古籍編製索引爲難。僅從文字來説，就不但要考慮各種非正體字及殘字、照描字的處理，還要考慮當前出版社的製版能力。我們原來也想學習一些正史的人名索引，把人名條目分得更加精確，給學術界提供較大的方便，可惜這種想法在實踐中很難行得通。譬如氾歡伯的資料有四條，其中一條身份是里正；另外，氾歡□的資料有一條，歡伯的資料有二條。根據有關材料，可以斷定氾歡□所缺是伯字，歡伯前缺都是氾姓。這七條資料，起高昌延和十九年（620）左右，止唐總章元年（668）左右，其中唐貞觀廿一至廿二年（647—648）間的一條資料記氾歡伯49歲。於是，我們認爲這七條資料所記爲同一個人，就統一以氾歡伯出條。後來發現，文書中實際存在許多同姓名人的情況，由於資料彼此間没有必然的聯繫，很難確定姓名爲氾歡伯的都是同一個人。最後，我們不得不根據身份和形式，重新分出四條：里正氾歡伯爲一條，氾歡伯爲一條，氾歡□爲一條，歡伯爲一條。索引祇提供線索，讓讀者自己去研究判斷。我們原來還想學習某些索引，把人名、地名混在一起編排，以爲這樣查起來方便。後來發現，這樣編排，不僅查起來不方便，編起來也不方便。譬如安海、南平、洛州，既是人名，又是地名，編者、讀者都很難區別。最後，我們還是不得不把人名、地名徹底分開。這樣一來，原定的體例又不得不屢加改動了。本來，兩個人合作的工作，體例就很不容易統一，現在再將體例屢加改動，許多問題就更加清楚地暴露出來。雖然我們數易其稿，並反覆校訂，但這些問題很難說都得到了解決。這是我們頗感遺憾的地方。

　　以上所述，旨在說明編製這部索引的原因和經過。至於這部索引，其中肯定存在不少謬誤，我們希望讀者給予批評和指正。

王　素

1989年3月下浣於沙灘紅樓